초보 창업자를 위한
창업학 개론

Venture *A to Z*
초보 창업자를 위한 창업학 개론

초판 1쇄 인쇄일	2025년 11월 12일
초판 1쇄 발행일	2025년 11월 20일
지은이	이창영
펴낸이	최길주
펴낸곳	도서출판 BG북갤러리
등록일자	2003년 11월 5일(제318-2003-000130호)
주소	서울시 영등포구 국회대로72길 6, 405호(여의도동, 아크로폴리스)
전화	02)761-7005(代)
팩스	02)761-7995
홈페이지	http://www.bookgallery.co.kr
E-mail	cgjpower@hanmail.net

ⓒ 이창영, 2025

ISBN 978-89-6495-336-5 03320

* 저자와 협의에 의해 인지는 생략합니다.
* 잘못된 책은 바꾸어 드립니다.
* 책값은 뒤표지에 있습니다.

Venture A to Z

초보 창업자를 위한
창업학 개론

이창영 지음

북갤러리

머리글

창업 경험을 바탕으로 소상공인과 자영업자들이 겪는 어려움과 도전에 실질적인 도움을 주고자 이 책을 집필하였다

창업은 단순히 사업을 시작하는 것이 아니라, 자신의 꿈과 목표를 이루기 위해 수많은 도전과 역경을 이겨내는 외로운 여정이다.

이 책을 집필하게 된 동기는 필자가 기술영업 분야에서 오랜 경험을 쌓으며 다양한 기업과 자영업 현장에서의 관찰을 통해 성공적인 사업 운영의 핵심을 이해하게 되었기 때문이다. 이러한 직간접적인 경험과 필자의 창업 경험을 바탕으로 소상공인과 자영업자들이 겪는 어려움과 도전에 조금이나마 실질적인 도움을 제공하고자 이 책을 집필하게 되었다.

미력하지만, 주위 자영업자들을 컨설팅하면서 알게 된 사실은 이들 중 상당수가 퇴직 또는 은퇴 후 생활비를 마련하기 위해 창업한 생계형 영세사업자라는 점이었다. 많은 이들이 짧은 준비 기간에 '나는 괜찮겠지?'라는 막연한 생각으로 특별한 전문성 없이 음식업, 도소매업, 숙박업 등 경쟁이 치열한 분야에서 창업을 하고 있었다.

더욱 놀라운 점은 필자가 조사한 자료와 만나본 자영업자들 중 상당수가 월평균 순이익이 최저임금 이하였고, 순이익이 100만 원 이하인 중년 자영업자도 많았다는 점이다.

이러한 현실은 개인의 문제를 넘어 경제 전반에도 부정적인 영향을 미친다.

통계청 자료에 따르면, 우리나라 자영업 비중은 2023년 기준 20.2%로 여전히 경제협력개발기구(OECD) 평균보다 2배가량 높은 수준을 유지하고 있다.

우리나라의 자영업 비중이 높다는 그 자체만으로 문제라 볼 수 없겠지만, 그 근본 원인은 양질의 일자리 부족과 불안정한 고용 환경으로 풀이된다. 준비되지 않은 생계형 창업이 늘어나고 있다는 점과 이로 인해 낮은 매출에 따른 영업이익도 매우 낮아 소득 양극화가 심각한 상황에 이르고 있다는 점에서 우려를 낳는다. 그러나 자영업자의 위기를 단순히 개인의 선택이나 불황과 경기침체로 인한 소비 감소같은 외부 요인으로만 돌리는 것은 문제해결에 도움이 되지 않는다. 이를 해결하기 위해서는 고용 환경 개선, 재교육 및 재취업 지원, 창업자의 경쟁력 강화를 위한 정책이 필요하다. 이러한 노력을 통해 자영업자들이 지속 가능하고 안정적인 경로를 선택할 수 있도록 돕는 것이 중요하다.

오늘날 자영업자들은 높은 임대료, 인건비 상승 그리고 온라인 플랫폼의 확대로 인해 더욱 치열한 경쟁 환경에 직면해 있다. 이러한 상황에서 효과적인 영업과 고객 관리, 최적화된 마케팅 전략은 생존과 성장을 위한 필수 요소이다. 고객 만족을 최우선으로 하고, 이를 기반으로 매출을 늘리는 전략이야말로 어려운 시장환경을 극복하는 핵심이다.

이 책은 단순히 창업을 부추기기보다는 필자가 직접 오프라인 사업을 시작할 때 검토한 자료와 직접 사업을 경영하고 컨설팅하는 과정에서 느끼고 고민했던 일련의 과정을 기록한 것으로, 창업을 준비하는 과정에서의 이론적인 내용뿐만 아니라 필수적인 요소들을 실질적으로 다루려 했다. 그러므로 온라인 사업 분야 창업보다는 오프라인 사업 분야의 기본적인 창업 준비와 사업 가능성 검증, 사업계획 수립, 자금조달 방법, 창업 과정에서 발생할 수 있는 문제해결 방안 그리고 효과적인 마케팅 전략 등을 중심으로 독자들이 쉽게 이해할 수 있도록 정리했다.

또한 필자가 창업 준비 과정에서 조사한 자료와 경험을 토대로 작성한 만큼, 내용 및 인용에 일부 내용이나 인용에 미비한 점이 있을 수 있다. 향후 독자들의 지적과 피드백을 받아 개정판에 반영하고자 하니 양해를 부탁드린다.

창업은 단순히 사업을 시작하는 것이 아니라, 자신의 비전을 실현하기 위해 치열한 경쟁과 수많은 변수를 이겨내야 하는 도전의 과정이다. 이미 창업을 실행한 이들이나 창업을 고려 중인 이들은 충분한 준비와 노력으로 각종 변수와 위험에 대비해야 한다. 이 책이 창업을 준비하는 예비창업자들과 소상공인, 자영업자들에게 실질적인 도움이 되길 바란다.

끝으로, 박사과정 중에도 이 책의 집필을 물심양면으로 도와준 아내 정경인 씨와 두 아들에게 깊은 감사를 전한다. 또한 지금의 필자를 있게 해준 고객분들과 이 책의 출간을 도와준 북갤러리 최길주 대표님께도 감사의 말을 전한다.

2025년 10월
파주 운정에서
이창영

차례

|머리글| _ 4

1장 창업 준비 및 사업 가능성 검증 _ 13

1. 창업 준비의 중요성 _ 15
   1) 창업이란 _ 15
   2) 왜 창업을 하려고 하는가? _ 17
   3) 개인사업자와 법인사업자 중 무엇이 유리할까? _ 22
      (1) 개인사업자에서 법인사업자로 전환 시기 _ 27
      (2) 개인사업자에서 법인사업자로 전환하는 방법 _ 29
   4) 우리나라의 자영업자 실태 _ 31
   5) 창업 준비의 중요성 _ 38
   6) 프랜차이즈 vs 개별창업 중 나의 선택은? _ 41

2. 창업을 위한 비즈니스 모델 발굴 및 방법 _ 44
   1) 시장조사 및 분석 방법 _ 46
      (1) 소비자 조사 _ 46
      (2) 경쟁력 분석 및 차별화 _ 47
      (3) 산업 동향 분석 _ 50
   2) 비즈니스 모델 캔버스 활용 _ 51
   3) 넷플릭스 사례를 통한 시장조사 및 활용방안 연구 _ 55
   4) 사업 타당성 분석 _ 59

2장 사업계획 수립과 실행전략 _ 67

1. 사업계획서의 의의와 중요성 _ 69
   1) 사업계획서의 의의 _ 69
   2) 사업계획서의 중요성 _ 70
   3) 스타벅스 사례를 통한 사업계획 및 활용방안 연구 _ 72

2. 사업계획서 작성 _ 74
   1) 사업계획서의 필요성 _ 74
   2) 사업계획서의 구성 요소 _ 75
      (1) 사업계획서 서론 _ 75
      (2) 사업계획서 본론 _ 77
      (3) 사업계획서 결론 _ 78
3. 마케팅 전략 수립 _ 89
   1) 마케팅 전략 수립의 의의 _ 89
   2) 마케팅 전략 수립의 중요성 _ 90
   3) 마케팅 전략 수립과정 _ 92
4. 운영계획 수립 _ 98
5. 재무계획 수립 _ 103

3장 창업자금의 조달 _ 109

1. 창업자금 조달의 중요성 _ 111
2. 창업 소요자금의 분류 _ 113
3. 창업자금 조달 시 고려 및 검토사항 _ 116
4. 창업자금 조달계획 _ 119
5. 창업자금 조달방법 _ 120
   1) 개인 자본 활용 _ 123
   2) 금융기관 대출 _ 124
   3) 투자유치 _ 127
      (1) 벤처캐피털 _ 127
      (2) 엔젤투자 _ 128
      (3) 크라우드 펀딩 _ 128
   4) 창업지원 사업 활용 _ 130
      (1) 중소벤처기업부 창업자금 _ 130
      (2) 소상공인 창업지원 _ 131
      (3) 대학생 창업동아리 지원 프로그램 _ 132

차례

4장 사업체 설립과 운영관리_133

1. 사업체 설립 및 절차_135
  1) 사업 형태 결정_135
    (1) 개인사업자_136
    (2) 법인사업자_136
    (3) 유한회사_136
    (4) 협동조합_137
    (5) 비영리단체_137
    (6) 기타 사업 형태_138
  2) 창업공간 선정_138
  3) 사업체 설립 및 절차_140
    (1) 개인 사업자등록증 신청_140
    (2) 법인 사업자등록증 신청_142
  4) 인·허가 및 신고_146

2. 마케팅 및 홍보 활동_148
  1) 무료 디지털 마케팅 도구 활용_151
  2) 온라인 마케팅_154
  3) 오프라인 마케팅_159

3. 창업 준비 체크리스트 활용_163

4. 제품 및 서비스 제공을 위한 고객유치 및 관리_170

5. 재무 관리 및 회계 처리_177

5장 창업 과정의 도전과 문제해결_179

1. 자금 부족 문제의 원인과 해결_181
  1) 자금 부족 문제의 주요 원인_181
  2) 자금 부족 문제의 해결 방안_182

2. 고객 확보의 어려움 원인과 해결 _ 185
　　1) 고객 확보의 어려움 주요 원인 _ 185
　　2) 고객 확보의 어려움 해결 방안 _ 186
3. 관리 및 운영 문제의 원인과 해결 _ 189
　　1) 관리 및 운영 문제의 주요 원인 _ 189
　　2) 관리 및 운영 문제의 해결 방안 _ 191
4. 인사 및 노무 문제의 원인과 해결 _ 193
　　1) 인사 및 노무 문제의 주요 원인 _ 193
　　2) 인사 및 노무 문제의 해결 방안 _ 196
5. 규제 및 법규 준수 문제의 원인과 해결 _ 198
　　1) 규제 및 법규 준수 문제의 주요 원인 _ 199
　　2) 규제 및 법규 준수 문제의 해결 방안 _ 202

6장 성공적인 창업과 운영을 위한 제안 _ 205

1. 창업자를 위한 제안 _ 207
　　1) 자기 계발 _ 208
　　2) 디지털 역량 강화 _ 210
　　3) 리더십과 효과적인 의사소통 _ 212
　　4) 긍정적인 태도와 끈기 _ 213
　　5) 네트워킹 구축 및 유지 _ 216
　　6) 제품 및 서비스 개발과 혁신 _ 218
　　7) 핵심 인력 채용 및 평가 _ 220
　　8) 팀워크 및 고객 중심 조직문화 구축 _ 222
　　9) 고객 유치와 고객 유지는 필수 _ 225
　　10) 사회적 책임 및 공헌 _ 228
　　11) 위험관리 및 출구전략 _ 230
2. 최적화된 마케팅 전략 및 방법 _ 232
　　1) 타깃 고객층 분석 및 설정 _ 234
　　2) 차별화된 브랜딩 및 가치 제안 _ 238

차례

3) 다양한 마케팅 채널 활용 및 전략 _ 240
　(1) 제로 클릭 검색 시대의 실전 마케팅 전략 _ 240
　(2) 온라인 마케팅 전략 _ 243
　(3) 네이버 플레이스 상위 노출 전략 _ 246
　(4) 오프라인 마케팅 전략 _ 248
　(5) 로고와 심벌을 통한 효과적인 브랜드 마케팅 전략 _ 252
　(6) 브랜드 이미지 극대화를 위한 인테리어 전략 _ 255
　(7) '편의점 사례'를 통한 효과적인 상품 진열 전략 _ 259

3. 효과적인 영업과 고객관리 비법 _ 261
　1) 효과적인 영업 비법 _ 261
　　(1) 고객 니즈 파악 _ 261
　　(2) 효과적인 영업 전략 _ 263
　　(3) 지속적인 피드백 및 개선 _ 266
　2) 고객 관계 관리 비법 _ 269
　　(1) 고객 관계 관리 방법 _ 269
　　(2) 충성고객 확보 및 유지 _ 272

| 맺음말 | _ 275
| 참고 문헌 | _ 279

 _ 283

개인사업자등록 신청서 양식 _ 285
법인사업자등록 신청서 양식 _ 287
신규사업자가 알아두면 유익한 세금정보 _ 289

1장

창업 준비 및 사업 가능성 검증

1장 창업 준비 및 사업 가능성 검증

1. 창업 준비의 중요성

1) 창업이란

 창업이란 개인이나 팀이 자신의 꿈을 실현하고 독립적인 비즈니스를 시작하기 위해 새로운 사업 아이디어를 바탕으로 제품이나 서비스를 개발하고, 이를 시장에 출시하는 복합적인 과정으로 볼 수 있다. 이는 단순히 사업을 시작하는 것이 아니라, 소비자의 필요를 충족시키는 동시에 불편함을 해소해 경제적 가치를 창출하기 위한 전략적이고, 체계적이고, 지속적인 활동으로 보아야 한다. 창업은 창의성과 혁신을 바탕으로 한 기업가 정신에 기반하며, 성공적인 비즈니스를 구축하기 위해선 철저한 준비와 계획이 필수적이다.
 창업자의 기업가 정신은 이러한 과정에서 매우 중요한 역할을 한다.

기업가 정신은 새로운 기회를 발견하고 이를 바탕으로 혁신적인 사업모델을 창출하는 능력을 의미한다. 이 정신은 창업자가 시장의 변화를 민감하게 인식하고, 새로운 아이디어를 실현하는 데 필요한 리스크를 감수할 수 있는 원동력이기도 하다. 기업가 정신의 핵심 요소로는 창의적인 사고, 문제해결 능력, 리스크 감수, 지속적인 학습 능력 등을 들 수 있다.

창업자는 기존의 틀을 벗어나 새로운 아이디어와 해결책을 모색해야 하며, 사업 운영 중 발생하는 다양한 문제를 신속하게 인식하고 해결할 수 있어야 한다. 또한 높은 불확실성을 동반하는 창업 과정에서 실패에 대한 두려움을 극복하고 도전하는 태도가 중요하다. 마지막으로, 변화하는 시장환경에 적응하기 위해 지속적으로 배우고 성장하는 자세가 필요하다.

'사업 성공은 고난의 결과이고, 실패는 방심한 결과'라는 말이 있듯이, 창업과 사업은 그만큼 실패에 대한 두려움과 불확실성을 지속해서 이겨내고 실행하는 일이기에 장단점이 존재한다.

창업의 가장 큰 장점은 시간과 업무의 주도권을 스스로 가질 수 있는 자율성이다. 따라서 창업자는 자신의 사업을 운영하며 시간 관리와 업무처리 방식을 자유롭게 결정할 수 있는데, 이는 개인의 창의성과 혁신성을 발휘할 수 있는 기회를 제공한다. 또한 성공적인 창업은 높은 수익 잠재력을 가지고 있으며, 개인의 선택과 노력에 따라 수익이 달라질 수 있다. 창업자는 자신의 아이디어와 가치를 바탕으로 사업을 운영함으로써 사회에 긍정적인 영향을 미칠 기회를 얻는다. 새로운 제품이나 서비스를 통해 소비자에게 가치를 제공함으로써 사회에 기여할 수 있는 점도 큰 장점이다.

그러나 창업에는 단점도 존재한다. 위험 부담이 크고, 초기 투자비용과 시장의 불확실성으로 인해 재정적인 위험이 따른다. 실패할 경우 큰 손실을 초래할 수 있으며, 초기에는 안정적인 수익을 기대하기 어려운 경우가 많다. 이러한 상황은 창업자에게 스트레스와 불안감을 증가시킬 수 있다. 그렇기 때문에 성공적인 사업을 유지하기 위해서는 지속적인 노력과 헌신이 필요한데, 이는 개인의 삶의 질에 영향을 미칠 수 있다. 또한 경쟁이 치열한 시장에서 지속적으로 경쟁력을 유지하기 위한 노력이 요구되는데, 이는 때때로 창업자에게 큰 부담이 될 수 있다.

2) 왜 창업을 하려고 하는가?

우리 중 누군가는 자주 "창업하고 싶다." 또는 "창업이나 할까?"라는 말을 자주 하거나 그런 마음을 먹는 경우가 적지 않다. 필자 또한 직장생활이 힘들거나 사업을 통해 부를 이룬 사람들을 보며 나 스스로에게 자주 질문하곤 했다. 그러나 직접 사업을 시작하면서 느끼고 경험한 것은, 성공한 사람들만 보고 아무런 준비 없이 무작정 창업하거나 개인의 상황과 역량을 고려하지 않은 채 사업을 크게 시작해서는 안 된다는 점이었다. 사업을 하다 보면 가장 큰 위험요소가 사업이 안정화될 때까지의 불완전한 현금흐름으로 인한 경제적인 어려움과 불확실성을 포함한 예상치 못한 크고 작은 리스크와 스트레스 등을 감당하기 어려울 때가 종종 있기 때문이다.

이 책을 통해 창업을 권장하는 입장에서 개인적인 이야기가 길어진 점 양해 부탁드린다. 창업은 장기적인 투자로 쉽지 않은 것이 사실이기 때문에 창업을 결심할 분들이나 결심한 분들은 개인의 준비 상태, 시장의 수요, 경제적인 조건, 가족과의 협의, 기술 환경 등을 종합적으로 고려하여 신중하고 장기적인 관점에서 적절한 시기를 선택하길 권한다. 그리고 이 책에서 제시하고 설명하는 내용들이 일반적이거나 이론적이라 할지라도 잘 숙지하고 철저히 준비하여 성공적인 창업을 실행하기를 기원한다.

'왜 창업을 하려고 하는가?'라는 질문을 받는다면, 단순히 돈을 벌겠다는 마음으로 창업을 하거나, 성공한 창업자들만 보면서 막연히 나도 잘 되겠지 하는 마음으로 창업하거나, 아니면 필자가 직장생활할 때처럼 업무의 과중과 스트레스로 인해 도피성으로 창업을 한다면 결코 바람직하다고 볼 수 없다.

창업을 준비하는 분들에게 찬물을 끼얹으려는 의도는 아니지만, 본격적으로 창업 준비 과정을 설명하기에 앞서 창업을 결심한 이유를 한 번 더 되짚어보기를 바란다. 필자는 이를 통해 창업이 단순한 선택이 아니라, 그로부터 얻을 수 있는 가치와 의미를 함께 생각해보고자 한다. 창업은 개인의 꿈과 비전을 실현할 수 있는 기회를 제공한다. 이는 특히 자신의 열정을 사업으로 발전시키는 데 있어 매우 긍정적이며, 많은 사람이 창업을 통해 자신의 아이디어를 현실로 바꾸고자 하는 동기를 느끼기 때문이다. 창업을 통해 사람들은 단순한 직장생활을 넘어 자신의 흥미와 재능을 활용하여 더 큰 직업적인 만족과 성취감을 얻을 수 있다.

성공적인 창업은 경제적인 자립으로 이어지며, 이는 장기적으로 안정적인 수익원을 확보할 수 있는 기회를 제공한다. 특히 자신의 사업을 운영하는 것은 단순한 월급 이상의 생활을 가능하게 하여 경제적인 자유를 누리는 길로 나아갈 수 있도록 한다. 초기에는 힘든 과정이 있을 수 있지만, 성공적으로 사업을 성장시킬 경우 수익의 안정성을 얻는 것은 큰 장점으로 작용한다.

그리고 사회적 문제를 해결하고자 하는 목적을 가진 창업자는 소비자들로부터 긍정적인 반응을 얻는 경우가 많다. 무언가를 해결하기 위한 사업의 목표는 소비자들에게 공감과 신뢰를 불러일으키며, 사회적 가치를 지닌 브랜드로 자리 잡을 수 있는 가능성을 높인다. 예를 들어, 지속 가능한 제품이나 서비스 제공, 혹은 사회적 불평등 문제를 해결하기 위한 사업은 현대 소비자들이 선호하는 방향이기도 하다.

또한 창업자는 근무 환경을 유연하게 조정할 수 있는 장점이 있다. 자신의 사업을 운영하면서 일정과 업무처리 방식을 스스로 결정할 수 있기 때문에 가족과의 시간을 조정하고 개인적인 여가를 즐길 수도 있다. 이는 특히 현대 사회에서 직장과 개인 생활의 균형을 중시하는 사람들에게 매우 중요한 요소로 작용한다. 창업자는 자신이 원하는 방식으로 일하며, 더욱 만족스러운 삶을 영위할 기회를 얻을 수 있다.

하지만 앞에서도 잠깐 설명했듯이 창업에는 여러 가지 부정적인 측면도 존재한다. 가장 주목할 점은 경제적인 위험으로, 창업 초기에는 재정적인 압박감이 크며, 초기 투자비용 때문에 상당한 스트레스를 받을 수 있다. 이는 사업이 성공하지 않거나 예상보다 낮은 수익을 일으키는 경우 더욱 심각해질 수 있어 충분한 자금 계획과 재정 관리가 필요하다.

이러한 불확실성에 의한 압박감에서 조금은 경감된 창업으로는 직장을 다니면서 창업하는 방법도 대안이 될 수 있다. 기본 수입이 없는 상태로 창업을 하게 되면 부양해야 할 가족과 생활비로 사업 영위가 어려울 수 있기 때문에 직장생활을 통한 안정적인 월급을 유지해 초기 사업의 불확실성과 경제적인 어려움을 줄일 수 있다. 직장생활을 병행하면서 사업을 한다는 것은 직장에도 절대로 피해가 가지 않아야 함은 물론이고, 창업자 자신도 시간 활용이 용이한 퇴근 후 또는 주말에도 일해야 한다는 것을 염두에 두고 창업을 해야 한다. 그러므로 창업하는 사업군은 되도록 직장에서 쌓은 네트워크와 자신의 경력과 경험을 활용할 수 있는 사업을 하길 추천한다. 창업 시 큰돈을 벌겠다는 목표보다는, 고객의 요구와 불편함을 해결하는 진정성 있는 사회적 과제를 담은 명확한 목표를 가지고 시작하는 것이 중요하다. 사업성이 있다면 자신의 취미나 평소 해오던 일을 사업으로 발전시키면 더 큰 성공을 거둘 수 있다고 본다. 그러나 직장생활을 병행하며 창업을 하게 되면 직장에서 맺은 계약 조건을 확인해야 한다. 일부 기업은 직원의 외부 사업 활동을 제한하거나 금지할 수 있기 때문에 법적인 사항도 꼭 확인해 봐야 한다.

직장인들이 성공한 분들과 여유로운 분들을 보다 보면 간혹 오해하는 것 중의 하나가 사업하는 분들이 근무 시간이 짧으리라 생각하는데, 그렇지 않은 경우가 대부분이다. 창업을 하게 되면 초기뿐만 아니라 장시간 근무로 정신적 스트레스도 있을 수 있다. 창업 초기에 많은 창업자는 일과 삶의 균형을 유지하기 어려워지며, 지속적인 업무 부담으로 인해 건강에 부정적인 영향을 받을 수 있다. 사업의 성공을 위해 모든 결정을 스스로 내려야 하므로 이로 인해 발생하는 압박감은 상당하다. 이러한 스트레스는 또한 인간관계나 가족 관계에도 영향을 미칠 수 있으니 항상 조심해야 하며 자기만의 해결법을 고안할 것을 당부한다.

그러므로 창업을 결심하기 전에는 미래의 목표와 이유를 면밀히 검토하고, 시간을 두고 실질적으로 잘 준비하는 것이 매우 중요하다고 백만 번 강조해도 지나치지 않음을 인지하기 바란다. 개인적으로 사업은 규모의 경제를 바탕으로 고객의 요구와 불편함을 파악해 이를 해결하고 제공하는 일련의 혁신을 바탕으로 한 가치 제안이라고 본다. 그러기 때문에 창업을 준비 중인 사람은 시장을 최우선적으로 조사하고, 나만의 경쟁력이 무엇인지와 경쟁자와 비교했을 때 특별한 경쟁 우위에 있는지 확인해 봐야 한다. 그리고 이미 서두에서 설명한 바와 같이 사업은 규모의 경제에서 자유롭지 못한 전쟁터와 같아, 소상공인과 자영업자들에겐 불가능에 가까운 조건임이 틀림없다. 그러므로 연합을 통한 가격 경쟁력을 확보할 수 있는지, 또는 자신만의 원가 경쟁력이 있는지를 면밀히 검토해야 한다. 마지막으로 창업자의 영업력과 상품의 경쟁력이 중요하므로 사업자 자신의 능력과 경쟁사 상품보다 우위에 있는지도 꼭 확인해 보길 권한다.

다시 한번 강조하지만, 창업을 단순히 경제적 이익을 추구하거나 '나는 잘 되겠지.' 하는 막연한 기대 또는 직장생활의 스트레스를 피하기 위한 도피 수단으로 삼는 것은 바람직하지 않다. 그러므로 창업을 하기 전에 자기만족뿐만 아니라 사회적 역할도 꼭 고려하기 바란다.

3) 개인사업자와 법인사업자 중 무엇이 유리할까?

필자 또한 몇 가지 개인사업을 시작해 보고, 법인도 설립하여 경영과 컨설팅한 경험이 있다. 그 과정에서 개인사업자와 법인사업자 각각의 장단점이 뚜렷하다는 점을 느꼈으며, 상황에 따라 접근 방식이 달라져야 함을 깨달았다. 따라서 창업을 준비하는 사람이라면 자신의 여건을 충분히 검토하고, 현재 거래 중인 세무사와 충분히 상의할 것을 권한다.

개인사업자와 법인사업자는 각각의 특징과 장단점이 명확하므로, 창업을 준비하는 분들의 이해를 돕기 위해 주요 특징을 비교하고, 개인사업자에서 법인사업자로 전환할 때 고려해야 할 매출액 기준 등을 자세히 살펴보기로 하자.

첫째, 개인사업자와 법인사업자는 개념과 사업자등록증에서 차이를 보인다.

개인사업자는 등록된 대표자가 경영상 발생하는 모든 책임을 지지만, 법인사업자는 별개의 법인격을 가진 법인회사를 설립하여, 사업자 등록을 한 것을 의미한다. 이에 따라 경영상 발생하는 책임은 대표자가 아닌 법인이 기본적으로 지게 된다. 사업자등록증에서도 개인사업자는 대표자의 생년월일이 포함되지만, 법인사업자는 법인등록번호가 기재된다. 또한 개인사업자는 간단한 창업 절차를 통해 세무서에서 사업자 등록을 할 수 있어 초기 창업이 비교적 쉽고 용이하며, 자본이 부족하더라도 빠르게 사업을 시작할 수 있는 장점이 있다.

반면, 법인사업자는 필요한 서류가 많아 정관 작성, 주주총회 개최, 이사와 감사 선임 등의 절차를 거친 후 법인 설립 등기를 완료해야 하며, 관할 세무서에 법인사업자등록 신청서를 제출한 후 보통 1~2주일 정도의 시간이 소요된다.

둘째, 개인사업자와 법인사업자는 책임 범위에서 큰 차이를 보인다.

개인사업자는 개인이 단독으로 운영하는 사업 형태로, 대표 개인의 재산으로 모든 책임을 끝까지 져야 한다는 특징이 있다. 만약 사업을 하다가 사업장이 붕괴되거나 거래처에 대금을 납부하지 못하는 경우, 개인사업자 대표가 자신의 사비를 털어 모든 책임을 져야 하기에 위험 부담이 크다.

반면, 법인사업자는 사업 운영 중 불의의 사고나 어려운 상황에 처했을 때 원칙적으로 개인이 아닌 법인 재산으로 책임을 진다. 다시 말해서 부족한 부분이 있더라도 대표자 개인 재산으로 갚을 의무가 없으며, 법인이 파산하면 책임이 종료되므로 각종 위험 부담을 줄일 수 있는 장점이 있다.

셋째, 개인사업자와 법인사업자는 적용되는 세율에서 차이를 보인다.
〈표 1-1〉과 같이 개인사업자에게 적용되는 종합소득세의 최대 세율은 45%지만, 〈표 1-2〉와 같이 법인사업자에게 적용되는 법인세의 최대 세율은 25%이다. 개인사업자는 세율 최고 구간 시작 금액이 낮고 최고 세율도 높은 반면, 법인사업자는 세율 최고 구간 시작 금액이 높고 최고 세율이 낮아 세금 부담 면에서 유리할 수 있다.

필자도 다양한 개인사업을 시작해 보고 법인도 설립해 경영하고 컨설팅한 경험이 있지만, 개인사업자와 법인사업자 간 각각 장단점이 있는 관계로 서로 처한 상황에 따라 다를 수 있어 쉽게 단정하기란 쉽지 않은 것이 사실이다. 그래서 가장 좋은 방법은 각자 처한 사정과 현재 거래 중인 세무사와 논의해 보기를 권한다.

〈표 1-1〉 개인사업자의 과세표준별 소득세율

과세표준	~1,200만 원	~4,600만 원	~8,800만 원	~1.5억 원	~3억 원	~5억 원	~10억 원	~10억 원 초과
세율	6%	15%	24%	35%	38%	40%	42%	45%

〈표 1-2〉 법인사업자의 과세표준별 소득세율

과세표준	~2억 원	~200억 원	~3,000억 원	~3,000억 원 초과
세율	10%	20%	22%	25%

앞의 세율 기준을 근거로 개인사업자와 법인사업자가 동일하게 종합소득액에서 소득공제액을 제외한 과세액이 1.5억 원이라고 가정해 볼 때 개인사업자는 35%의 세율이 적용되는 데 반해 법인사업자는 10%를 적용받는다.

이를 금액으로 환산하면,

개인사업자의 세금은 1.5억 원 × 0.35 = 52,500,000원

법인사업자의 세금은 1.5억 원 × 0.10 = 15,000,000원

약 35,500,000원이 넘는 세액 차이가 날 수 있다.

넷째, 개인사업자와 법인사업자의 회계 처리 부담이 다르다.

개인사업자는 회계 처리가 비교적 간단하지만, 법인사업자는 회계 처리를 엄격하게 해야 한다. 개인사업자는 연 매출 48,000,000원 이

하인 경우 간이과세자를 선택할 수 있으나 업종에 따라 불가능하기도 하니 확인해 보기 바란다. 이 경우에는 세무대리인에게 매월 기장을 맡길 필요가 없기 때문에 간단하게 회계 처리가 가능하다. 그러나 법인사업자는 복식부기가 원칙이므로 연 매출이 아무리 적더라도 회계 처리를 엄격하게 해야 한다. 다만, 법인사업자도 매출이 적다면 매월 기장을 맡기지 않고 1년에 한 번만 장부 정리를 할 수도 있다.

다섯째로, 개인사업자와 법인사업자의 소득 귀속이 다르다.

개인사업자의 부채 등 책임이 개인에게 귀속되듯이 소득 역시 개인에게 귀속된다. 즉 개인사업자의 소득은 개인사업자 대표가 모두 가져도 되지만, 법인사업자의 소득은 대표이사 개인의 것이 될 수 없고 법인 자체의 것으로 귀속된다. 법인사업자의 대표이사는 법인의 소득을 가져갈 수 없어 월급, 상여금, 배당금 등으로 받아야 한다. 만약 법인의 대표이사가 법인으로 귀속된 돈을 마음대로 가져간다면 횡령이 될 수 있어 주의를 요한다.

지금까지 정리한 개인사업자와 법인사업자의 특징을 바탕으로 두 사업자에 대해 장점과 단점을 간단히 〈표 1-3〉과 같이 정리하니 참조하기 바란다.

〈표 1-3〉 개인사업자 vs 법인사업자의 장단점 비교표

구분	개인사업자	법인사업자
장점	- 설립 절차가 간단하고 비용이 적음 - 운영의 자유로움 - 소득세 신고가 간편 - 의사결정이 빠름	- 법인세율이 개인세율보다 낮을 수 있음 - 법적 책임이 제한되어 개인 자산 보호 가능 - 자본 조달이 용이 - 신뢰성 및 이미지가 높아짐
단점	- 부채는 개인에게 귀속돼 자산까지 위험함 - 높은 매출은 세금 부담이 증가할 수 있음 - 신용도 부족으로 자본 조달이 어려움 - 사업 규모 확장에 제한이 있을 수 있음	- 설립 및 운영 비용이 상대적으로 높음 - 복잡한 회계 및 세무 처리 필요 - 의사결정 과정이 복잡해질 수 있음 - 법적 규제가 더 많음

(1) 개인사업자에서 법인사업자로 전환 시기

개인사업자를 운영하다 보면 사업 규모가 커지거나 경영 환경이 변화하면서 법인사업자로 전환을 고려해야 할 시기가 올 수 있다. 법인사업자로 전환하는 시점은 여러 가지 요인에 따라 결정되며, 이를 신중하게 판단하는 것이 중요하다. 만약 개인사업자 중에서 법인사업자가 더 유리하다고 판단했다면, 어떤 시기에 전환하는 것이 좋을지 살펴보기로 하자.

첫째, 종합소득세율이 법인세율보다 높아질 것으로 예상될 때이다.

개인사업자는 소득세를 종합소득세로 납부하며, 세율은 소득이 증가함에 따라 점진적으로 높아진다. 특히 순이익이 2억 원을 초과하게 되면 건강보험료와 같은 준조세 부담이 상당히 증가하게 된다.

반면, 법인세율은 상대적으로 낮으므로 법인사업자로 전환하면 세금 부담을 줄일 수 있다. 예를 들어, 개인사업자가 순이익 3억 원을 기

록할 경우 종합소득세율이 매우 높지만, 법인세율은 낮아 수익이 일정 수준 이상으로 증가하면 법인으로 전환하는 것이 더 유리할 수 있다. 따라서 이와 같은 상황이 예상될 때 법인사업자로의 전환을 고려하는 것이 좋다.

둘째, 성실신고확인제도 적용대상이 되기 직전이다.

성실신고확인제도는 일정 매출 이상을 기록하는 개인사업자에게 적용되는 제도로, 적용 시 세무 신고 절차가 훨씬 복잡해지고 세무 당국의 감시가 강화된다. 예를 들어, 농업, 임업, 어업, 도매업, 소매업, 부동산 매매업 등은 연 15억 원 이상, 제조업, 숙박업, 음식점업 등은 7.5억 원 이상의 매출일 경우 성실신고 대상자가 된다. 이렇게 개인사업자가 매출이 특정 기준을 초과하면 성실신고확인대상자로 지정되며, 이때부터는 세무 신고가 엄격해지고 잘못된 신고에 대한 제재가 발생할 수 있다. 이러한 복잡함과 부담을 피하기 위해 성실신고확인대상자가 되기 전에 법인사업자로 전환하는 것이 현명한 선택이다. 법인사업자는 세무 신고가 상대적으로 간편하고, 세무대리인을 통해 관리를 받을 수 있어 부담을 덜 수 있다.

셋째, 사업 확장이 필요할 때이다.

사업이 성장하고 추가적인 자금 조달이나 투자가 필요할 때 법인사업자로 전환하는 것이 매우 유리하다. 법인사업자는 주식 발행이나 외부투자 유치가 가능하여 자금 조달의 폭이 넓어진다. 예를 들어, 새로운 사업에 대한 투자가 필요하거나, 직원 수가 늘어나고 조직화가 필요한 상황이거나, 사업 확장을 고려할 때 법인으로의 전환을 통해 투자자와의 협상이 용이해지고 더 많은 자금을 확보할 수 있는 기회를 가질 수 있다. 또한 법인으로서의 신뢰도가 높아져 금융기관에서 대출을 받을 때도 유리한 조건을 제시받을 가능성이 높다.

이처럼 법인사업자로 전환할 최적의 시기를 잘 고려하면 세금 부담을 줄이고 사업의 성장 가능성을 높일 수 있으니, 각자 상황에 맞춰 신중한 결정을 내리길 바란다.

(2) 개인사업자에서 법인사업자로 전환하는 방법

개인사업자에서 법인사업자로 전환하는 방법은 여러 단계를 거쳐 이루어지며, 이 과정은 신중하게 진행해야 한다. 전환 방법을 제대로 이해하고 준비하는 것이 원활한 법인 설립을 위한 핵심이다. 개인사업자에서 법인사업자로 전환하는 방법은 다음과 같이 세 가지로 나누어 살펴보기로 하자.

첫째, 개인사업자를 유지하거나 폐업한 후 새로운 법인을 설립하는 방법이다.

이 방법은 절차가 비교적 간단하여 자산 규모가 크지 않은 개인사업자에게 적합하다. 기존 개인사업자를 폐업하거나 유지한 상태에서 새로운 법인을 설립해 개인사업자의 권한과 책임을 법인으로 이전할 수 있다. 이를 통해 법인의 법적 지위를 확보하고 보다 안정적인 사업 운영이 가능하다.

둘째, 사업양도 및 양수 방식이다.

이 방법은 새로운 법인을 설립한 뒤 개인사업자가 보유한 모든 권한을 법인에 이전하는 과정이다. 개인사업자가 소유한 사업 자산과 영업권의 가치를 평가하여 법인과 개인 간 계약을 체결하는 방식으로 진행된다. 사업용 부동산이 포함된 경우에는 포괄 양수도 방식을 활용해 모든 자산과 관련 권리, 의무를 포함시킬 수 있다. 반면, 사업용 부동산 외의 자산은 일반 사업양수도 방식을 통해 개별적으로 이전할 수 있다.

이 방식은 사업의 연속성을 유지하면서 법인으로 전환할 수 있는 장점이 있다. 기존 브랜드와 운영체제를 유지하며 안정적인 경영이 가능하고, 전환 과정에서 발생할 수 있는 법적 및 행정적 리스크를 최소화할 수 있다. 이러한 이유로 개인사업자의 법인 전환을 고려할 때 실용적인 방법으로 추천된다.

셋째, 현물 출자를 통해 법인을 설립하는 방법이다.

개인사업자가 보유하고 있는 사업용 부동산이나 기타 자산을 자본금으로 활용하여 법인을 설립할 수 있다. 이 과정에서 개인사업자는 자신의 자산을 법인에 출자하게 되며, 이를 통해 법인의 지분을 취득하게 된다. 현물 출자는 사업 자산의 규모가 크거나 고정 자산이 많은 경우 적합한 방식으로, 법인의 안정성과 자본 구조를 강화할 수 있는 장점이 있다. 다만, 이 방법은 앞서 소개한 두 가지 방법과 비교하면 시간이 더 소요되고 절차가 복잡하며, 감정평가와 관련 비용이 추가로 발생할 수 있다는 단점이 있다. 따라서 현물 출자는 충분한 자산평가와 사전 준비를 바탕으로 신중히 검토하여야 한다.

이와 같이 개인사업자에서 법인사업자로 전환하는 방법은 여러 가지가 있으며, 각 방법의 특성과 장단점을 고려하여 자신에게 가장 적합한 방식으로 전환하는 것이 중요하다.

지금까지 창업의 의미와 왜 창업을 해야 하는지 등 창업과 관련된 기본적인 사항을 서술하였다. 이와 동시에 우리나라 자영업자 실태를 살펴봄으로써 창업을 고려하거나 준비 중인 사람들이 기업가 정신을 다시 한번 일깨우고, 창업 준비를 신중히 할 수 있도록 정리하였다.

4) 우리나라의 자영업자 실태

통계청 e-나라지표에 따르면, 우리나라의 전체 취업자 중 자영업자가 차지하는 비중은 1963년 처음 통계 작성 당시 37.2%에서 지속적으로 감소해왔다. 그러나 1997년 IMF 외환위기 이후 대규모 구조조정을 겪은 직장인들이 자영업으로 전환하면서 자영업자 비중은 1998년 기준 28.2%에서 2002년까지 다시 증가하였다. 이후 2003년부터는 점진적으로 감소하기 시작해, 2023년 기준으로 20.2%까지 줄어든 상태이다. 2024년 8월 기준으로는 자영업자 비중이 〈표 1-4〉와 같이 관련 통계 작성 이래 처음으로 20% 아래인 19.7%로 감소했다. 하지만 여전히 경제협력개발기구(OECD) 회원국 평균보다 약 2배가량 높은 수준이다. 이는 전체 취업자 2천854만 4천 명 중 563만 6천 명이 자영업자로, 4명 중 1명이 '비임금근로자'인 자영업에 종사하고 있음을 나타낸다.

우리나라의 자영업 비중은 OECD 회원국 중 높은 편이지만, 우리나라의 경제 규모나 사회적 상황과 비교하면 과도하게 높은지, 아니면 적절하거나 감내할 만한 수준인지에 대한 분석이 필요하다. 한국

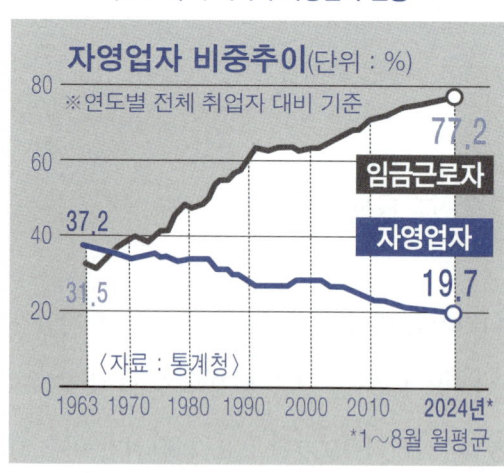

〈표 1-4〉 우리나라 자영업자 현황

경제연구원(KERI)의 보고서 '비임금근로자의 고용구조 분석과 정책적 시사점(유진성, 2016년 12월 2일)'에 따르면, 한국과 비슷한 경제 발전 정도, 실업률, 노동시장 여건 등 사회·경제적 상황에서 평균적으로 나타나는 비임금근로자 비율을 기준으로 정상 수준을 추정한 결과, 2014년 기준 우리나라의 정상 수준 비임금근로자 비중은 18.3%로 제시되었다. 이 정상 수준의 비중을 2023년 기준 자영업자 비중인 20.2%와 비교했을 때, 우리나라는 약 1.9% 높다고 볼 수 있다.

그나마 다행인 것은 자영업자 비중이 점진적으로 줄고 있다고는 하지만, 사회 안전망을 통해 비임금근로자가 임금근로자로 전환되거나 산업 구조 변화로 임금근로자 비중이 커지면서 자연스럽게 자영업 비중이 줄지 않았다면 긍정적인 감소 현상이라고 보기엔 어려워 보인다.

이러한 높은 자영업 비중과 저소득 문제의 근본 원인을 밝히는 RCA(Root Cause Analysis) 분석을 통해 몇 가지 이슈들로 정리해 보았다. 첫째로 빈번한 기업의 구조조정 등에 의한 정규직 일자리 감소 및 비정규직 증가로 인한 불안정한 고용환경으로 취업이 어려워 창업을 선택하고, 둘째로 청년 실업률 상승과 양질의 일자리 부족으로 인해 창업을 선택하며, 셋째로 이들 중 68%가 생계유지를 위한 생계형 창업이고, 넷째로 자발적인 창업보다는 비자발적인 창업이 많으며, 다섯째로 우리나라는 창업하는 데 진입장벽이 낮아 전문성이 떨어지는 음식점이나 숙박업종에 편중된 창업을 하고 있어 경쟁이 심하다는 것이다. 여섯째로 생계 문제로 창업을 하다 보니 이들 중 62%가 창업 준비 기간이 6개월 미만으로 '준비되지 않은 창업'을 하고 있으며, 일곱째로 실업급여 등 사회보장 제도가 충분하지 못해 실직 시 생계를 위해 창업을 하는 경우가 많다는 것이다. 여덟째로 고소득 전문직이 조세 회피 수단으로 선택하는 경우, 그리고 마지막으로 사회와 정부의 관심이 충분하지 않았던 데서 이유를 찾아볼 수 있다.

일반적으로 경제가 성장하고 소득이 늘어날수록 모든 산업군은 거대 자본화 및 대규모화되고 소비 수준도 고급화돼 전문적이거나 특화된 자영업을 제외한 소규모의 자영업은 경쟁력을 잃어가면서 전체 취업자의 자영업자 비중은 보통 감소하는 경향이 있다.

그러나 우리나라는 우리보다 자영업자 비중이 높은 농업 중심의 산업 구조 국가도 아니고 그리스나 남미 국가들처럼 인플레이션을 겪어 경제 침체 속에 빠져 있지도 않았음에도 자영업자 비중이 높은 이유는 RCA 분석에서 살펴봤듯이 다양한 사회경제적 요인이 복합적으로 작용한 결과로 해석할 수밖에 없을 것이다. 대표적으로, 우리나라에 자본주의와 시장경제가 빠른 속도로 도입돼 급성장하면서 발생한 사회적인 문제나 일부 산업군에서 비기업화로 인해 초기에 진입장벽이 낮은 음식점이나 숙박업소 등에 지속적으로 편중된 창업을 하게 된 데서 원인을 찾아볼 수 있다.

그리고 우리나라가 경제적으로 급성장하면서 금융 시스템과 기업 구조 등 취약성을 드러내며 내외적인 영향으로 1997년 IMF 외환위기를 겪으면서 기업들은 구조조정을 통해 사업을 정리하는 한편, 평생고용제와 평생직장이라는 개념이 없어져 필요에 따라 감원과 해고를 단행하는 일이 보편화되고 있는 상황이다. 일례로 '셀트리온' 서정진 회장이 유튜브에서 이야기한 "사업은 외줄 타기와 같은 건데, 재취업이 쉬웠으면 사업을 했겠어?"란 말이 대변해 주듯이 양질의 일자리 부족과 불안정한 고용환경으로 인해 취업이 어렵게 되자 생계유지와 자녀 부양 등을 위해 서둘러 '비자발적인 창업'을 대안으로 선택하는 경우가 자영업 비중을 높이는 주된 원인으로 볼 수 있다. 최근엔 청년 실업률 상승과 양질의 일자리 부족으로 인해 많은 사람이 자영업을 통해 생계를 유지하려고 '비자발적인 자영업'을 선택하는 경향도 많아지고 있다. 그 밖에 실업급여 등 사회보장 제도가 충분하지 못해 실직 시 생계를 위해 자영업을 선택하는 경우와 소득 신고 누락 등을 통해 세금을 적게 내기 위한 조세 회피 목적으로 자영업을 선택하는 경우도 있을 수 있다고 본다. 반면, 기업가 정신을 바탕으로 자아실현, 사회적 가치 실현, 고소득 추구 등 '자발적인 영업'을 선택하는 경우도 우리나라의 자영업 비중을 높여온 긍정적인 사례들일 것이다.

이런 이유로 생계유지 문제로 사업체를 정리하고 다른 업종으로 전환하거나 재취업을 하기에도 중년 이상은 고용시장에서 현실적으로 냉대받는 경우가 많기 때문에 사실상 진퇴양난의 기로에 처한 상태이다. 최근 통계청 자료에 따르면 인구 고령화와 함께 은퇴 후 창업이 성행하면서 전체 자영업자 중 60세 이상 자영업자가 차지하는 비중이

36.4%로 급속도로 고령화가 심화되고 있다는 암울한 소식도 전해지고 있다.

우리나라의 자영업 비중이 높다는 것 자체만으로 바람직하지 않다고 볼 수는 없겠지만, RCA 분석을 통해 살펴봤듯이 자영업 비중이 높은 가장 큰 문제는 '양질의 일자리 부족과 불안정한 고용환경에 의한 비자발적인 생계형 창업과 준비되지 않은 창업'으로 인해 대다수가 낮은 매출 속에 영업이익도 매우 낮은 데 있으며, 많은 자영업자 중 고령화가 심하다는 점도 큰 문제로 대두되고 있다. 필자가 만나본 자영업자들 중 월평균 순이익이 최저임금 이상인 자영업자보다 최저임금 이하인 자영업자들이 더 많았을 뿐만 아니라 순이익이 100만 원 이하라고 대답하는 중년 자영업자들도 상당히 많았다. 물론 통계청 자료에 따르면 2017년 기준으로 자영업자 중 상위 20%가 전체 소득의 52%를 가져간 반면, 나머지 48%의 소득을 80%의 자영업자들이 나눠 가지는 등 소득 양극화가 심각한 상황이며, 현재도 큰 차이는 없어 보인다. 소득이 높은 20%의 자영업자 범주에는 전문직이거나 대학 또는 대학원 이상 고학력이 상대적으로 많아 자영업자의 소득 양극화는 자영업 집단의 이질성에서 비롯된 것으로 분석되고 있다.

또한 우리 주위의 이웃 혹은 동네 주민일 가능성이 높은 소규모 사업자인 자영업자는 스스로 위험을 선택하고 그에 따른 책임을 부담한다는 자기 책임 원칙에 의해 이들이 처한 경제적 어려움에 대한 사회적 관심이 기업인 사업자보다 크지 않았던 것이 사실이다. 설상가상으로 몇 해 전부터 급격한 최저임금 인상과 코로나19 팬데믹에 의한 피치 못할 환경으로 인해 자영업자들의 어려움을 더욱 심화시켰다는 데 이견이 없어 보인다. 물론 자영업자의 문제는 어제오늘의 이슈는 아니지만, 최저임금 인상으로 인해 직접적인 인건비 부담이 커져 이익률이 낮아지고 이로 인해 고용 축소로 이어진 상황에서 코로나19 팬데믹으로 인해 소비 심리가 위축되면서 매출까지 감소한 반면, 임대료 및 관리비 등 고정비는 그대로 유지되면서 많은 자영업자가 생존의 갈림길에 서게 되었다고 볼 수 있다. 그럼에도 불구하고 중소기업벤처부 조사 결과에 따르면 낮은 수익에도 불구하고 90.8%의 대다수 소상공인과 자영업자는 지금 사업체를 계속 운영할 계획이라고 한다. 이런 이유는 일을 해야 한다는 근본적인 이유도 있지만, 사실상 생계유지 문제로 사업체를 정리하고 다른 업종으로 전환하거나 재취업을 하기에도 중년 이상은 고용시장에서 현실적으로 냉대받는 경우가 많기 때문에 사실상 진퇴양난의 기로에 처한 상태로 봐야 한다.

이런 위기에 처한 소상공인과 자영업자 문제는 단순히 개인의 어려움이나 문제가 아니라 경제 활성화, 사회 안정, 미래의 성장 동력 확보 등 다양한 측면에서 중요한 의미를 가지고 있다. 자영업자들의 위기는 개인 문제가 아니라 사회·경제적 문제로 봐야 하므로 정부, 지자체, 관련 기관에서 소상공인과 자영업자들의 어려움을 해결하기 위한 종합적이고 실질적인 대책을 마련하고 지속적으로 실행해야 한다.

그나마 다행인 것은 최근 정부가 내놓은 자영업자 대책에 금융 지원과 임대료 및 세제 지원 위주에서 탈피해 어려움을 겪거나 폐업을 고려 중인 자영업자를 대상으로 재교육 및 지원을 통해 재창업과 재취업 등으로 자영업자의 진로를 전환하는 정책이 포함된 것은 실질적인 정책의 시작이라 고무적이다.

이제라도 위기에 처한 소상공인과 자영업자를 중요한 사회적 문제로 인식하고 자영업자를 위한 실질적인 정책이 공염불이 되지 않도록 하기 위해서는 지속적인 추진과 실행이 중요하다. 이러한 자영업자들을 위한 실질적인 정책을 더욱 발전시키고 잘 추진하는 동시에 소상공인과 자영업자의 경제적 안정화와 지속적인 경제 성장을 위해서라도 더 늦기 전에 추가적으로 소상공인과 자영업자의 적정한 구조조정이 필요할 때라 여겨진다.

5) 창업 준비의 중요성

창업 서적을 집필하면서 암울한 '우리나라의 자영업자 실태'를 우선 설명한 이유는 첫째, 창업 준비의 중요성을 강조하기 위함이다. 이는 사업 성공의 핵심이 철저한 준비에 있다는 것을 방증한다. 이 책에서 가장 중요하게 강조하는 부분이기도 한 창업 준비는 성공적인 사업을 위한 필수 요소 중 하나이다. 따라서 창업자는 사업을 시작하기 전에 충분한 시간을 두고 구체적이고 측정 가능한 목표를 설정해야 한다. 이러한 명확한 목표는 사업의 비전과 방향성을 정립하는 데 도움을 줄

뿐만 아니라, 창업자를 비롯한 모든 구성원이 동일한 방향으로 나아가게 할 수 있다. 목표가 명확할수록 사업의 성과를 평가하고 조정하는 데 유리하다. 예를 들어, 매출 목표나 시장 점유율과 같은 고객 중심의 목표를 설정하면 사업의 진행 상황을 명확히 파악할 수 있다.

둘째, 철저한 시장조사는 필수적이면서 가장 중요한 단계이다. 창업자는 어떤 비즈니스 모델을 선택하더라도 목표 시장의 크기, 경쟁 상황, 소비자 요구와 선호를 면밀히 분석해야 한다. 이를 통해 시장에서의 기회를 파악하고, 자신의 상품이나 서비스가 어떤 차별성을 가질 수 있는지 명확히 알 수 있다. 시장조사는 성공적인 마케팅 전략을 수립하는 데 기초가 되며, 소비자의 니즈를 충족시키기 위한 제품 개발에도 큰 영향을 미친다. 예를 들어, 경쟁사의 제품을 분석하고 소비자 리뷰를 참고하면 자신의 제품이 어떤 점에서 우수해야 하는지를 이해하고 이를 반영할 수 있다.

셋째, 재무와 마케팅 전략을 포함한 사업계획수립은 사업의 지속 가능성을 높이는 데 필수적이다. 초기 자본을 확보하고 운영 비용을 예측하며 수익 모델을 분석하는 과정이 필요한데 이를 통해 창업자는 사업이 안정적으로 운영될 수 있도록 재정적 기반을 마련할 수 있다. 재무계획이 부족하면 자금 부족으로 인한 위기에 직면할 수 있으며, 이는 사업의 지속 가능성에 큰 위협이 된다. 예를 들어, 예상치 못한 비용이 발생했을 때 사전에 마련된 재무계획이 있다면 이를 효과적으로 관리하고 대처할 수 있다.

넷째, 성공 가능성이 높고 검증된 비즈니스 모델 개발도 중요한 단계이다. 창업자는 자신의 아이디어를 기반으로 수익을 창출할 수 있는 비즈니스 모델을 구축해야 하며, 고객의 문제를 해결하고 가치를 제공하는 방법을 명확히 해야 한다. 비즈니스 모델이 잘 설계되어 있으면 시장에서의 경쟁력을 높일 수 있으며, 고객이나 투자자들에게도 신뢰를 줄 수 있다. 예를 들어, 넷플릭스와 같은 구독 모델이나 프리미엄 모델 등 다양한 수익 창출 방식을 고려하여 자신의 사업에 적합한 모델을 선택해야 한다.

다섯째, 마케팅 전략 수립과 네트워킹 및 인맥 구축은 창업 준비에서 빼놓을 수 없는 요소이다. 효과적인 마케팅 전략은 사업의 가시성과 매출을 증대시킬 수 있으며, 네트워킹은 필요한 정보와 지원을 얻는 데 도움을 준다. 업계 전문가, 멘토, 투자자와의 관계를 형성하면 필요한 자원과 조언을 얻을 수 있으며, 이는 사업을 확장하거나 새로운 기회를 모색하는 데 중요한 역할을 한다. 강력한 네트워크는 창업자가 어려운 상황에서도 도움을 받을 수 있는 기반이 된다.

마지막으로, 위험관리와 대응 전략은 사업 운영의 안정성을 높이는 핵심 요소이다. 창업자는 사업 운영 중 발생할 수 있는 다양한 리스크를 사전에 분석하고 해결책을 마련해야 한다. 효과적인 위험관리는 창업자가 불확실한 상황에서도 안정적으로 사업을 운영할 수 있도록 도와준다. 예를 들어, 시장 변동이나 경쟁자의 동향을 주의 깊게 모니터링하고, 예상되는 문제에 대한 대응 방안을 마련해 두면 위기 상황에서 신속하게 대처할 수 있다. 또한 안정적인 출구전략을 계획하는 것도 필수적이다. 출구전략은 창업자가 사업의 종료나 이전을 효과적으로 관리할 수 있게 하며, 이를 통해 최적의 결과를 얻을 수 있다.

결론적으로, 창업 준비는 사업 성공을 위한 필수적인 과정이다. 명확한 목표 설정, 철저한 시장조사, 사업계획 수립, 비즈니스 모델 개발, 마케팅 전략 및 네트워킹, 위험관리 등 다양한 요소들이 조화를 이루도록 검토 및 검증해야 한다. 이러한 준비 과정을 통해 창업자는 시장에서 경쟁력을 갖추고 지속 가능한 성장을 이룰 수 있는 기반을 마련할 수 있다. 창업은 단순히 사업을 시작하는 것이 아니라, 자신의 꿈과 목표를 이루기 위해 수많은 도전과 역경을 이겨내는 외로운 여정이다. 이를 위해서 철저한 준비와 계획을 바탕으로 끊임없는 노력을 한다면, 개인의 꿈과 비전을 실현하는 기회가 될 뿐만 아니라 경제적 가치와 사회적 가치를 동시에 창출할 수 있는 도전적인 여정이 될 것이다.

6) 프랜차이즈 vs 개별창업 중 나의 선택은?

프랜차이즈와 개별창업 중 선택은 개인의 상황과 목표에 따라 크게 달라질 수 있다. 프랜차이즈는 이미 성공적인 비즈니스 모델과 브랜드 인지도를 제공하므로 초기 창업자에게 비교적 낮은 리스크를 안겨준다는 장점이 있다. 또한 교육과 지원을 받을 수 있어 경영 경험이 부족한 사람에게 유리할 수 있다. 그러나 프랜차이즈는 로열티와 초기 비용이 발생하며, 운영의 자유가 제한될 수 있다는 단점도 존재한다.

반면, 개별창업은 사업의 창의성과 독립성을 극대화할 수 있는 기회를 제공한다. 창업자는 자신만의 아이디어와 비즈니스 모델을 자유롭게 구현할 수 있어 시장 변화에 민첩하게 대응할 수 있다는 장점이 있다. 하지만 초기 시장조사와 마케팅 전략 수립에 더 많은 시간과 노력이 필요하며, 실패에 대한 리스크도 상대적으로 높을 수 있다. 따라서 자신의 경영 스타일, 자본 상황 그리고 시장에 대한 이해도를 고려하여 신중하게 선택하는 것이 중요하다. 최종적으로는 개인의 목표와 비전이 무엇인지에 따라 결정하는 것이 최선의 방법일 것이다.

개별창업과 프랜차이즈 창업은 각기 다른 장단점을 가진 창업 모델로, 상호 비교를 통해 창업자 스스로 자신의 상황에 맞는 선택을 할 수 있도록 하자.

(1) 개별창업

개별창업은 창업자가 자신의 아이디어와 브랜드를 바탕으로 독립적인 사업 운영을 할 수 있는 방식으로 창업자에게 강한 자율성이 주어진다는 점이 주요 장점 중 하나이다. 다시 말해서 개별창업은 상품 및 서비스, 운영 방식, 마케팅 전략 등 모든 측면에서 독립적으로 결정할 수 있어 창의적인 사업 운영이 가능하다는 것을 의미한다. 특히 특정 고객층을 타깃으로 독창적인 상품과 서비스를 개발하거나 차별화된 고객 경험을 구축할 수 있다. 또한 초기 투자비용을 상대적으로 낮게 조정할 수 있어 상점 인테리어나 장비 구매를 직접 선택하고 관리하는 데 유연성을 가질 수 있다. 요즘은 저비용으로 온라인 창업이 많아 개인의 능력과 장점을 살려 도전해 볼 만한 영역이 많으리라 여겨지나, 온라인 사업 분야는 필자의 전문 분야가 아니므로 이 책에서는 다루지 않았다.

그러나 개별창업은 창업자의 경험과 시장 이해가 부족할 경우 큰 리스크를 초래할 수 있다. 개별창업은 극복해야 할 도전 과제가 많으며, 브랜드 인지도가 낮아 초기 고객유치가 어려울 수도 있다. 모든 운영에 대한 책임이 창업자에게 귀속되므로 실패했을 때의 부담이 상당히 크다. 이러한 이유로 사업이 처음인 창업자에게는 높은 수준의 위험이 따를 수 있어 작은 규모의 일부터 시작하여 점진적으로 확장하는 접근을 권한다.

(2) 프랜차이즈 창업

프랜차이즈 창업은 이미 성공적으로 검증된 비즈니스 모델을 사용하는 방식으로 본사에서 제공하는 브랜드, 운영 시스템, 마케팅 전략을 활용하는 특징이 있다. 이 모델의 가장 큰 장점은 높은 브랜드 인지도이다. 소비자들은 잘 알려진 브랜드를 신뢰하는 경향이 있어 초기 매출을 확보하기가 상대적으로 더 용이하다. 또한 프랜차이즈 본사가 제공하는 다양한 지원과 교육은 운영에서의 불확실성을 줄이고 창업자의 부담을 덜어준다. 예를 들어, 인테리어 디자인, 상품 및 서비스 개발, 인력 교육 등을 본사의 매뉴얼에 따라 진행할 수 있다.

그러나 프랜차이즈에는 단점도 존재한다. 초기 투자비용이 상당히 높을 수 있으며, 가맹비, 로열티, 장비 비용 등 다양한 경비가 발생하여 수익성이 저하될 위험이 있다. 또한 운영에서의 자율성이 제한되어 창업자가 자신의 아이디어를 자유롭게 실행하기 어려운 구조가 일반적이다. 가맹점주는 본사의 규정을 따라야 하므로 본사와의 마찰이 생길 경우 운영에 문제가 발생할 수 있다. 일부 가맹점주는 본사의 요구사항이 지나치게 과도하다고 느낄 수 있으며, 이러한 불만은 운영 만족도와 사업 성과에 악영향을 미칠 가능성이 있다.

개별창업과 프랜차이즈 창업은 각각의 특성과 장단점을 갖고 있기 때문에 창업자는 자신의 경험, 자본, 사업 목표를 신중히 고려하여 적합한 방식을 선택해야 한다. 두 모델 모두 공통적으로 철저한 준비와 계획이 필요하며, 시장조사를 통해 장기적으로 성공적인 사업 운영을 이루기 위한 노력이 필수적이다.

2. 창업을 위한 비즈니스 모델 발굴 및 방법

비즈니스 모델(BM, Business Model)은 창업자가 구상한 사업 아이템이나 기업이 새로운 제품, 서비스, 또는 비즈니스 프로세스를 개발하여 가치를 창출하고 이를 고객에게 전달해 최종적으로 이익을 얻는 방식을 한 장으로 설명하는 구조이자 검증 방식으로 이해하면 될 듯싶다. 즉 비즈니스 모델은 사업 아이템이 창출하는 가치가 고객에게 전달되어 수익으로 전환되는 메커니즘을 체계적으로 설명하는 것이며, 기업이 돈을 버는 핵심 방식을 나타낸 것이다. 이를 통해 기업은 고객 관계를 명확히 하고, 자금의 흐름을 관리하며, 사업 아이템의 경쟁력과 주요 성과를 파악할 수 있다. 기업은 또한 시장 변화에 맞춰 지속적인 개선과 보완을 통해 모델을 발전시키는 과정이 필요하다. 이를 표 형식으로 구성하면, 사업 아이템별 가치 구조와 개선 방향을 한눈에 이해하고 활용할 수 있다.

비즈니스 모델 발굴은 창업자가 시장에서 지속 가능한 경쟁력을 확보하고 수익을 창출하기 위해 필수적이며 기본적인 과정이다. 이 과정은 여러 단계를 포함하며, 각 단계에서 다양한 도구와 방법론을 활용해 철저한 분석과 전략 개발을 진행해야 한다. 비즈니스 모델 발굴을 위한 접근 방식은 창업 초기 단계에서 실시하는 시장조사와 분석 방법 그리고 비즈니스 모델 캔버스(BMC, Business Model Canvas)를 활용하는 방식으로 나눠 살펴볼 필요가 있다.

1) 시장조사 및 분석 방법

시장조사는 창업자나 기업이 당면한 구체적인 상황에 적합한 자료를 체계적으로 설계, 수집, 분석하여 고객의 소리(VOC, Voice of Customer)를 반영하는 것을 목적으로 한다. 이를 통해 사업과 마케팅전략 수립에 필요한 중요한 정보를 제공할 수 있다. 따라서 시장조사 및 분석은 비즈니스 모델 검토의 기초가 되며, 창업자가 진입하고자 하는 시장의 현재 상태와 미래 가능성을 이해하는 데 필수적이다. 시장조사는 일반적으로 소비자 조사, 경쟁력 분석, 산업 동향 분석으로 구성된다. 또한 각 조사 과정에서는 창업자가 계획 중인 사업 아이템이 시장에서 어떻게 수용될 수 있는지도 함께 검토해야 한다.

(1) 소비자 조사

소비자 조사는 설문 조사, 인터뷰, 포커스 그룹 등 다양한 방법을 통해 소비자의 요구와 선호도를 파악하는 과정이다. 고객이 어떤 문제를 겪고 있으며, 어떤 제품이나 서비스에 대한 욕구를 가지고 있는지를 이해하는 것은 비즈니스 기회를 발견하고 경쟁력을 확보하는 데 매우 중요하다. 이러한 조사를 통해 고객의 목소리를 직접 듣고, 그들의 필요를 충족시키기 위한 사업 방향을 설정하며, 차별화된 비즈니스 모델로 시장에서 경쟁 우위를 점할 수 있다. 특히 우리나라의 경우 전체 창업자 중 음식업 창업자의 비중이 30~40%에 이를 만큼 높다. 하지만 이러한 포화 상태의 시장에서는 60~70%의 창업자가 여러 이유로 3년 내 폐업하는 것으로 알려져 있다.

이러한 현실을 고려할 때 더욱 세부적이고 철저한 시장조사를 통해 소비자의 요구와 트렌드를 파악하는 것이 필수적이다. 창업자는 자신이 선택한 사업 아이템에 대해 경쟁업체와의 차별점을 발견하고 이를 바탕으로 적절한 가격 설정과 효과적인 마케팅 전략을 수립해야 한다. 이러한 과정은 리스크를 최소화하는 데 중요한 역할을 한다. 또한 시장조사를 통해 잠재 고객의 피드백을 받아 제품이나 서비스를 지속적으로 개선할 기회를 얻을 수 있음을 기억해야 한다. 예를 들어, 창업자의 사업 아이템이 음식업이라면 틈새시장과 기회를 발견하는 것이 핵심이다. 시장조사와 분석을 통해 얻은 정보를 활용하여 메뉴나 사업 아이템을 상황에 따라 조정하거나 시장의 변화에 따라 사업을 확장하는 전략을 모색할 수 있다. 또한 고객이 건강이나 편리함을 중시하는 트렌드를 선호한다는 결과를 얻었다면, 이를 반영한 차별화된 전략을 실행하여 성공 가능성을 높일 수 있다. 따라서 시장조사는 창업 준비 과정에서 반드시 거쳐야 할 핵심 단계라 할 수 있다.

(2) 경쟁력 분석 및 차별화

경쟁력 분석은 시장 내 주요 경쟁자들의 제품, 가격, 마케팅 전략, 고객 서비스 등을 분석하여 창업자의 상품 및 서비스 포지셔닝을 명확히 하고, 동시에 경쟁 전략을 수립하는 과정으로 정의할 수 있다.

이 과정에서는 SWOT(Strengths, Weaknesses, Opportunities, Threats) 분석, 포터의 5 Forces 분석 등 다양한 도구를 활용할 수 있다. 이러한 분석을 통해 다음과 같은 전략을 수립할 수 있다.

첫째, 경쟁업체보다 상대적으로 낮은 비용으로 제품이나 서비스를 제공하여 높은 시장 점유율을 목표로 하는 '원가우위 전략(Cost Leadership)'을 활용할 수 있다.

둘째, 제품이나 서비스의 독특함을 강조하여 경쟁자와 차별화함으로써 소비자에게 가치를 제공하는 '차별화 전략(Differentiation)'이 가능하다.

셋째, 특정 시장 세그먼트나 니치 마켓을 집중적으로 타깃팅하는 '집중화 전략(Focus Strategy)'이 있다. 이는 원가우위 전략 또는 차별화 전략과 결합하여 믹싱 전략으로 활용하는 것도 좋은 방법이다.

그중에서도 SWOT 분석은 필자가 선호하기도 하지만, 일반적으로 많이 활용되는 방법이다. 이를 설명하기 위해 〈표 1-5〉와 같이 가상의 '웰니스 커피' 사례를 활용해 SWOT 분석 결과를 살펴보기로 하자. 이 분석 결과를 통해 창업자는 자신뿐만 아니라 사업체의 강점, 약점, 기회, 위협을 체계적으로 정리하여 현재 상태를 이해하고 전략을 수립할 수 있어야 한다.

SWOT 분석을 통해 강점을 극대화하고 약점을 보완하며, 기회를 활용하고 위협에 대비하는 전략을 세운다면 사업체를 성공적으로 운영할 수 있다. 이 분석을 기반으로 창업자는 현실적이고 실행 가능한 전략을 도출할 수 있으며, 이는 지속 가능한 경쟁 우위를 확보하는 데 중요한 역할을 하게 된다.

〈표 1-5〉 '웰니스 커피' 카페 창업을 위한 SWOT분석 예시

→	긍정(Positive)	부정(Negative)
	강점(Strengths)	약점(Weaknesses)
내부환경	- 신선하고 고급스러운 원두와 재료를 사용하여 차별화된 커피 및 디저트 제공 - 아늑하고 편안한 인테리어로 고객이 오랜 시간 머물고 싶어 하는 환경 조성 - 친절하고 전문적인 직원으로 고객 만족도 높임 - 지역 사회와의 협력 및 참여를 통해 지역 주민에게 친숙한 브랜드로 자리매김	- 임대료, 인건비, 재료비 등 고정 비용이 많이 들어 초기 수익성에 부담 - 많은 카페와 프랜차이즈가 존재하여 차별화가 어려움 - 창업자가 카페 운영에 대한 경험이 부족할 경우 운영 효율성이 떨어질 수 있음 - 소규모 카페로서 대규모 광고나 마케팅 예산이 한정적
→	기회(Opportunities)	위협(Threats)
외부환경	- 유기농, 비건, 건강을 위한 저당 커피 및 디저트 등의 수요 증가 - 온라인 주문 및 배달 플랫폼을 통해 고객층 확대 가능 - 커피 클래스나 소셜 이벤트를 통해 고객 경험을 향상시키고 추가 수익 창출 - 인스타그램, 페이스북 등을 통한 효과적인 마케팅으로 브랜드 인지도 상승	- 경기 침체로 인해 소비자 지출이 감소할 수 있음 - 대형 프랜차이즈 카페와의 가격 경쟁에서 불리할 수 있음 - 소비자의 취향 변화에 민감하여 지속적인 메뉴 업데이트 필요 - 식품 안전법, 위생 규정 등 법적 요구사항을 준수해야 하며, 위반 시 벌금이나 영업 중단 위험

상기 SWOT 분석을 살펴볼 때 운영 효율성을 극대화하여 비용을 최소화하고, 가격에 민감한 고객을 타깃으로 한 '원가우위 전략(Cost Leadership)'과 강점인 유기농 고품질 및 특화된 메뉴로 경쟁사와 차별화시키는 동시에 지역 사회와의 협력을 통해 브랜드 충성도를 높여 '차별화 전략(Differentiation)'도 추진하면서 건강을 중시하는 소비

자를 위해 유기농 및 비건 옵션을 강조해 특정 고객층 타깃팅으로 '집중화 전략(Focus Strategy)'을 고려해 볼 수 있다.

(3) 산업 동향 분석

산업 동향 분석은 시장의 변화와 트렌드를 파악하여, 향후 비즈니스 모델에 반영할 수 있는 요소를 식별하는 과정이라 할 수 있다. 최근 몇 년간 기술 발전, 소비자 행동 변화, 환경 문제에 대한 인식 확대 등을 고려하면, 시장의 변화 방향을 어느 정도 예측할 수 있다. 이러한 정보는 비즈니스 모델을 설계할 때 매우 유용하게 활용된다. 예를 들어, 지속 가능한 제품에 대한 수요 증가나 디지털화의 가속화는 비용 절감과 새로운 기회의 창출로 이어진다. 지역 기반 창업과 활성화와 관련해서는 모종권 교수가 제시한 'C-READI' 모델을 참고할 수 있다. 이 모델은 문화(Culture), 임대료(Rent), 기업가 정신(Entrepreneurship), 접근성(Access), 디자인(Design), 정체성(Identity) 등 여섯 가지 요소를 기준으로 창업 입지의 경쟁력을 진단하고, 시장 적합성과 활성화 가능성을 평가하는 데 활용된다.

필자가 실생활에서 접하는 음식업계 사례를 보면, 키오스크와 모바일 애플리케이션을 활용한 주문 및 결제 시스템, 로봇 도입과 무인화가 빠르게 확산되고 있다. 이러한 기술들은 고객의 주문 패턴과 선호도를 데이터로 수집·분석해 맞춤형 메뉴 추천이나 프로모션 제공을 가능하게 한다. 또한 사업장 운영 효율성을 높이고 고객 경험을 개선하는 동시에 인건비 절감에도 기여하고 있다.

2) 비즈니스 모델 캔버스 활용

비즈니스 모델 캔버스(BMC, Business Model Canvas)는 필자가 가장 선호하는 방법으로 창업자가 구상한 사업 아이템을 검증하고 수익 창출을 위한 사업을 개발하는 도구이다. 이는 비즈니스 모델을 명확히 하고 사업 전략을 수립하고 활용하는 데 매우 유용한 도구 중 하나이다. 물론 다른 방법도 많으나 비즈니스 모델 캔버스는 사업 아이디어를 시각적으로 정리하는 도구로, 핵심파트너(Key Partners), 핵심활동(Key Activities), 가치 제안(Value Propositions), 고객 관계(Customer Relationships), 고객 세그먼트(Customer Segments), 핵심 자원(Key Resources), 채널(Channels), 비용구조(Cost Structure), 수익원(Revenue Streams) 등 9개 요소로 구성돼 누구나가 쉽게 활용할 수 있는 것이 장점이다.

앞의 〈표 1-6〉과 같이 비즈니스 모델 캔버스(BMC, Business Model Canvas)는 9개 요소로 구성되어 있으며, 각 요소는 기업의 전략과 방향성을 결정하는 데 중요한 역할을 한다. 이를 통해 비즈니스 모델을 명확히 하고 운영계획을 체계적으로 정리할 수 있다. 아래와 같이 각 요소별 질의형태로 자세히 살펴보자.

① 핵심 파트너(Key Partners) : '누구와 협력하나요?'라는 질문에

〈표 1-6〉 가상의 '웰니스 커피' 카페 창업을 위한 비즈니스 모델 캔버스 예시

① 핵심파트너 (Key Partners)	② 핵심활동 (Key Activities)	③ 가치 제안 (Value Propositions)	④ 고객 관계 (Customer Relationships)	⑤ 고객 세그먼트 (Customer Segments)
- 유기농 농장 및 식재료 공급업체 - 배달 플랫폼(배달의민족, 요기요 등) - 건강 관련 기업(헬스클럽, 요가 스튜디오 등) - 마케팅 및 광고 대행사	- 메뉴 개발 및 조리 - 고객 서비스 및 피드백 관리 - 마케팅 및 프로모션 활동 - 재고 관리 및 공급망 관리	- 신선한 유기농 재료를 사용한 건강식 - 맞춤형 식단 제공(다이어트, 알레르기 등) - 빠르고 편리한 서비스(온라인 주문 및 배달) - 편안하고 아늑한 분위기	- 개인 맞춤형 서비스(고객 피드백 반영) - 로열티 프로그램 운영 - 소셜 미디어를 통한 소통 - 정기적인 건강 관련 정보 제공(뉴스레터, 블로그 등)	- 건강을 중시하는 젊은 층 - 바쁜 직장인 - 가족 단위 고객 - 비건 및 채식주의자
	⑥ 핵심자원 (Key Resources)		⑦ 채널 (Channels)	
	- 주방 시설 및 조리 장비 - 신선한 식재료 공급망 - 인력(셰프, 서빙 직원 등) - IT 시스템(모바일 앱, POS 시스템)		- 오프라인 매장 - 모바일 앱 및 웹사이트(온라인 주문 및 예약) - 배달 플랫폼(배달의민족, 요기요 등) - 소셜 미디어(인스타그램, 페이스북 등)	

⑧ 비용구조 (Cost Structure)	⑨ 수익원 (Revenue Streams)
- 인건비(직원 급여) - 임대료 및 운영 비용 - 재료비(식재료 구매) - 마케팅 및 광고 비용 - IT 시스템 유지 관리 비용	- 음식 및 음료 판매 - 배달 서비스 수수료 - 요리 클래스 및 건강 식단 상담 서비스 - 이벤트 및 공간 대여 서비스

답하며, 비즈니스 모델을 지원하는 외부 파트너나 공급업체를 의미한다. 협업을 통해 자원을 효율적으로 활용하고 경쟁력을 강화할 수 있다. 원자재 공급업체, 유통 파트너, 기술 제공 업체 등이 이에 해당한다.

② 핵심 활동(Key Activities) : '비즈니스 운영에 무엇을 하나요?'라는 질문에 답하며, 가치 제안을 실현하기 위해 수행해야 하는 주요 활동을 의미한다. 생산, 마케팅, 판매, 고객 서비스 등이 포함되며, 효율적인 활동 관리는 자원 최적화와 더 나은 가치 제공으로 이어진다.

③ 가치 제안(Value Propositions) : '고객에게 무엇을 제공하나요?'라는 질문에 답하며, 고객에게 제공하는 고유한 가치를 설명한다. 이는 제품이나 서비스가 고객의 문제를 어떻게 해결하는지 나타내며, 고객이 해당 제품이나 서비스를 선택해야 할 이유를 제공한다. 예를 들어, 더 높은 품질, 더 낮은 가격, 독특한 기능 등은 강력한 가치 제안이 될 수 있다.

④ 고객 관계(Customer Relationships) : '고객과 어떻게 상호 작용하나요?'라는 질문에 답하며, 기업과 고객 간의 관계 형성을 의미한다. 이는 고객 충성도를 높이고 재구매를 유도하는 데 중요하다. 개인화된 서비스, 고객 지원, 커뮤니티 형성 등 다양한 방식으로 고객 관계를 구축할 수 있다.

⑤ 고객 세그먼트(Customer Segments) : '고객은 누구인가요?'라

는 질문에 답하며, 기업이 타깃으로 삼는 특정 고객 그룹을 정의한다. 시장을 세분화하여 각 세그먼트의 특성과 요구를 이해함으로써 더 나은 맞춤형 서비스를 제공할 수 있다. 예를 들어, 기업 간 거래(B2B)와 기업과 소비자 간 거래(B2C)는 서로 다른 고객 세그먼트를 대상으로 하며, 각기 다른 접근 방식과 마케팅 전략이 필요하다.

⑥ 핵심 자원(Key Resources) : '비즈니스 운영에 필요한 것은 무엇인가요?'라는 질문에 답하며, 비즈니스 모델을 운영하는 데 필요한 자산을 의미한다. 인적 자원, 물적 자원, 기술적 자원 등이 포함되며, 이를 효과적으로 관리하면 경쟁 우위를 확보할 수 있다.

⑦ 채널(Channels) : '고객에게 어떻게 다가가나요?'라는 질문에 답하며, 고객에게 가치 제안이 전달되는 경로를 의미한다. 온라인과 오프라인 채널 모두를 포함하며, 효과적인 채널 전략은 고객이 제품이나 서비스에 쉽게 접근하고 구매 과정을 원활하게 만들어 고객 경험을 향상시킨다. 또한 채널은 고객 피드백을 수집하는 중요한 경로이다.

⑧ 비용 구조(Cost Structure) : '비즈니스 운영에 얼마나 드나요?'라는 질문에 답하며, 비즈니스 운영에 드는 비용을 설명한다. 임대료, 급여와 같은 고정비와 원자재 비용, 마케팅 비용 같은 변동비로 나뉜다. 비용 관리는 수익성을 높이고 재무 건전성을 유

지하는 데 필수적이다.

⑨ 수익원(Revenue Streams) : '돈을 어떻게 버나요?'라는 질문에 답하며, 기업이 수익을 창출하는 방법을 나타낸다. 이는 제품 판매, 구독료, 서비스 요금, 광고 수익 등 여러 형태가 있을 수 있다. 수익원을 다각화하면 재무 안정성을 높이고 경제적 불확실성에 대응할 수 있다.

이러한 요소들은 서로 긴밀히 연결되어 있으며, 비즈니스 모델은 해당 사업체가 시장에서 무엇을 하는 곳이며, 핵심 역량이 무엇이며, 고객에게 어떤 가치를 제공하고, 현금흐름의 선순환을 통해 지속 가능한가를 검토해 시장에서 성공하기 위해 어떻게 운영될지를 보여주는 청사진이다. 창업자와 기업은 이 모델을 지속해서 검토하고 변화하는 시장환경에 맞춰 개선점을 찾아야 한다. 비즈니스 모델은 단순한 경영 도구를 넘어 기업의 생존과 성장에 필수적인 전략적 자산으로 간주해야 하며, 주기적인 평가와 혁신이 필요하다.

3) 넷플릭스 사례를 통한 시장조사 및 활용방안 연구

'비즈니스 모델 발굴 및 방법'에서 이미 다루었던 항목이지만, 필자의 경험으로 볼 때 비즈니스 모델 발굴과 사업 운영에서 가장 중요한 요소로 판단된 넷플릭스 사례를 바탕으로 이를 좀 더 자세히 살펴보려 한다. 소상공인과 자영업자들이 창업할 때 시장조사 및 고객 분석은 사업의 가능성을 가늠하고 성공적인 비즈니스 운영을 위한 기초를 다지는 중요한 과정이다. 이 과정은 고객의 요구를 이해하고 시장에서의 경쟁력을 확보하는 데 큰 역할을 하며, 지속 가능한 경쟁력을 확보하기 위해 필수적이다. 따라서 넷플릭스 사례를 통해 이러한 필요성과 방법을 구체적으로 살펴보자.

- 시장조사에서 가장 먼저 중요하게 고려해야 할 요소는 '고객 이해'이다.

고객의 선호와 요구를 파악하는 일은 사업자가 제공해야 할 제품이나 서비스를 결정하는 데 핵심적인 부분이다. 넷플릭스는 고객의 시청 패턴을 분석하여 개인 맞춤형 콘텐츠를 제공함으로써 고객 만족도를 극대화하고 있다. 예를 들어, 특정 장르의 영화를 자주 시청하는 고객에게 유사한 콘텐츠를 추천하는 방식은 고객의 사용 경험을 향상시키고, 이러한 고객의 니즈에 맞게 선제적으로 추천 시스템을 활용해 고객 이탈을 방지하며, 장기적인 구독을 유도하는 데 핵심적인 역할을 한다.

- 시장조사에서 '경쟁력 분석'은 필수이다.

모든 창업자나 기존 사업자는 경쟁사의 전략을 이해하고 자사의 강점과 약점을 분석하여 효과적인 경쟁 전략을 세워야 한다. 넷플릭스는 디즈니+와 아마존 프라임 비디오 같은 경쟁사와의 비교를 통해 차별화된 서비스를 제공하고 있다. 특히 독창적인 오리지널 콘텐츠 제작은 넷플릭스의 강력한 경쟁력으로 자리 잡고 있으며, 이를 통해 고객에게 새로운 경험을 제공함과 동시에 브랜드 충성도를 높이고 있다.

― 시장 '트렌드 파악' 또한 매우 중요하다.

고객의 행동 변화와 시장의 흐름을 이해함으로써 기업은 새로운 기회를 포착할 수 있다. 넷플릭스는 스트리밍 서비스의 급성장에 발맞춰 세계 시장에서 다양한 콘텐츠를 제공하는 전략을 취하고 있다. 이렇게 함으로써 넷플릭스는 여러 문화와 취향을 반영한 다양한 콘텐츠를 제작하여 글로벌 고객의 요구를 충족시키고 있다.

― 데이터 기반 의사결정의 중요성도 간과할 수 없다.

넷플릭스는 데이터 분석을 통해 고객의 시청 기록과 검색 패턴을 파악하고 어떤 콘텐츠를 제작할지를 결정한다. 이러한 데이터는 고객의 행동을 예측하고 타깃 마케팅에 활용하는 데 필수적이다. 예를 들어, 특정 지역에서 인기 있는 콘텐츠를 분석하여 해당 지역에 적합한 마케팅 캠페인을 전개하는 방식이 있다.

이러한 고객의 선호와 요구를 파악하기 위한 시장조사와 고객 분석의 방법에는 여러 가지가 있다. 첫째, 설문 조사는 고객의 의견을 직접 수집하여 선호도를 파악하는 방법이다. 넷플릭스는 구독자들에게 설문을 통해 콘텐츠에 대한 피드백을 받고, 이를 기반으로 서비스 개선에 반영한다. 둘째, 데이터 분석은 고객의 시청 기록 및 검색 패턴을 분석하여 통찰을 도출하는 과정이다. 넷플릭스는 이러한 데이터를 이용해 개인화된 추천 알고리즘을 발전시키고 있다. 셋째, 경쟁사 분석이 있다. 이는 경쟁사 제품 및 서비스, 가격, 마케팅 전략 등을 분석하여 자사의 위치를 이해하는 과정이다. 넷플릭스는 이 과정을 통해 차별화된 서비스를 제공하기 위한 전략을 수립하고 있다. 넷플릭스는 또한 특정 고객 그룹을 대상으로 포커스 그룹을 운영하여 심층 인터뷰를 통해 고객의 심리와 행동을 더욱 깊게 이해하고, 한층 더 만족할 고객 서비스를 제공해 나가고 있다.

- 마지막으로 소셜 미디어 분석도 중요한 방법이다.

이 방법은 고객이 남기는 의견과 반응을 분석하여 브랜드 이미지와 고객 요구를 파악하는 데 활용된다. 넷플릭스는 소셜 미디어에서 고객 피드백을 통해 마케팅 전략을 수정하고 고객과의 소통을 강화해 나가고 있다. 이렇게 모인 데이터는 제품 및 서비스 개선에 필수적인 정보를 제공한다.

이러한 시장조사와 고객 분석은 사업의 성공과 전략적 의사결정에 있어 결정적인 역할을 한다. 넷플릭스의 사례에서 볼 수 있듯이 고객의 요구를 이해하고 데이터 기반의 전략을 수립하는 것이 경쟁력을 높이는 핵심이다. 따라서 창업자나 기업은 지속적으로 시장조사를 수행하고 고객 분석을 통해 변화하는 시장환경에 능동적으로 대응해야 한다. 고객의 목소리를 듣고 그에 맞는 전략을 구성하는 것은 성공적인 창업과 비즈니스 운영의 핵심이다.

4) 사업 타당성 분석

사업 타당성 분석은 창업자가 사업계획서를 최종적으로 작성하기 전에, 사업 아이템을 확정하고 성공 가능성을 평가하기 위한 체계적이고 종합적인 절차를 의미한다. 이는 창업자가 아이디어를 실행 가능한 사업으로 구체화하는 데 필요한 모든 요소를 검토하는 과정으로 구체적으로 수행능력 및 적합성 평가, 사업의 시장성 평가, 사업의 안정성 평가, 수익성 평가 순으로 진행한다. 예를 들어, 한 창업자가 신제품을 개발하고 이를 시장에 출시하기 전, 목표 시장의 규모를 산출하고 경쟁 상황을 분석하며, 이 정보를 바탕으로 사업의 경제적 수익성을 예측하는 일련의 과정을 포함한다. 이러한 분석을 통해 창업자는 설정한 비즈니스 목표가 현실적이고 달성 가능한지 아닌지를 판단하는 기준이 된다.

사업의 수행능력 및 적합성 평가는 창업자가 사업을 성공적으로 이끌기 위한 자질과 능력을 분석하는 것으로 창업자의 모험심, 리더십, 의지력 등이 포함된다. 창업자가 선택한 업종과의 적합성 및 관련 분야에서의 경험도 중요한 요소이다. 또한 창업자의 경영 능력인 직원과 조직을 관리하고 자원을 효율적으로 운영할 수 있는 능력도 평가한다.

사업의 시장성 평가는 창업 아이디어가 실제 시장에서 경쟁할 수 있는지를 분석하는 과정이다. 시장의 규모와 성장 가능성, 소비자 경향 등을 조사하여 해당 사업의 시장환경을 명확히 이해할 수 있어야 한다. 경쟁업체에 대한 분석도 중요하며, 이를 통해 자사의 강점과 약점을 파악하고 소비자에게 어떤 가치를 제공할 수 있는지를 분석한다.

사업의 안정성 평가는 사업이 장기적으로 운영될 수 있는지를 판단하는 단계로 주로 재무적 안정성을 분석한다. 예를 들어, 초기 자본이 사업 초기의 운영 비용을 충분히 감당할 수 있는지, 예상 매출이 고정 비용과 변동 비용을 초과하여 장기적인 수익을 창출할 수 있는지를 분석한다. 초기 자본의 적정성, 운영 비용구조, 외부 경제적 변동에 대한 대비 등을 파악해야 한다. 이 과정에서는 발생할 수 있는 위험 요소를 미리 파악하고 이를 해결하기 위한 계획을 세우는 것이 중요하다. 사업을 성공적으로 이끌기 위해서는 이러한 위험 요소를 사전에 인지하고 대비해야 한다.

사업의 수익성 평가는 사업 아이디어의 경제적 수익성을 분석하는 과정으로 창업 후 적어도 3년간의 예상 손익계산서와 기초 재무제표를 작성 및 검토하여 매출과 비용의 균형을 분석하고 투자 수익률을 검토하여 초기 투자가 얼마나 효율적인지를 판단하는 것이 중요하다. 이 책에서는 사업의 수익성 분석에 많은 부분을 할당하니 자세히 검토해 보기 바란다. 수익성 분석은 사업의 재무적 건전성을 평가하고, 전략적 결정을 내리는 데 필요한 정보를 제공하는 중요한 과정이다. 이 분석은 단순히 숫자를 살펴보는 것을 넘어 사업의 전반적인 운영 방식과 미래 방향성을 결정하는 데 핵심적인 역할을 한다.

수익성 분석이 중요한 이유는 사업의 지속 가능성을 평가하고, 장기적으로 운영될 수 있는지를 판단하며, 현재 정한 비즈니스 모델로 창업할 수 있는지를 결정하기 때문이다. 만약 수익성이 낮거나 지속적인 적자가 예상된다면 창업자는 사업모델을 재검토하거나 운영 방식을 수정해야 할 필요가 있다. 예를 들어, 고정 비용이 과도하게 발생하거나 변동 비용이 예상보다 높아지고, 시장 변화에 따른 예상 매출 감소가 예측된다면, 이를 해결하기 위한 조치를 마련하거나 창업과 비즈니스 모델을 원점에서 재검토하는 것이 현명한 결정일 수 있다.

투자유치에서도 수익성 분석은 매우 중요한 역할을 한다. 외부 투자자나 금융기관으로부터 자금을 조달해야 하는 상황에서 수익성 분석 결과는 사업계획서의 핵심 요소로 작용한다. 투자자들은 명확한 수익 모델과 예측을 바탕으로 투자 결정을 내리기 때문에 신뢰할 수 있는 지속 가능한 수익성 분석이 필수적이다. 이를 통해 창업자는 사업의 재무적 건전성을 입증하고 투자자에게 긍정적인 인상을 줄 수 있어야 한다.

비용 관리와 최적화 측면에서도 수익성 분석은 고정 비용과 변동 비용을 명확히 파악하여 어떤 부분에서 비용이 과도하게 발생하는지를 분석할 수 있다. 예를 들어, 특정 재료의 구매 가격을 낮추거나 인건비를 최적화하는 방법을 찾아낼 수 있다. 이를 통해 불필요한 비용을 줄이고 더 효율적인 운영 방안을 모색할 수 있다. 효율적인 비용 관리는 결국 수익성을 높이는 데 기여한다.

수익성 분석은 또한 전략적 결정의 기반을 제공한다. 가격 전략, 마케팅 전략, 고객 세분화 등 다양한 전략적 결정을 내리는 데 필요한 정보를 제공한다. 예를 들어, 고객의 구매 패턴을 분석하여 가격을 조정하거나 특정 고객 세그먼트를 타깃으로 한 마케팅 캠페인을 계획하는 데 핵심적인 역할을 한다. 이러한 분석을 통해 경쟁력을 강화하고 시장에서의 입지를 높이는 데 큰 도움이 된다.

위험관리 측면에서도 수익성 분석은 사업의 리스크를 사전에 인식하고 이에 대한 대응 방안을 마련할 수 있다. 매출 변동성이 큰 경우 비상 계획을 세워 리스크를 최소화할 수 있는 전략을 수립하는 것이 중요하다. 예를 들어, 특정 계절이나 이벤트에 따라 매출이 급증하거나 감소할 수 있는 경우, 수익성 분석을 통해 대비책을 마련함으로써 안정적인 사업 운영을 할 수 있다.

수익성 분석을 수행하는 방법은 여러 단계로 나눌 수 있다. 시장조사와 고객 분석을 바탕으로 예상 매출을 산출할 수 있다. 이 과정에서는 가격 책정 전략과 판매량 예측을 고려해야 하며, 과거 데이터나 유사 업종의 사례를 참고해 현실적인 매출 목표를 설정할 수 있다.

비용 구조 분석도 중요한 단계이다. 임대료와 인건비 등 고정 비용과 재료비와 유통비 등 변동 비용을 구분하여 전체 비용구조를 분석한다. 이를 통해 각 비용 항목이 수익성에 미치는 영향을 파악하고 불필요한 비용을 절감할 수 있는 방법을 모색할 수 있다. 예를 들어, 특정 공급업체와의 장기 계약을 통해 재료비를 낮추거나 인력 운용의 효율성을 높이는 방법을 찾아낼 수 있다.

손익분기점(Break-even Point) 분석은 고정 비용과 변동 비용을 충당하기 위해 필요한 최소 매출액을 도출하는 과정을 말한다. 이는 사업이 언제부터 수익을 낼 수 있을지 확인하는 동시에, 경영전략 수립의 중요한 기준점 역할을 한다. 손익분기점 계산식은 '손익분기점(단위) = 고정 비용 / (판매 가격 - 변동 비용)'이며, 각 요소는 다음과 같다.

- 고정 비용은 매출과 관계없이 발생하는 비용으로 임대료와 인건비 등이 포함된다.
- 판매 가격은 제품이나 서비스의 '단위당' 판매 가격이다.
- 변동 비용은 매출에 따라 달라지는 '단위당' 비용으로, 원자재비와 유통비 등이 포함된다.
- 추가적으로 손익분기점 공식 중 (판매 가격 - 변동 비용)은 기여이익(Contribution Margin)이라고 하며, 각 판매가 고정비용을 얼마나 커버하는지를 나타낸다.
  예를 들어, 고정비용이 3,000,000원이고, 제품의 판매 가격이 50,000원, 변동 비용이 30,000원일 경우 기여이익(Contribution Margin)은 20,000원(50,000원 - 30,000원)으로 계산된다. 이를 바탕으로 손익분기점(단위)은 150개(3,000,000원 ÷ 20,000원)로 도출된다.

따라서 이 경우의 사업은 이익을 내기 위해 150개 이상의 제품을 판매해야 한다는 의미이다. 시나리오 분석은 다양한 매출, 비용, 이익의 시나리오를 분석하여 사업의 수익성에 대한 다양한 관점을 제공한다. 이 분석 과정에서는 먼저 주요 변수를 식별하고, 각 변수의 변화가 사업에 미치는 영향을 평가한다. 예를 들어, 가격 인상 시 매출이 증가할 수 있지만, 고객 수에 부정적인 영향을 미칠 수 있다. 반대로 원자재비 상승은 비용 증가로 이어져 이익을 감소시킬 수 있으며, 판매량 증가 시에는 매출과 이익이 동시에 상승할 가능성이 높다.

이러한 다양한 시나리오를 통해 기업은 불확실한 미래에 대비하고, 효과적인 전략을 수립하여 경쟁력을 강화할 수 있다. 결국, 시나리오 분석은 사업의 지속 가능성을 높이고, 의사결정 과정에서 중요한 역할을 한다. 이렇게 정리된 내용을 바탕으로 가격 인상, 원자재비 상승, 판매량 증가 등의 변동에 대한 대비책을 마련할 수 있다.

마지막으로 필자가 모든 투자에 대해 활용하는 방법으로 투자대비 수익률(ROI, Return on Investment) 분석이 있다. 이는 투자 효율성을 평가하는 것으로, ROI 계산식은 'ROI = (순이익 / 투자비용) × 100'이다. 이 방법은 사업의 전반적인 성과를 측정하며, 어떤 프로젝트가 더 효과적인지를 판단하거나 향후 투자 결정을 내리는 데 유용하다.

여기서 ROI 계산식의 각 요소는 다음과 같다 :

- 순이익은 총 수익에서 총비용을 뺀 값으로, 투자로 인해 발생한 실제 이익을 의미한다.
- 투자비용은 투자에 사용된 총금액으로 초기 투자비용과 관련된 모든 비용을 포함한다. 예를 들어, 창업자가 비즈니스 모델에 1,000,000원을 투자했으며, 이 사업으로 발생한 총 수익이 1,500,000원이라고 가정해 계산하면,

순이익 = 1,500,000원 − 1,000,000원 = 500,000원

투자대비수익률 = (500,000원 / 1,000,000원) × 100 = 50%

따라서 이 경우 투자 대비 수익률은 50%의 이익을 얻을 수 있다는 의미이다.

수익성 분석은 사업의 지속 가능성을 평가하고, 전략적인 결정을 내리며, 투자에 대한 신뢰를 구축할 수 있는 창업자가 반드시 수행해야 하는 중요한 과정이다. 철저한 수익성 분석은 성공적인 사업 운영의 기초가 될 것이며, 장기적인 성장과 발전을 이끄는 데 필수적인 요소로 창업 실행 전에 반드시 검토해 보길 권한다.

사업계획 수립과 실행전략

2장 사업계획 수립과 실행전략

1. 사업계획서의 의의와 중요성

1) 사업계획서의 의의

사업계획서는 사업의 타당성을 분석하고 이를 기반으로 한 구체적인 실행 계획을 제시하는 중요한 문서이다. 이는 창업자에게 사업의 방향을 제시하고 목표를 설정하도록 도와주며, 투자자와 이해관계자를 설득하는 도구로 사용된다. 또한 사업 아이디어의 구현 가능성을 검토하고 사업의 성공 가능성을 높이는 역할을 한다.

사업계획서는 단순한 이론적 계획서가 아니라 실제로 무엇을 어떻게 개발하고 생산하며 판매하여 수익을 창출할 것인지에 대한 명확한 전략과 방향을 포함해야 한다. 이는 데이터 기반의 분석을 통해 감정적인 요소를 최소화하고 더 객관적이고 논리적인 사고를 바탕으로 사업의 구조와 타당성을 체계적으로 정리할 수 있게 돕는다.

  이 문서는 창업 과정에서 발생할 수 있는 여러 문제를 사전에 검토할 기회를 제공하며, 실질적인 조사와 타당성 검증을 통해 사업추진 시의 자신감을 높이는 데 기여한다. 사업계획서는 단순히 초기 단계에서 사용하는 것에 그치지 않고, 사업이 진행된 후에도 목표를 잃지 않도록 안내하며 전략을 일관되게 유지하도록 돕는 중요한 역할을 한다. 이는 창업자와 투자자 모두에게 신뢰성과 안전성을 제공하는 핵심적인 문서이다.

2) 사업계획서의 중요성

  사업계획서는 단순히 문서화하는 것을 넘어 사업의 타당성을 분석하는 설계도와 같이 사업의 방향성과 전략을 효과적으로 제시하는 중요한 도구로 창업을 고려하는 모든 사람에게 필수적인 과정이다. 사업계획서는 다음과 같이 다양한 측면에서 그 필요성과 중요성을 나타내 준다.

  사업계획서는 비전 및 목표 설정에 도움을 준다. 사업의 성장과 발전에 있어 중요한 기반이 되는 명확한 목표는 창업자와 직원들이 동일한 방향으로 나아가게 하며, 각자의 역할과 책임을 이해하는 데 필수적이다. 이를 통해 창업자와 팀원들은 자신이 어떻게 기여할 수 있는지를 명확히 파악하게 된다.

  자원 관리 측면에서도 사업계획서는 필수적이다. 사업 운영에 필요한 인력, 자본, 시간 등 다양한 자원을 체계적으로 관리할 수 있도록 도와준다. 사업계획서를 활용하면 자원을 구체적으로 파악하고 효율적으로 배분하며, 낭비를 최소화하고 운영의 효율성을 극대화할 수 있다.

사업계획서는 위험관리에 기여한다. 사업 운영 중에는 예상치 못한 위험 요소가 발생할 수 있는데, 사업계획서는 이러한 위험을 사전에 분석하고 대처 방안을 마련하는 데 도움을 준다. 이를 통해 불확실성을 줄이고 안정적인 운영을 도모하여 예기치 않은 상황에서도 사업의 지속 가능성을 높인다.

투자유치에도 사업계획서는 중요한 역할을 한다. 잘 작성된 사업계획서는 사업의 가능성과 성장성을 확신시켜 투자자나 금융기관에 사업 아이디어를 효과적으로 전달하고 신뢰를 구축하는 데 필요한 기본 문서로 활용된다.

사업계획서는 성과 평가의 기준으로 활용된다. 사업계획서는 사업 진행 중 목표 달성 여부를 지속적으로 평가하고, 필요에 따라 전략을 수정하는 데 유용하다. 정기적인 성과 평가는 사업이 올바른 방향으로 나아가고 있는지 확인하는 중요한 절차이다.

마지막으로 사업계획서는 창업자와 내부 직원들, 외부 이해관계자 간의 원활한 의사소통을 지원한다. 사업의 방향성과 진행 상황을 공유함으로써 이해관계자들은 사업에 대한 신뢰를 가지게 되고 협력 관계를 강화할 수 있다. 이는 외부 파트너, 고객, 공급업체와의 관계 유지에도 큰 도움이 된다.

3) 스타벅스 사례를 통한 사업계획 및 활용방안 연구

'애플(Apple)'과 '스타벅스(Starbucks)'는 필자가 좋아하는 비즈니스 모델을 가진 회사들로 사업계획서의 중요성을 잘 보여주고 있어 '스타벅스(Starbucks)' 사례를 활용해 설명해 보기로 하자.

스타벅스는 1971년 미국 시애틀에서 하워드 슐츠(Howard Schultz)에 의해 설립돼 초기에는 고급 커피 원두와 관련 용품을 판매하는 소규모 상점에 불과했지만, 현재는 전 세계적으로 30,000개 이상의 매장을 운영하는 대기업으로 성장했다.

스타벅스는 최고 품질의 커피를 제공하겠다는 비전을 가지고 사업을 시작했다. 이러한 명확한 비전은 사업의 방향성을 결정짓는 기초가 되었으며, 이는 모든 사업 운영과 연관되어 있다. 사업계획서는 이와 같은 비전과 목표를 확립하고 직원들이 동일한 방향으로 나아갈 수 있도록 돕는 도구이다.

스타벅스는 고객 경험을 중요시하여 매장 디자인에 '제3의 공간' 개념을 도입했다. 이는 고객들이 직장과 가정 외의 편안한 공간을 제공받을 수 있도록 설계된 것으로, 경쟁업체와 차별화된 전략이었다. 이러한 차별화 전략은 고객들에게 매장 경험의 가치를 높이고, 스타벅스를 단순한 음료 구매 장소가 아니라 사람들의 일상에서 중요한 공간으로 자리 잡게 했다.

또한 스타벅스는 시장의 변화에 따라 고객의 수요를 중심으로 메뉴를 조정하며 운영했다. 이는 사업계획서에 소비자분석과 피드백 시스템이 포함되어야 함을 보여주는 사례이다. 다양한 매출 성과를 지속적으로 평가하고 전략을 조정함으로써 스타벅스는 빠르게 변화하는 시장에서도 항상 경쟁력을 유지할 수 있었다.

투자유치 측면에서 스타벅스는 사업계획서를 활용하여 투자자들에게 사업의 성장 가능성을 설득했다. 이를 통해 투자자들에게 신뢰를 주고 필요한 자금을 유치함으로써 대기업으로 성장할 수 있었다고 볼 수 있다.

스타벅스는 사회적 책임을 다하는 기업으로도 잘 알려져 있다. 공정 거래 커피를 구매하고 지속 가능한 방식의 원두 생산을 지원함으로써 긍정적인 브랜드 이미지를 구축했다. 이는 사업계획서에서 기업의 사회적 책임을 통합하는 것이 얼마나 중요한지를 보여주는 사례이다.

이처럼 철저한 사업계획을 통해 스타벅스는 비전을 현실로 만들고 고객 중심의 경험을 창출하여 지속 가능성과 성장 가능성을 높여 성공한 사례로 자리 잡았다고 볼 수 있다.

사업계획서의 작성은 비전과 목표 설정, 자원 관리, 위험 분석, 투자유치, 성과 평가 및 의사소통 등 다양한 측면에서 사업의 성공 가능성을 높이고 체계적인 운영을 위한 필수 요소로 모든 창업자가 반드시 거쳐야 할 단계이다.

2. 사업계획서 작성

1) 사업계획서의 필요성

　사업계획서 작성은 창업 과정에서 매우 중요한 문서로 감정적 편견을 제거하고 과학적 분석 기법을 활용하여 체계적인 사업계획을 수립할 수 있게 해준다. 이를 통해 창업자는 사업에 상당한 시간과 노력을 투자하며 성공 가능성이 높은 계획을 세우고, 동시에 사업에 대한 자신의 열정과 목표를 명확히 파악할 수 있다.

　구체적이고 세부적인 사업계획은 아이디어의 정당성을 입증하여 실행 가능성을 높이는 데 기여한다. 또한 사업계획서를 작성하면서 발생할 수 있는 문제를 사전에 검토함으로써 실패 확률을 줄이고 사업 아이디어를 재검증하는 데 유용한 도구가 된다. 사업계획서는 문서화를 통해 계획을 재검토하고 핵심 성공 요소를 도출하여 이를 전략으로 발전시킬 수 있는 기회를 제공한다.

　사업계획서는 이해관계자의 관심을 유도하고 창업자의 신뢰도를 높이는 효과적인 도구로 창업 시 체계적인 접근을 가능하게 한다. 충분한 사업 타당성 분석을 통해 창업자는 자신감을 얻을 수 있으며, 이후 목표를 잃지 않도록 도와 사업이 나아가야 할 방향을 명확히 설정할 수 있다.

　결론적으로 사업계획서는 실행 가능성을 높이고 예상되는 문제를 사전에 점검하여 실패 확률을 줄이는 동시에, 이해관계자들에게 신뢰를 줄 수 있는 중요한 과정이다. 또한 사업의 방향과 목표를 명확히 설정함으로써 성공 가능성을 높이는 데 기여하는 핵심 도구임이 틀림없다.

2) 사업계획서의 구성 요소

사업계획서는 창업자가 비즈니스를 시작하기 위해 필요한 모든 정보를 체계적으로 정리한 문서로 사업의 방향을 명확히 제시하고 이해관계자에게 설득력을 제공하는 중요한 도구이다. 사업계획서의 구성은 사업 유형에 따라 차이가 있을 수 있으며, 다양한 요소가 포함되어 순서나 배열에도 변동이 있을 수 있다. 그러나 주요 구성 요소는 서론, 본론, 결론 순으로 체계적으로 정리하는 것이 효과적이다.

(1) 사업계획서 서론

사업계획서의 서론은 사업개요를 설명하는 중요한 부분으로, 사업의 비전, 목표 그리고 제공할 서비스나 제품의 형태를 간략하게 기술해야 한다. 이 부분에서는 해결하고자 하는 문제나 시장에서 충족할 필요를 명확히 정의해야 한다. 또한 목표 고객층을 명확히 설정하고, 이들이 요구하는 가치를 분석하여 제시하는 것이 중요하다.

다음으로 아이템 분석에서는 제공할 제품이나 서비스의 특성을 강조하며 장단점을 구체적으로 분석해야 한다. 특히 경쟁 제품과의 차별화 요소를 상세히 기술하고, 가격 정책, 품질, 기능적 특성 등의 요소를 검토하여 시장에서의 위치를 명확히 파악해야 한다. 고객이 이 제품이나 서비스를 선택할 이유를 명확히 이해하고 이를 설득력 있게 설명하는 것이 필요하다.

사업계획서 서론에는 창업자의 분석을 포함시키는 것도 유익하다. 창업자의 경험, 역량 그리고 팀의 구성을 구체적으로 서술하며, 창업자가 이 사업을 성공적으로 이끌 수 있는 근거를 데이터나 사례를 통해 뒷받침해야 한다. 창업자와 팀원들이 각자 어떤 역할을 수행하며, 팀워크를 통해 어떻게 시너지를 창출할 수 있는지도 중요한 요소로 다뤄야 한다.

또한 상권 분석이나 4C 분석도 사업계획서에서 핵심적인 부분으로 다뤄야 한다. 4C 분석은 고객 가치(Consumer Value), 비용(Cost), 편의성(Convenience), 커뮤니케이션(Communication)을 의미한다. 이 네 가지 요소를 종합적으로 고려하여 시장환경을 철저히 분석해야 한다. 그래야만 고객의 요구를 더 잘 이해하고 효과적인 마케팅 전략을 수립할 수 있다. 상권 분석에서는 고객 유입 가능성을 평가하고, 지리적 특성을 분석하여 사업의 성공 가능성을 높이는 데 활용해야 한다. 최근에는 상권 분석 자료를 시청·구청 경제과, 상공회의소, 인근 부동산중개업소, AI 기반 플랫폼, 대학 연구기관 등에서 무료로 제공받을 수 있다.

(2) 사업계획서 본론

　사업계획서의 본론은 사업 운영을 설명하는 부분으로 우선 목표 고객과 경쟁사 분석을 기술해야 한다. 목표 고객 분석은 특정 고객층의 필요와 선호를 이해하고, 이를 통해 제품이나 서비스의 방향성을 설정하는 과정이다. 이와 함께 시장 내 다양한 고객군을 식별하고, 이들이 어떤 문제를 겪고 있는지를 조사하여 맞춤형 마케팅 전략을 수립하는 데 필수적인 사항이다.

　경쟁사 분석은 현재 시장에서 활동 중인 경쟁자들의 강점과 약점을 파악하는 과정으로 경쟁사들의 마케팅 전략, 가격, 품질, 서비스 수준을 분석하여 자사의 경쟁력을 강화할 방안을 모색하는 것을 포함한다.

　차별화된 가치를 제공하기 위한 전략 마련은 시장에서의 성공 가능성을 높인다. 따라서 상품 및 가격 계획도 중요한 요소로 포함되어야 한다. 상품 계획에서는 판매할 제품이나 서비스를 명확히 정의하고, 고객의 필요에 맞춘 맞춤형 제품을 설계해야 한다. 제품의 기능, 디자인, 품질 등을 고려하여 고객에게 최상의 가치를 제공하는 것이 무엇보다 중요하다.

　가격 계획에서는 가격 책정을 통해 경쟁력을 높이고 수익성을 극대화하는 전략을 세워야 한다. 이를 위해 제품 원가 분석, 목표 수익률 설정, 고객이 지불할 의사를 반영하여 가격을 책정하며, 시장 반응에 따라 유연하게 조정할 필요가 있다.

점포 설계도 본론에 포함될 부분으로 고객이 매장을 처음 방문했을 때의 경험을 좌우한다. 매장 공간, 상품 배치, 고객 동선 등을 최적화하여 편리한 쇼핑 환경을 제공해야 한다. 또한 매장 분위기는 고객이 매장에서 긍정적인 경험을 할 수 있도록 설계하는 것이 중요하다.

종업원 및 교육 계획은 직원이 고객 경험을 형성하는 데 매우 중요한 요소이다. 필요 인력을 명확히 하고, 효과적인 채용 및 교육 프로그램을 설계해야 하며, 직원의 서비스 능력을 지속적으로 향상시키고 긍정적인 기업문화를 공유할 수 있는 교육이 필요하다.

구매 및 생산 계획은 원자재와 부품의 조달과 관련된 과정으로 사업계획서 본론 작성 시 포함해야 한다. 신뢰할 수 있는 공급업체 선정과 품질 유지, 원가 절감 전략 마련이 중요하며, 생산 일정의 효율적인 진행을 통해 고객 수요에 적시에 대응하는 체계를 구축해야 한다.

마지막으로 판매촉진 계획은 제품이나 서비스의 인지도를 높이고 판매를 촉진하기 위한 마케팅 활동으로 본론에 포함되어야 한다. 다양한 채널을 활용하여 목표 고객에게 접근하고, 소비자의 참여를 유도할 수 있는 캠페인이나 이벤트 등을 기획해야 한다.

(3) 사업계획서 결론

사업계획서의 결론은 재무계획을 설명하는 부분으로 자금 및 수익 관리와 관련된 사항을 작성하면 된다. 우선 사업을 시작하고 운영하는 데 필요한 초기 자본인 사업투자비를 포함해야 한다. 여기에는 건물 임대료, 인테리어 비용, 기계 및 장비 구매비용 등이 포함된다. 초기 투자비용의 정확한 설정은 원활한 운영과 성공적인 사업의 초석이 되므로, 투자비는 여유 있게 준비하는 것이 좋다.

다음으로 운전자금은 일반적인 사업 운영에 필요한 자금을 의미하며 직원 급여, 재고 관리비, 공과금, 임대료 등이 포함된다. 운전자금을 충분히 확보하는 것은 매우 중요한데 일반적으로 운영 비용의 몇 개월분을 미리 확보해야 한다. 필자의 경험에 따르면 운영비가 부족하면 자금 확보에 대한 스트레스를 겪거나 사업을 중단해야 할 수도 있으므로 최소 6개월분 이상의 자금을 확보하는 것을 추천한다.

손익계획서는 예상 수익과 비용을 기반으로 사업의 수익성을 분석하는 문서로 반드시 사업계획서에 포함되어야 한다. 이 계획서는 매출 목표와 각 품목의 가격, 생산 및 고정 비용을 정리하여 작성되며, 사업의 지속 가능성을 평가하고 투자자에게 사업의 실행 가능성을 보여주는 중요한 도구이다.

사업의 경영 효율성을 평가하는 과정인 수익성 및 활동성 분석도 포함시키는 것이 좋다. 주로 수익률, 매출 성장률, 재고 회전율 등의 지표를 사용하며, 이를 통해 강점과 약점을 파악하고 개선 방향을 제시할 수 있다.

신규 사업의 수익이 모든 비용과 같아지는 지점을 찾는 손익분기점 분석 또한 포함해야 한다. 손익분기점을 넘는 매출은 이익을 만들어내기 시작하며 목표 매출액을 설정하는 데 중요한 역할을 한다. 이는 신규 사업의 장기적인 전략을 수립하는 데 필요한 지표이다.

마지막으로 사업추진 일정표는 사업의 주요 단계와 마일스톤을 정리한 계획표로 각 단계별 완료 시점과 계획을 명확히 제시해야 한다.

지금까지 살펴본 사업계획서의 구성 요소를 바탕으로 가상의 '웰니스 커피' 사업체를 설정해 종합적으로 정리하고 〈표 2-1〉과 같이 사업계획서를 작성해 보자.

〈표 2-1〉 사업계획서 예시

1. 서론 (사업개요)

구분		내용
1. 사업 개요	사업체 명	[가칭] 웰니스 커피(Wellness Coffee)
	창업자 정보	성명, 연락처, 이메일, 경력 등
	창업 동기	건강한 트렌드 확산에 따라 웰빙 및 기능성 음료수요 증가 개인의 건강관리 및 라이프스타일에 맞춘 맞춤형 음료 제공 필요성 증가
	비전	고객의 건강한 삶을 위한 고품질 커피 및 웰빙 음료 등 제공
	핵심가치	유기농 원두와 슈퍼푸드 재료 사용. 건강과 맛의 조화, 저당, 저칼로리 옵션 제공, 고객 맞춤형 서비스
2. 아이템 분석		웰니스 커피 카페에서는 최근 시장 트렌드가 고객들이 건강과 웰빙 중시, 유기농 커피의 성장 가능성 증가, 건강을 우선시하는 성향을 파악해 웰빙 콘셉트의 상호와 제품으로 사업 아이템을 선정함 - 유기농 커피 - 슈퍼푸드 커피 : 아사이, 치아시드 등 영양가가 높은 슈퍼푸드를 첨가한 커피 - 저당 비타민 스무디 : 다양한 과일과 채소를 블렌딩하여 당분을 최소화한 스무디 - 슈퍼푸드를 활용한 건강 스낵 및 디저트 메뉴 등
3. 창업자 분석		내적인 요인 분석 : 개인적인 특성(리더십, 문제해결 능력 등)과 경험과 배경(관련 경력, 교육 배경 등) 외적인 요인 분석 : 자금 조달 능력과 재무 관리 기술, 네트워크 등

구분			내용
4. 시장 환경 4C 분석	소비자 (Customer)	타깃 고객층	건강과 웰빙을 중시하는 소비자. 주로 20대 후반에서 40대 초반 여성 및 남성
		소비 트렌드	유기농 제품, 슈퍼푸드, 기능성 음료 선호 증가. 건강 문제에 대해 높은 관심
		소비자 요구	맛뿐만 아니라 건강상의 이점, 친환경 패키징 및 윤리적 소비를 중요하게 생각
	비용 (Cost)	가격 전략	웰니스 커피는 상대적으로 고가일 수 있지만, 프리미엄 원두와 건강 성분을 강조하여 가치 부각
		비용 대비 가치	기능성 커피의 특성인 항산화, 스트레스 완화 등 효능을 고려해 소비자가 더 높은 가격을 지불하는 경향
		가격 인식	소비자들은 웰니스 커피의 건강상의 혜택을 고려할 때 가격에 더 민감하지 않을 수 있음
	편리성 (Convenience)	접근성	온라인 판매 채널 확대가 필요하며, 배달 서비스도 중요한 요소. 주요 카페 및 건강 보조식품 판매장에서 판매 가능
		구입의 용이성	웰니스 커피의 포장 디자인과 정보 전달이 소비자에게 쉽게 이해될 수 있도록 해야 함. 소비자 맞춤형 옵션 제공
		소비자 편의성	즉석 커피믹스와 같은 편리한 제품이 인기를 끌 수 있음
	커뮤니케이션 (Communication)	브랜드 메시지	건강, 웰빙, 지속 가능성을 강조하는 명확한 커뮤니케이션 전략 필요
		소셜 미디어 활용	SNS 플랫폼을 통해 소비자와의 소통 강화 인플루언서 마케팅과 고객 후기를 적극 활용
		교육 마케팅	제품의 효능과 건강 이점에 대해 정보를 제공하여 소비자의 신뢰를 얻어야 함

* 상기 내용은 사업마다 사업계획서 양식, 구성 요소와 내용이 다를 수 있어 참조용으로 활용하기 바란다.
* 전문성과 경험을 강조할 수 있는 창업자의 이력서와 시장조사 보고서 등을 첨부한다.
* 사업계획서에는 시각화를 강조하기 위한 분석표 또는 사진 및 그림을 추가하는 것도 좋은 방법이다.

2. 본론(운영계획)

구분			내용			
5. 목표 고객	SWOT 분석	내/외부	강점	약점	기회	위협
		내부	유기농 원두 및 슈퍼푸드 사용	초기 인지도 부족	건강 및 환경 트렌드 상승	경쟁 심화
		외부	브랜드와 파트너십 구축 가능성	높은 초기 투자비용	새로운 고객층 개척 가능성	가격 및 소비자 취향 변화
	타깃 고객		- 건강을 중시하는 20대 후반에서 50대 초반 소비자 - 운동 후 건강한 음료를 찾는 피트니스 및 운동 관련 고객 - 지속 가능성과 친환경 제품을 선호하는 소비자 - 바쁜 일상 속에서 건강한 음료를 간편하게 즐기고자 하는 직장인과 학생 - 웰니스 관련 커뮤니티에 참여하는 사람들			
	시장 규모		건강 음료 시장은 연간 1조 원 추정			
6. 경쟁자 분석	스타벅스 (STARBUCKS)	SWOT 분석	강점	약점	기회	위협
			- 높은 브랜드 인지도 - 다양한 메뉴	- 비싼 가격 - 개인화 서비스 부족	- 웰빙 음료 신제품 출시 - 온라인 주문 및 배달 확대	- 경쟁 증가 - 소비자 지출 감소
	이디야 (EDIYA)	SWOT 분석	강점	약점	기회	위협
			- 저렴한 가격 - 넓은 매장 네트워크	- 낮은 브랜드 이미지 - 메뉴 다양성 부족	- 건강 음료 라인업 확장 - 프랜차이즈 모델 확장	- 품질 요구 증가 - 가격 경쟁
6. 경쟁자 분석	블루보틀 (BLUE BOTTLE)	SWOT 분석	강점	약점	기회	위협
			- 고급 커피 전문 - 세련된 매장 디자인	- 높은 가격 - 특정 고객층에 국한	- 웰빙 음료 개발 - 온라인 판매 및 구독 서비스 확대	- 프리미엄 시장 경쟁 증가 - 소비자 지출 감소
	웰니스 커피 전략		원가우위 전략 〉 집중화 전략 〉 차별화 전략			

구분		내용		
7. 상품 및 가격 계획	주요 상품명		설명	가격(원)
	슈퍼푸드 커피		아사이, 치아시드 등 건강 재료 첨가한 커피	6,500
	저당 비타민 스무디		다양한 과일과 채소로 만든 저당 스무디	7,000
	유기농 아메리카노		유기농 원두로 만든 클래식 아메리카노	5,500
	그린 티 라떼		유기농 그린티와 아몬드 밀크로 만든 음료	6,500
	건강한 스낵 (넛츠 믹스)		다양한 견과류로 만든 건강한 스낵	4,500
	저칼로리 디저트		저칼로리 재료로 만든 케이크나 쿠키	5,000
	건강 세트 (커피 + 스낵)		커피와 건강한 스낵 조합	10,000
	웰니스 패키지		스무디 + 저칼로리 디저트	11,000
8. 점포 설계	매장 레이아웃	입구	넓고 환영받는 디자인, 자연광 유입	
		카운터	주문 및 결제 공간, 건강 정보 제공 보드 설치	
		테이블 공간	2인, 4인 테이블 배치, 아늑한 분위기 조성	
		편안한 좌석	소파와 의자를 혼합하여 편안한 좌석 공간 구성, 독서 및 작업 공간	
	인테리어 디자인	자연 소재	목재 및 식물 활용으로 따뜻하고 친환경적인 느낌	
		웰니스 테마	건강 관련 아트워크 및 정보 포스터 배치	
		조명	부드러운 조명으로 아늑한 분위기 연출	
		색상	자연을 연상시키는 녹색 및 베이지톤 사용	
	기능적 요소	주방 공간	효율적인 동선 및 장비 배치	
		위생 공간	손 세정대 및 청결 관리에 필요한 용품 배치	
		고객 편의 시설	Wi-Fi, 충전기, 편안한 화장실	
	추가 공간	건강 상담 공간	고객 맞춤형 상담을 위한 프라이빗 공간	
		워크숍 및 세미나 공간	건강 관련 세미나와 워크숍을 위한 다목적 공간	

구분			내용
8. 점포 설계	외부 공간	테라스 또는 야외 좌석	자연을 느낄 수 있는 공간 마련
		식물 및 경관 조성	친환경적인 느낌을 주는 식물 배치
9. 종업원 및 교육 계획	종업원	바리스타 2명	커피 제조 및 고객 서비스 담당
		매장 직원 1명	주문 접수, 청결 관리 및 재고 관리 담당 고객 맞춤형 건강 상담 제공
	초기 교육	메뉴 및 제품 교육	각 메뉴의 원재료와 효능 설명 커피 추출 기술 및 음료 제조법 교육
		고객 서비스 교육	친절한 응대 및 고객 관리 방법 교육
	정기 교육	건강 및 웰니스 교육	최신 건강 트렌드 및 기능성 음료 정보 공유
		서비스 품질 개선	고객 피드백을 바탕으로 서비스 개선 방안 논의
	워크숍 및 세미나	전문가 초청 세미나	건강 및 웰니스 관련 전문가 초청
		팀워크 및 커뮤니케이션	팀워크 향상을 위한 소통 및 협력 교육
10. 구매 및 생산 계획	원재료 구매 계획	커피 원두	유기농 및 공정 무역 인증 원두 구매 다양한 원두(아라비카, 로부스타) 소싱
		기능성 재료	아사이, 치아시드, 스피룰리나 등 슈퍼푸드 구매 유기농 과일 및 채소 구매
		스위트너 및 대체재	저칼로리 스위트너 및 아몬드 밀크 등 대체재 구매
10. 구매 및 생산 계획	원재료 구매 계획	공급업체 관리	신뢰할 수 있는 공급업체와의 장기 계약 체결
	생산 계획	커피 제조	주문 시 신선하게 커피 추출 다양한 음료(아메리카노, 라떼, 스무디 등) 제조
		음료 준비 프로세스	표준화된 레시피에 따라 정확한 비율로 제조 위생 관리 및 품질 유지

구분			내용
11. 촉진계획	마케팅 전략	소셜 미디어 캠페인	인스타그램, 페이스북 등에서 건강한 라이프스타일 관련 콘텐츠 공유 고객 후기 및 사용자 생성 콘텐츠 활용
		블로그 및 웹사이트	웰니스 관련 정보 및 레시피 공유 검색엔진 최적화로 온라인 가시성 증가
	프로모션	첫 구매 할인	신규 고객에게 20% 할인 제공
		정기 구독 서비스	월정액으로 커피 제공, 할인 혜택 부여
		이벤트 및 체험	건강 세미나 및 커피 시음회 개최 지역 커뮤니티와 협력한 웰니스 관련 행사 참여
	고객 참여 프로그램	충성고객 프로그램	포인트 적립 시스템 도입, 일정 포인트 이상 시 무료 음료 제공
		건강 챌린지	고객 참여형 건강 목표 설정 및 달성 프로그램 운영
	파트너십	헬스케어 업체와 협력	건강 관련 기업과의 제휴를 통한 공동 마케팅
		피트니스 센터 협력	회원 할인 및 프로모션 제공
	광고	온라인 광고	구글 애드워즈 및 소셜 미디어 광고 활용
		오프라인 광고	지역 신문 및 건강 잡지에 광고 게재

* 상기 내용은 사업마다 사업계획서 양식, 구성 요소와 내용이 다를 수 있어 참조용으로 활용하기 바란다.
* 제품 및 서비스 설명서 등이 포함된 세부적인 운영계획서를 첨부한다.
* 사업계획서에는 시각화를 강조하기 위한 분석표 또는 사진 및 그림을 추가하는 것도 좋은 방법이다.

3. 결론(재무계획)

구분			내용
12. 사업투자비	인건비	바리스타(2명)	월급 : 2,500,000원 x 2명 = 5,000,000원
		매장 직원(1명)	월급 : 2,200,000원 = 2,200,000원
		총 인건비(3명)	5,000,000원 + 2,200,000원 = 7,200,000원/월

구분	내용			
12. 사업투자비	초기 설비 및 인테리어	커피 머신	5,000,000원	
		믹서기 및 기타 주방 기기	2,000,000원	
		가구 및 인테리어	15,000,000원	
		총 설비비용	22,000,000원	
	초기 재고	원두 및 재료	1,500,000원	
		기타 소모품 (컵, 냅킨 등)	500,000원	
		총 초기 재고 비용	2,000,000원	
	임대료 및 운영비	임대료(월)	1,200,000원	
		공과금(전기, 수도 등)	300,000원	
		총 운영비	1,500,000원(월)	
	마케팅 및 홍보비	마케팅 비용	1,000,000원(변동성 있음)	
	총투자비용	인건비(3개월) : 21,600,000원 + 설비비용 : 22,000,000원 + 재고비용 : 2,000,000원 + 운영비(3개월) : 4,500,000원 + 마케팅 비용 : 1,000,000원 = 51,100,000원			
13. 운전자금	월별 운영 비용	인건비(3명)	7,200,000원	
		임대료	1,200,000원	
		공과금	300,000원	
		재료 및 소모품	2,000,000원	
		마케팅 비용	1,000,000원	
		총 운영비용	11,700,000원	
	운영 자금 필요 (3개월)	총 운영 자금	11,700,000원 x 3개월 = 35,100,000원	
14. 손익계획서	예상 수익	항목	예상 판매량	단가(원)	총 수익(원)
		커피 및 음료	400개/월	6,000	2,400,000
		스무디 및 건강 음료	200개/월	7,000	1,400,000
		건강 스낵	300개/월	4,500	1,350,000
		총 수익			5,150,000

구분		내용	
14. 손익계획서	예상 비용	항목	비용(원)
		인건비	7,200,000
		임대료	1,200,000
		공과금	300,000
		재료 및 소모품	2,000,000
		마케팅 비용	1,000,000
		총비용	11,700,000
	손익계산	순손익 = 5,150,000원(총 수익) − 11,700,000원(총비용) = −6,550,000원(손실)	
15. 수익성 및 활동성 분석	순이익 분석	순이익률 = (순손익 / 총 수익) x 100 = (−6,550,000 / 5,150,000) x 100 = −127.2%	
	활동성 분석	재고 회전율	사업 특성상 재고량이 많지 않아 차후 계산
		고객 방문 수	커피 기준 일일 방문객 수 = 400개 / 30일 = 13.3명/일
		매출 성장률	첫 달 매출 5,150,000원, 두 번째 달 매출 6,000,000원일 경우, 매출 성장률 = [(6,000,000 − 5,150,000) / 5,150,000] x 100 = 16.5%
16. 손익분기점 및 목표 매출액 분석	고정 비용	7,200,000원(인건비) + 1,200,000원(임대료) + 300,000원(공과금) = 8,700,000원	
	변동 비용	2,000,000원(재료 및 소모품) + 1,000,000원(마케팅 비용) = 3,000,000원	
	총 수익	400개 x 6,000원 = 2,400,000원(커피) 200개 x 7,000원 = 1,400,000원(스무디 및 건강 음료) 300개 x 4,500원 = 1,350,000원(건강 스낵) 초기 총 수익 : 2,400,000 + 1,400,000 + 1,350,000 = 5,150,000원	
	평균 판매 가격	총판매량 : 400 + 200 + 300 = 900개 평균 판매 가격 : 5,150,000원(총 수익) / 900개 = 5,722원	
16. 손익분기점 및 목표 매출액 분석	변동 비용 비율	3,000,000원(변동비) / 5,150,000원(총 수익) = 58.3%	
	손익분기점 달성 매출액	8,700,000원(고정비) ÷ (1−0.583(변동 비용 비율)) 8,700,000 / 0.417 = 20,863,309원	

구분	내용				
16. 손익분기점 및 목표 매출액 분석	목표 매출액 분석	변동 비용	변동 비용 단가 : 3,000,000(원)(변동비) / 900개 = 약 3,333원 목표 변동 비용 : 3,333원 x 3,650개(목표 판매량) = 12,165,450원		
		목표 매출액	8,700,000원(고정비) + 12,165,450원(목표 변동 비용) = 20,865,450원		
17. 사업추진 일정표	단계	항목	활동 내용	기간	책임자
	1	시장조사	– 시장 분석 및 경쟁사 조사 – 타겟 고객 분석	1개월	창업자 또는 마케팅팀
	2	사업계획 수립	– 사업계획서 작성 – 재무계획 수립	1개월	창업자 또는 마케팅팀
	3	장소 선정	– 매장 위치 선정 – 임대 계약 체결	1개월	창업자 또는 운영팀
	4	인·허가 및 등록	– 사업자 등록 – 식품 위생 관련 인·허가	1개월	창업자 또는 법무팀
	5	인력 채용	– 직원 모집 및 면접 – 교육 프로그램 개발	1개월	창업자 또는 인사팀
	6	메뉴 개발	– 제품 개발 및 테스트 – 가격 책정	1개월	창업자 또는 개발팀
	7	마케팅 전략 수립	– 마케팅 계획 수립 – 홍보 자료 제작	1개월	창업자 또는 마케팅팀
	8	매장 인테리어	– 매장 디자인 및 인테리어 작업	1개월	창업자 또는 운영팀
	9	장비 및 재고 준비	– 커피 기계 및 재료 구매	1개월	창업자 또는 운영팀
	10	오픈 준비	– 시범 운영 및 피드백 수집 – 공식 개업 준비	2개월	모두
	11	공식 개업	– 오픈 행사 및 프로모션 진행	1개월	창업자 또는 마케팅팀
17. 사업추진 일정표	12	운영 및 피드백	– 운영 시작 후 고객 피드백 수집 – 지속적인 개선	지속적	모두

* 상기 내용은 사업마다 사업계획서 양식, 구성 요소와 내용이 다를 수 있어 참조용으로 활용하기 바란다.

* 사업 타당성 분석, 자금 조달과 계획, 예상 재무제표, 인·허가증명서, 사업자등록증도 포함 또는 첨부한다.
* 사업추진 상황 및 계획은 창업 시기부터 3년 정도 도표 또는 마일스톤 형식으로 표기하는 것을 추천한다.
* 사업계획서에는 시각화를 강조하기 위한 분석표 또는 사진 및 그림을 추가하는 것도 좋은 방법이다.

3. 마케팅 전략 수립

1) 마케팅 전략 수립의 의의

사업계획서에서 마케팅 전략 수립은 사업의 운영계획에서 가장 중요한 부분 중 하나이므로, 운영계획을 설명하기에 앞서 우선적으로 살펴보아야 한다. 마케팅 전략은 기업이 목표 시장에 효과적으로 접근하기 위한 체계적인 방법으로 단순히 제품이나 서비스를 홍보하는 것을 넘어 전체 비즈니스의 방향성을 결정짓는 핵심 요소이다.

마케팅 전략은 기업의 목표를 정의하는 데 중요한 역할을 한다. 이를 통해 회사는 명확한 목표를 설정하고 어떤 고객층을 대상으로 할지를 결정할 수 있다. 이러한 전략은 제품 개발과 광고의 일관성을 유지하는 데에도 기여한다.

또한 마케팅 전략은 시장조사와 분석을 통해 타깃 고객의 필요와 선호를 파악하게 하며, 이를 기반으로 효과적인 고객 접근 방식을 제시한다. 아울러 고객과의 관계를 구축하는 데 필수적이며, 자원의 효율적인 배분을 가능하게 한다. 이를 통해 창업자나 기업은 예산과 인력을 어디에 집중해야 할지 명확히 하고 불필요한 낭비를 줄일 수 있다. 동시에 경쟁 분석을 통해 시장 내 위치를 강화하고, 차별화된 가치를 제공할 방안을 모색할 수 있다.

마지막으로 마케팅 전략은 성과를 지속적으로 모니터링하고 피드백을 통해 개선할 수 있는 기회를 제공한다. 이러한 과정을 통해 기업은 변화하는 시장환경에 적응하며 경쟁력을 유지하고 성장할 수 있는 기반을 마련할 수 있다. 따라서 마케팅 전략 수립은 비즈니스 성공을 위한 필수적인 단계라 할 수 있다.

2) 마케팅 전략 수립의 중요성

마케팅 전략 수립은 현대 비즈니스에서 성공의 핵심 요소로 자리 잡고 있다. 강력한 마케팅 전략은 브랜드의 가시성을 높이고, 경쟁 시장에서 우위를 점하는 데 필수적이다. 기업이 소비자에게 다가가기 위해서는 단순히 제품을 광고하는 것을 넘어 사업의 비전, 미션, 가치관 그리고 소비자 경험을 포함한 여러 요소를 통합한 브랜드 아이덴티티를 확립하고, 소비자와의 관계를 강화하는 것이 중요하다.

경쟁력 확보는 마케팅 전략 수립의 핵심활동 중 하나이다. 소비자는 수많은 브랜드와 제품 속에서 선택하는데, 효과적인 마케팅은 브랜드를 매력적으로 보이게 만든다. 특히 소비자와의 긍정적인 상호작용을 통해 브랜드에 대한 신뢰를 쌓고 충성도를 높이는 것이 중요하다. 이는 단순히 브랜드 인지도를 높이는 것을 넘어 소비자가 브랜드를 적극적으로 선택하도록 만드는 과정이다.

소비자 인식 변화는 마케팅 전략 수립의 또 다른 중요한 요소이다. 전략이 명확할수록 소비자는 브랜드에 대해 긍정적인 인식을 형성하게 된다. 통합된 커뮤니케이션 전략을 통해 브랜드의 가치와 메시지를 명확히 전달할 수 있으며, 이는 소비자가 브랜드에 대한 신뢰를 느끼고 장기적인 관계를 구축하는 데 기여한다. 또한 마케팅 전략은 위험 요소를 사전에 식별하고 이에 대응할 기회를 제공하므로 더욱 중요하다.

마케팅 전략 수립 초기 단계에서는 종종 마케팅 예산이 제한적일 수 있다. 이를 효과적으로 활용하려면 명확한 전략이 필요하다. 마케팅 전략이 부재할 경우 자원이 낭비되고 목표 달성을 위한 방향성을 잃을 수 있다. 따라서 효율적인 자원 배분과 전략적인 접근이 필수적이다. 시장 상황과 소비자의 요구는 지속적으로 변화하므로, 창업자와 기업은 그에 맞춰 마케팅 전략을 조정하고 효과를 분석해야 한다. 이를 통해 비즈니스는 시장 변화에 민첩하게 대응하며 경쟁 우위를 유지할 수 있다.

이렇듯 마케팅 전략 수립은 경쟁력 확보, 소비자 인식의 변화, 효율적인 자원 운용 그리고 지속적인 시장 분석 등을 통해 브랜드 가치를 극대화하고 소비자와의 관계를 강화하는 데 중요한 역할을 한다.

3) 마케팅 전략 수립과정

운영계획에서 마케팅 전략 수립과정은 기업이 시장에서 효과적으로 경쟁하고 고객의 요구를 충족시키기 위해 반드시 거쳐야 하는 중요한 단계이다. 마케팅 전략 수립은 여러 단계로 구성되며, 각 단계는 마케팅 목표를 성공적으로 달성하기 위한 체계적인 방법을 제공한다.

마케팅 전략 수립과정은 사업 초기부터 명확하게 설정해야 한다. 이를 통해 기업은 시장에서의 경쟁력을 강화하고 고객과의 관계를 효과적으로 구축할 수 있다. 이 과정은 체계적이고 전략적인 접근을 통해 창업자와 기업이 설정한 목표를 달성하는 데 필수적이며, 각 단계는 상호 연결되어 있어 충실히 이행될 때 최상의 결과를 도출할 수 있다.

첫 번째 단계는 목표 설정이다.

이 단계에서는 마케팅 활동의 구체적인 목표를 정해야 하며, 이를 통해 기업의 전반적인 방향성을 명확히 할 수 있다. 목표는 반드시 명확하고 측정 가능해야 하며 매출 증가, 시장 점유율 확대, 브랜드 인지도 향상과 같은 구체적인 항목이 포함되어야 한다. 이러한 목표는 기업의 비전과 일치해야 하며 실현 가능한 범위 내에서 설정되어야 한다. 단기적인 성과뿐만 아니라 장기적인 관점에서도 고려되어야 한다는 점에서 신중한 접근이 요구된다.

두 번째 단계는 시장조사이다.

이 단계에서는 소비자 행동, 시장 동향, 경쟁사 분석 등을 포함하여 소비자의 요구와 시장 트렌드를 이해하고 경쟁사를 분석하는 데 중점을 둔다. 시장조사는 소비자의 요구와 선호를 이해하는 데 중요한 역할을 하며, 이를 통해 시장의 기회를 식별할 수 있다. 소비자 설문 조사나 심층 인터뷰를 통해 직접적인 피드백을 받을 수 있으며, 경쟁사의 마케팅 전략을 분석하여 자사의 차별점을 찾는 것도 중요하다. 이를 통해 기업은 소비자의 니즈를 충족시키는 제품이나 서비스를 개발할 수 있는 기초 자료를 확보하게 된다.

세 번째 단계는 SWOT 분석이다.

이 단계에서는 〈표 1-5〉와 같이 기업의 내부 환경에서의 강점(Strength)과 약점(Weakness), 외부 환경에서의 기회(Opportunity)와 위협(Threat)을 분석한다. 이를 통해 기업은 내부 및 외부 환경을 종합적으로 평가하며, 보유 자원과 역량을 최대한 활용하고 외부 환경에서 발생할 수 있는 위협에 대응할 수 있는 기반을 마련할 수 있다. 강점을 활용하여 기회를 극대화하고, 약점을 보완하며, 위협에 대비하는 전략을 수립하는 것이 핵심이다. 이를 통해 기업은 현재 시장에서의 위치를 명확히 하고 미래 비전과 목표를 효과적으로 설정할 수 있다.

네 번째 단계는 STP 분석이다.

이 단계에서는 시장 세분화(Segmentation), 타깃팅(Targeting), 포지셔닝(Positioning)의 세 가지 요소를 수행한다. 시장 세분화는 전체 시장을 다양한 기준에 따라 구분하여 각 그룹의 특성을 이해하는 과정이다. 연령, 성별, 소득 등의 인구통계학적 기준, 가치관과 라이프스타일 등 심리적인 기준, 구매 빈도와 브랜드 충성도 등 행동적인 기준을 활용하여 소비자의 다양한 요구와 선호를 파악한다.

타깃팅은 세분화된 시장 중 특정 소비자 그룹을 선택하고 그들에게 집중하는 과정이다. 단일 타깃 전략, 다중 타깃 전략, 니치 마케팅 등 다양한 접근 방식을 사용하여 자원과 마케팅 노력을 효과적으로 배분하고 최대한의 성과를 얻는 것을 목표로 한다. 포지셔닝은 선택한 목표 시장 내에서 자사 제품이나 브랜드가 어떻게 인식되기를 원하는지를 정의하는 과정으로 경쟁 제품과의 차별화 요소를 강조하고 소비자에게 전달할 핵심 메시지를 설정한다. 브랜드 이미지와 가치 제안을 명확히 하여 소비자에게 독특한 가치를 전달하고, 경쟁사와의 차별화를 통해 시장 내 위치를 확고히 할 수 있다.

이렇게 STP 분석을 통해 기업은 소비자의 요구를 충족시키고 효과적인 마케팅 전략을 수립할 수 있다. 예를 들어, 가상의 '웰니스 커피'

〈표 2-2〉 '웰니스 커피' STP 분석 예시

구분	항목	내용 및 전략
시장 세분화 (Segmentation)	인구통계학적	20대 후반 ~ 50대, 남녀 모두, 중산층 이상
	심리적	건강과 웰빙 중시, 환경친화적 소비 선호
	행동적	유기농 제품 선호, 커피 소비 빈도가 높은 소비자
타겟팅 (Targeting)	주요 타겟	건강과 환경을 중시하는 30대 및 40대 직장인
포지셔닝 (Positioning)	브랜드 포지셔닝	"웰니스 커피는 건강과 환경을 고려한 프리미엄 유기농 커피로 맛과 품질을 동시에 만족시킵니다."
포지셔닝 (Positioning)	차별화 요소	100% 유기농 원두 사용, 공정 거래 원칙 준수, 지속 가능한 농법, 건강에 미치는 긍정적인 효과 강조

라는 카페 사례를 통해 〈표 2-2〉와 같이 이러한 과정을 자세히 설명하고자 한다.

다섯 번째 단계는 마케팅 믹스 4P 개발이다.

이 과정에서는 4P, 즉 좋은 제품(Product), 합리적인 가격(Price), 판매를 위한 효율적인 유통망(Place), 효과적인 판촉(Promotion) 요소를 통해 종합적인 마케팅 계획을 수립한다. 〈표 2-3〉과 같이 4P 요소 중 제품(Product)은 제품의 특성, 품질, 디자인, 기능, 브랜드, 포장 등을 포함하며, 가격(Price) 요소는 경쟁 가격, 원가, 소비자의 지불 의사 등을 고려하여 가격 책정 방식을 설정해야 한다. 유통(Place)은 제품이 소비자에게 어떻게 전달될 것인지를 계획하는 단계이고, 판촉(Promotion)은 제품을 소비자에게 알리고 구매를 유도하는 모든

〈표 2-3〉 '웰니스 커피' 4P 분석 예시

제품(Product)	유통경로(Place)
- 유기농 원두커피 - 슈퍼푸드 커피(아사이, 치아시드 등) - 저당 비타민 스무디 - 건강한 스낵 및 저칼로리 디저트 제공 - 맞춤형 음료 옵션 가능	- 오프라인(건강식품 매장, 커피 전문점, 유기농 마트)에서 판매 - 온라인(자사 웹사이트, 전자상거래 플랫폼) - 배달 서비스와 피트니스 센터 제휴
판매 가격(Price)	**판매촉진(Promotion)**
- 유기농 아메리카노 : 5,500원 - 프리미엄 가격대 설정 - 슈퍼푸드 커피 : 6,500원 - 저당 비타민 스무디 : 7,000원 - 첫 구매 할인 및 정기 구독 서비스 제공	- 연 2회 프리퀀시 이벤트 - 적립 리워드 : 10잔 구매 시 1잔 무료 - 소셜 미디어 캠페인 - 블로그 및 웹사이트 정보 제공 - 신규 고객 할인 - 건강 세미나 및 커피 시음회 개최 - 헬스케어 업체와의 제휴 마케팅

활동으로 광고, 판촉, PR, 이벤트, 소셜 미디어 캠페인 등 다양한 방법을 활용할 수 있다. 이러한 제품, 가격, 유통, 촉진 전략을 통합하여 소비자에게 최적의 가치를 제공함으로써 전체적인 마케팅 효과를 극대화하는 것이 중요하다. 이를 통해 소비자는 기업이 제공하는 제품이나 서비스를 보다 쉽게 이해하고 구매 결정을 내릴 수 있다.

여섯 번째 단계는 실행 계획 수립이다.

이 단계에서는 구체적인 실행 일정과 예산을 설정하고, 각 마케팅 활동의 책임자를 지정하여 실행 가능성을 높인다. 실행 계획은 마케팅 전략의 성공 여부를 좌우하는 중요한 요소로, 창업자는 각 담당자가 자신의 역할과 책임을 명확히 인지하고 목표 달성을 위해 협력할 수 있도록 하는 데 중점을 둬야 한다. 따라서 이 단계에서는 직원 및 팀원 간의 원활한 소통과 협력 체계를 구축하는 것이 중요하다.

일곱 번째 단계는 성과 측정 및 분석이다.

이 단계에서는 마케팅 활동의 결과를 평가하고 핵심 성과지표(KPI, Key Performance Indicator)를 통해 목표 달성 여부를 분석해야 한다. 소비자 반응과 판매 데이터를 수집하여 전략의 효과성을 판단하며, 이를 통해 향후 마케팅 전략의 개선 방향을 제시할 수 있다. 성과 측정은 마케팅 캠페인의 성공 여부를 판단하는 데 중요한 역할을 하며 이를 통해 어떤 전략이 효과적이었는지, 어떤 부분에서 개선이 필요한지를 파악할 수 있다. 그러므로 웹사이트 방문자 수, 전환율, 고객 유지율 등의 데이터를 분석하여 무엇이 소비자의 구매 결정에 영향을 미쳤는지를 이해할 수 있다. 이러한 분석 결과는 향후 마케팅 전략의 수정 및 보완에 중요한 기초 자료가 된다.

오늘날의 시장에서는 디지털 마케팅의 중요성이 날로 커지고 있다. 필자의 생각엔 디지털 마케팅은 '돈', '사람', '시간'이 부족한 소상공인과 자영업자들에게 최적화된 마케팅 전략을 수립하고 실행하는 데 가장 효율적이면서 중요한 방법이라 확신한다. 인터넷과 소셜 미디어를 활용한 마케팅 전략은 소비자와의 직접적인 소통이 가능해 소비자의 행동을 실시간으로 분석하여 빠른 피드백을 제공할 수 있다는 것이 가장 큰 장점이다. 디지털 채널을 활용하면 보다 면밀한 타깃팅과 개인화된 마케팅 접촉이 가능하여 고객의 만족도와 충성도를 높일 수 있다.

여덟 번째 단계는 피드백 및 조정이다.

성과 분석 결과를 바탕으로 필요에 따라 전략을 수정하거나 보완하여 지속적으로 개선하는 과정을 거치게 된다. 이 피드백 루프는 마케팅 전략의 지속 가능성을 높이며 기업이 변화하는 시장환경에 유연하게 대응할 수 있도록 한다. 소비자 피드백을 통해 제품이나 서비스의 품질을 향상시키고 고객 만족도를 높이는 데도 중요한 역할을 한다. 시장의 변화와 트렌드에 따라 새로운 기회를 탐색하고 기존 전략을 조정하는 것이 중요하다.

마케팅 전략 수립과정은 목표 설정에서 시작하여 시장조사, SWOT 분석, STP 분석, 마케팅 믹스 개발, 실행 계획 수립, 성과 측정 및 분석, 피드백 및 조정의 순서로 진행된다.

이러한 단계들은 각각의 마케팅 활동이 효과적으로 이루어질 수 있도록 돕고 기업의 목표에 부합하는 전략을 수립하는 데 중요한 역할을 한다. 마케팅 전략 수립 과정은 단순히 캠페인을 계획하는 것이 아니라 기업의 비전과 목표를 달성하기 위한 종합적인 접근 방식이다. 각 단계는 서로 연결되어 있으므로 하나의 단계가 소홀히 여겨지면, 전체 전략의 성공에 부정적인 영향을 미칠 수 있다. 따라서 체계적이고 철저한 마케팅 전략 수립과정은 기업의 성장과 성공에 결정적인 영향을 미친다고 할 수 있다.

4. 운영계획 수립

사업계획서에서 운영계획은 사업의 성공적인 운영을 위한 구체적인 전략과 실행 방안을 제시하는 중요한 부분이다. 이 계획은 사업이 어떻게 일상적으로 운영될 것인지와 자원을 어떻게 효율적으로 활용할 것인지에 대한 체계적인 접근 절차와 방법을 제시한다. 운영계획은 창업자의 모든 활동이 원활하게 진행될 수 있도록 기본적인 틀을 제공하며, 이를 통해 목표를 명확히 하고 실현 가능성을 높인다.

조직 구조와 인력 계획은 운영계획의 핵심 요소로 사업의 목표를 달성하기 위해 필요한 인력의 수와 역할을 명확히 하고, 각자의 책임과 권한을 설정하여 원활한 의사소통과 협업을 촉진한다.

인력 계획에는 채용 전략, 교육 및 훈련 프로그램, 성과 평가 시스템, 보상 체계 등이 포함되어야 한다. 직원들이 필요한 기술과 지식을 습득할 수 있도록 정기적인 교육 프로그램을 마련하고 성과에 따른 인센티브를 제공하여 직원의 동기부여를 높이는 것이 필요하다. 인력관리 시스템을 통해 인사 관련 데이터를 체계적으로 관리하고, 직원들의 경력 개발을 지원하는 프로그램도 마련해야 한다. 그렇게 해야 직원의 역량을 극대화하고 조직의 목표 달성에 기여할 수 있다.

운영 프로세스와 절차의 구체화 또한 중요하다. 모든 조직원에게 제품이나 서비스의 생산 및 제공 과정, 품질 관리 시스템, 고객 서비스 절차 등을 상세히 설명해야 한다. 시장 상황을 고려하여 적합한 가격 정책을 수립하고, 운영 효율성을 높이는 방안을 마련해야 한다. 품질 관리 시스템은 제품이나 서비스의 일관성을 유지하고 고객의 기대를 충족시키기 위해 필수적이며, 고객 서비스 절차는 고객의 문의나 불만을 신속하게 처리할 수 있도록 해야 한다. 또한 고객의 피드백을 반영하여 지속적으로 개선할 수 있도록 해야 한다. 이와 같이 고객과의 신뢰 관계를 구축해야 재구매율을 높일 수 있다. 고객의 목소리를 경청하고 이를 반영하는 과정은 장기적으로 고객 충성도를 높이는 데 기여할 것이다.

시설 및 장비에 대한 계획도 중요한 요소로 작용한다. 운영계획에는 사업 운영에 필요한 시설의 위치, 규모, 설비 및 장비의 종류와 구매 계획을 포함해야 한다. 시설의 위치는 고객 접근성과 운영 효율성에 큰 영향을 미치므로 신중하게 결정해야 하며, 이는 매출에 직접적인 영향을 미칠 수 있다.

필요한 장비와 소프트웨어를 선정하고, 이들의 유지 보수 및 업그레이드 계획을 마련해야 한다. 안전 관리와 관련된 규정도 준수하여 직원과 고객의 안전을 보장하는 것이 중요하다. 이러한 안전 관리 시스템은 사업 운영의 신뢰성을 높이고 고객에게 긍정적인 인상을 줄 수 있다.

공급망 관리와 물류 계획은 사업의 효율성을 극대화하는 데 필수적이다. 운영계획에는 원자재 및 부품의 조달, 재고 관리, 유통 및 배송 시스템을 명확히 설명해야 한다. 공급망의 효율성을 높이기 위해 공급업체와의 관계를 잘 관리하고 안정적인 물류 흐름을 유지하기 위한 전략을 세워야 한다. 재고 수준을 최적화하고 여유 재고를 관리하여 비용을 절감할 방안을 고려해야 하며, 고객의 주문을 신속하게 처리할 수 있는 물류 체계를 구축하여 고객 만족도를 높이는 것이 중요하다. 이러한 물류 체계는 고객의 요구에 빠르게 대응하고 경쟁력을 유지하는 데 중요한 역할을 한다.

운영 성과를 평가하고 개선하기 위한 지표 설정도 빼놓을 수 없는 요소이다. 〈표 2-4〉와 같이 핵심성과지표(KPI)를 활용하여 운영의 효율성을 모니터링하고, 필요 시 개선 조치를 취할 수 있는 체계를 구축할 필요가 있다. 정기적인 성과 분석을 통해 문제점을 파악하고 이를 해결하기 위한 구체적인 전략을 마련해야 한다. 생산성과 효율성을 높이기 위한 프로세스 개선 방안을 수립하고, 그 결과를 바탕으로 지속적으로 운영계획을 조정하는 것이 필요하다. 이러한 지속적인 개선 과정은 조직의 경쟁력을 강화하고 변화하는 시장환경에 적응하는 데 기여할 수 있다.

〈표 2-4〉 핵심성과지표(KPI) 예시

KPI 항목	정의	목표	평가 기준	평가 등급(표시)
1. 매출성장률	특정 기간 동안의 매출 증가 비율	분기 매출 15% 성장	0-10% : 저조 11-20% : 양호 21% 이상 : 우수	저조 ( ) 양호 ( ) 우수 ( )
2. 고객유치비용 (Customer Acquisition Cost; CAC)	'총 마케팅 비용 / 신규 고객 수' 공식을 활용해 한 명의 고객을 유치하는 데 소요되는 평균 비용	CAC 5만 원 이하	0-5만 원 : 우수 5-10만 원 : 양호 10만 원 이상 : 저조	저조 ( ) 양호 ( ) 우수 ( )
3. 고객 유지율 (Customer Retention Rate; CRR)	멤버십, 네이버 예약, POS 시스템을 통한 특정 기간 동안 기존 고객이 방문 및 유지되는 비율	분기 고객 유지율 85% 이상	0-70% : 저조 71-85% : 양호 86% 이상 : 우수	저조 ( ) 양호 ( ) 우수 ( )
4. 재구매율 (Repeat Purchase Rate; RPR)	POS 시스템 또는 멤버십 등을 활용해 고객이 처음 구매 후 다시 구매하는 비율	재구매율 40% 이상	0-20% : 저조 21-40% : 양호 41% 이상 : 우수	저조 ( ) 양호 ( ) 우수 ( )
5. 평균 거래 규모(Average Transaction Value; ATV)	네이버 예약, POS 시스템 등을 활용해 고객이 한 번의 거래에서 지출하는 평균 금액	ATV 60만 원 이상	0-30만 원 : 저조 31-60만 원 : 양호 61만 원 이상 : 우수	저조 ( ) 양호 ( ) 우수 ( )
6. 고객추천지수 (Net Promoter Score; NPS)	카카오 채널, 네이버 예약 리뷰 등을 통한 고객이 추천 가능성을 측정	NPS 50 이상	-100~0 : 저조 1-50 : 양호 51 이상 : 우수	저조 ( ) 양호 ( ) 우수 ( )
7. 웹사이트 트래픽	웹사이트 방문자의 수	월간 방문자 수 500명 이상	0-100명 : 저조 101-500명 : 양호 500명 이상 : 우수	저조 ( ) 양호 ( ) 우수 ( )
8. 소셜 미디어 참여도	인스타그램, 네이버 블로그 등을 통해 고객 참여를 측정하는 지표	참여도 50 이상	0-10 : 저조 11-50 : 양호 51 이상 : 우수	저조 ( ) 양호 ( ) 우수 ( )

KPI 항목	정의	목표	평가 기준	평가 등급(표시)
9. 재고회전율	POS 시스템, 엑셀 등을 활용해 재고가 얼마나 자주 판매되고 교체되는지	재고 회전율 4회 이상	0–2회 : 저조 3–4회 : 양호 5회 이상 : 우수	저조 ( ) 양호 ( ) 우수 ( )
10. 고객 만족도 (Customer Satisfaction Score; CSAT)	종이 설문, 카카오 채널, 네이버 예약 등 자동 리뷰 요청을 활용해 고객의 제품 또는 서비스에 대한 만족도	CSAT 4.0 이상	0–3 : 저조 3.1–4 : 양호 4.1 이상 : 우수	저조 ( ) 양호 ( ) 우수 ( )

* 상기 양식 및 KPI 항목은 참조용으로 사업장과 사업체의 특성에 맞게 조정해 작성하길 바란다.

* KPI의 평가 기준과 평가 등급은 기본적으로 수치화하는 것을 추천한다.

  이러한 운영계획은 사업의 효율성을 높이고 목표를 달성하기 위한 체계적인 접근이 될 것이다. 사업의 성공 가능성을 극대화할 수 있는 운영계획의 수립은 단순한 일상적인 운영을 넘어 사업의 성장과 발전을 위한 중요한 기초가 되기 때문에 효율적이고 철저한 운영계획의 수립과 실행을 통해 사업이 지속할 수 있고 경쟁력 있는 방향으로 나아갈 수 있도록 해야 한다.

  운영계획의 유연성 또한 중요한 요소이다. 시장환경은 끊임없이 변화하고 있으며, 이에 따라 사업도 적절하게 조정될 필요가 있다. 운영계획이 단단히 구축되어 있어도 새로운 도전과 기회에 빠르게 대응할 수 있는 능력은 필수적이다. 이를 위해 정기적으로 운영계획을 검토하고 필요한 조정을 하는 체계를 마련하며, 시장 트렌드나 소비자 요구 변화에 따라 제품이나 서비스의 구성을 조정하는 것이 필요하다.

  시장 상황뿐만 아니라 기술의 발전은 운영계획에 큰 영향을 미칠 수 있다. 최근 기술을 활용한 자동화 및 데이터 분석 시스템은 운영 효율성을 크게 향상시킬 수 있다. 예를 들어, 모바일 주문 방식이나 키오스크 주문 방식을 통해 운영 효율성을 높이거나 AI를 도입해 실시간으로 재고를 파악하는 재고 관리 시스템을 활용해 수요를 예측하고 과잉 재고를 줄일 수 있다. 또한 간단한 고객 관리 카드나 고객 관계 관리(CRM) 시스템을 통해 고객 데이터를 분석하고 개인 맞춤형 서비스를 제공함으로써 고객 만족도를 높일 수 있다. 이러한 기술적인 도입은 경쟁력을 높이는 데 큰 역할을 하며 시장에서의 차별화를 가능하게 한다.

마지막으로 친환경적인 재료 사용, 에너지 절약, 사회공헌활동 등 환경과 사회적 책임을 반영한 운영계획은 기업의 이미지와 신뢰도를 높여 지속 가능한 경영에 크게 기여할 수 있다. 이러한 노력은 소비자들에게 긍정적인 영향을 미치고 장기적으로 브랜드 충성도를 높이는 데 기여할 수 있다.

5. 재무계획 수립

사업계획서에서 재무계획은 사업의 재무적 목표와 이를 달성하기 위한 전략을 설명하는 부분으로 사업의 성공을 위해 매우 중요하다.

재무계획은 우선 초기 투자비용을 상세히 설명해야 한다. 초기 투자비용에는 자본금, 운영 자금, 설비 및 기계 구매비용, 인프라 구축 비용, 인·허가 및 법적 비용 등이 포함돼야 한다. 이러한 항목들은 사업을 시작하기 전에 필요한 자금을 파악하는 데 중요한 데이터로 큰 도움이 된다. 다음 〈표 2-5〉와 같이 창업하려는 사업장의 초기 투자비용에 대한 각 항목별로 예상 비용을 구체적으로 작성하고 자금을 조달할 방법도 명시해야 한다.

〈표 2-5〉 '웰니스 커피' 초기 투자비용 예시

초기 투자비용 항목	세부항목	세부 비용(원)
인건비(3개월)	바리스타 2명(월 2,500,000원), 직원 1명(월 2,200,000원)	21,600,000
설비비용	커피 머신(중고), 믹서기, 기타 장비, 가구 및 인테리어	22,000,000
초기 재고비용	원두 및 재료(1,500,000원), 소모품(500,000원)	2,000,000
운영비(3개월)	임대료 및 기타 운영비(월 1,500,000원)	4,500,000
마케팅 비용	초기 광고 및 홍보	1,000,000
총합		51,100,000

재무계획은 매출 예측을 세워야 한다. 매출 예측은 시장조사와 경쟁 분석을 바탕으로 향후 몇 년간의 매출 성장률을 추정하는 과정이다. 목표 시장의 규모와 성장 추세를 분석하고 자사의 제품이나 서비스가 차지할 수 있는 시장 점유율을 계산하여 매출 목표를 설정한다. 예를 들어, 첫해에는 특정 비율의 시장 점유율을 목표로 하고, 매년 성장률을 설정하여 매출 목표를 점진적으로 증가시킬 수 있음을 제시해야 한다.

재무계획은 비용 구조도 명확히 해야 한다. 고정비와 변동비를 구분하여 각 항목의 금액을 제시해야 하는데 고정비에는 임대료, 인건비, 보험료 등이 포함되며, 변동비에는 원자재비, 유통비, 마케팅 비용 등이 포함된다. 다음 〈표 2-6〉과 같이 비용구조를 분석하여 손익계산서를 작성하고 수익성과 손실을 평가하는 데 필요한 정보를 제공할 수 있어야 한다.

〈표 2-6〉 '웰니스 커피' 초기 비용 구조 예시

비용구조 항목	세부항목	세부 비용(원)
고정비	임대료, 인건비, 기타 고정비	8,700,000
변동비	원재료비, 유통비, 마케팅 비용 등	3,000,000
총비용		11,700,000

재무계획은 현금 흐름 예측도 필요하다. 현금 흐름 예측은 사업의 자금 유입과 유출을 관리하기 위한 계획으로 월별 또는 분기별로 예상되는 현금 흐름을 작성해야 한다. 이를 통해 자금 부족 문제를 사전에 파악하고 필요한 경우 자금 조달 방안을 마련할 수 있다. 특정 시기에 현금 유출이 많을 것으로 예상된다면 미리 자금을 확보해 두거나 지출을 조절하는 전략을 세워야 한다.

또한 손익분기점 분석을 통해 사업이 수익성을 달성하기 위해 필요한 최소 매출을 계산해 봐야 한다. 손익분기점은 총 고정비를 매출 총이익률로 나눈 값으로, 이 수치를 통해 사업이 지속 가능성을 갖추기 위해 필요한 매출 수준을 파악할 수 있다. 이 분석은 〈표 2-7〉과 같이 투자자에게 사업의 안정성과 수익성을 어필하는 데 중요한 자료가 된다.

⟨표 2-7⟩ '웰니스 커피' 초기 손익분기점 분석 예시

손익분기점 분석항목	세부 내용	비용 및 비율	근거(월별 운영 기준)
고정비	임대료, 인건비, 기타 고정비	8,700,000원	인건비(7,200,000원) + 임대료(1,200,000원) + 공과금(300,000원)
변동비	원재료비, 유통비, 마케팅 비용 등	3,000,000원	재료 및 소모품(2,000,000원) + 마케팅 비용(1,000,000)
총 수익	예상 매출액(커피, 스무디, 스낵)	5,150,000원	커피 및 음료(2,400,000원) + 스무디 및 건강 음료(1,400,000원), 건강 스낵(1,350,000원)
변동 비용 비율	총 변동비 / 총 수익	0.583(58.3%)	변동비(3,000,000원) / 총 수익(5,150,000원)
손익분기점 매출액	고정비 / (1 − 변동 비용 비율)	20,863,309원	고정비(8,700,000원) / (1−0.583(변동 비용 비율))

재무지표를 설정하고 이를 통해 사업의 성과를 지속적으로 모니터링할 수 있는 방법을 마련해야 한다. 주요 재무지표로는 매출 성장률, 순이익률, 부채비율, 유동비율 등이 있으며, 이들 지표를 정기적으로 분석하여 사업의 재무적 건전성을 평가하고 필요한 조치를 취할 수 있도록 해야 한다.

이러한 재무계획을 통해 사업의 재무적 목표를 명확히 하고, 목표를 달성하기 위한 구체적인 전략과 실행 계획을 수립하여 사업의 성공 가능성을 높일 수 있다.

앞에서 가상의 '웰니스 커피(Wellness Coffee)' 사업 사례를 활용해 ⟨표 2-1⟩과 같이 사업계획서 작성과 사업을 시작하기 위한 총투자 비용을 세부적으로 계산해 보았다. 이제 재무계획 수립에 대해 다시

한번 검토해 보기로 하자.

현재 〈표 2-1〉과 같이 재무 상태를 분석한 결과, 총 수익은 5,150,000원이지만 총비용이 11,700,000원에 달해 순손익은 -6,550,000원으로 손실을 볼 수 있다. 그러나 사업 초기에 손실을 경험하는 것은 일반적인 일이다. 초기에 발생한 손실을 극복하고 이익을 창출하기 위한 목표 매출액을 설정하는 과정과 전략을 명확히 이해하고 수행해야 한다. 다시 말해서 사업 초기 손실을 극복하고 지속 가능한 이익을 창출하기 위해서는 목표 매출액을 분석하고, 이를 달성하기 위한 추가적인 매출 확대 및 구체적인 전략을 수립해야 한다.

손익분기점 매출액은 고정비와 변동비를 고려해 계산하며, 사업이 지속 가능한 이익을 내기 위해 최소한으로 달성해야 하는 매출액을 의미한다. 손익분기점 분석 결과, '웰니스 커피'의 고정비는 8,700,000원, 변동비가 3,000,000원일 때 변동 비용 비율은 3,000,000원을 총수익인 5,150,000원으로 나눈 값인 0.583이 된다. 이 값을 통해 손익분기점 매출액은 약 20,863,309원으로 계산된다. 즉 비즈니스가 지속적인 이익을 내기 위해서는 〈표 2-8〉과 같이 3,650개 이상을 판매해 손익분기점 매출액 이상의 매출을 달성해야 한다.

이렇게 목표 매출액을 산출했다면, 목표 달성을 위한 마케팅 및 판매 전략을 다시 한번 검토해야 한다. 매출액 증대를 위해 재수립된 최적화된 마케팅 및 판매 전략을 통해 합리적인 가격과 운영 효율성을 활용해 할인 이벤트 및 프로모션으로 신규 고객을 유치하고, 소셜 미

〈표 2-8〉 '웰니스 커피' 목표 매출액 분석 예시

목표 매출액 분석 항목	세부 내용	비용 및 수량	근거(월별 운영 기준)
목표 판매량	목표 달성을 위해 필요한 총 판매량	3,650개	
변동비 단가	제품 1개당 변동 비용	3,333원	총 변동 비용(3,000,000원) / 총 판매량(900개)
총 변동 비용	목표 판매량 달성 시 발생하는 총 변동 비용	12,165,450원	변동비 단가(3,333원) x 목표 판매량(3,650개)
고정비	매출과 관계없이 발생하는 비용	8,700,000원	인건비(7,200,000원) + 임대료(1,200,000원) + 공과금(300,000원)
목표 매출액	손익분기점을 넘어 이익을 창출하기 위한 목표 매출액	20,865,450원	고정비(8,700,000원) + 목표 변동 비용(12,165,450원)

디어를 활용한 브랜드 인지도 향상에 힘써야 한다. 동시에 충성고객을 위한 멤버십 시스템을 도입하여 지속적인 고객 방문을 유도할 수 있어야 한다.

마케팅 전략은 초기 프로모션을 통해 할인 이벤트를 진행하고 소셜 미디어 광고 및 브랜드 콘텐츠 확산에 집중한다. 또한 충성고객 확보를 위한 멤버십 제도를 도입하여 포인트 적립 및 특별 혜택을 제공하며, 지역 커뮤니티와 협력하여 브랜드 노출을 강화하는 로컬 이벤트를 개최한다. 이러한 전략을 통해 '웰니스 커피'의 매출 증대와 고객 유입을 극대화할 수 있을 것이다.

창업자금의 조달

3장 창업자금의 조달

1. 창업자금 조달의 중요성

　최근 통계에 따르면 창업 후 3년 이내에 문을 닫는 업체가 60~70%가 넘는다는 암울한 기사가 있다. 이러한 사실은 중소벤처기업부의 창업 생존율 통계(2022년 기준)를 통해 확인할 수 있으며, 이는 사업 운영에 있어 창업자금의 중요성을 다시 한번 강조하게 만든다. 이러한 실패의 원인은 다양하겠지만, 창업자의 경영관리 미숙, 시장 및 고객 확보 실패, 급변하는 시장 환경에의 미흡한 대응 등이 주요 요인일 것이다. 그러나 필자의 경험으로 보거나 자영업자분들과 소통하다 보면, 이러한 문제들 중에서도 불충분한 사업계획, 즉 창업자금의 부족이 가장 결정적인 실패 원인으로 파악된다.
　필요한 자금을 적절히 확보하는 것은 성공적인 사업 운영의 기본으로, 창업 초기에는 고객을 확보하고 제품을 판매하기 위해 창업자금 조달과 보유가 중요하다. 자본이 부족하면 인력을 고용하거나 제품의 품질 향상에 필요한 투자를 하기 어려워져 사업의 지속 가능성에 악영향을 미칠 수 있다.

필자의 경험을 말하자면, 창업하려는 분들은 기본적으로 사업장의 임대보증금은 자기자본으로 지불하기를 권한다. 이는 임대보증금이 사업장 운영의 중요한 기초 비용 중 하나이며, 자기자본으로 지불할 경우 초기 운영 단계에서 발생할 수 있는 금융비용을 줄여 재무적 안정성을 확보할 수 있고, 외부 차입금 의존도를 낮추어 심리적 부담을 덜고 사업 초기의 리스크 관리에 도움이 되기 때문이다.

그리고 창업 시에 창업자금 비율은 이탈리아 경제학자 빌프레도 파레토(Vilfredo Pareto)가 제안한 8:2법칙을 응용한 7:3법칙을 활용해 자기자본 비율을 70% 이상, 타인 자본 비율을 30% 이하로 구성하는 것이 이상적이다. 이 비율은 창업자가 지나치게 외부 자본에 의존하는 것을 방지하면서도 필요한 자금을 충분히 확보할 수 있도록 균형을 맞춘 구조를 제공하기 때문이다. 특히 자기자본 비율이 높을수록 초기 금융비용 부담이 줄어들고, 사업 초기에 발생할 수 있는 재정적 리스크를 완화할 수 있다.

물론 창업자나 기업에 따라 비율은 다를 수 있으나 개인사업자일수록 자기자본 비율이 높을수록 안전하다고 볼 수 있다. 그러나 자기자본 비율이 100%인 경우 재정적인 부담이 적어 안정감을 느낄 수 있지만, 이로 인해 창업자가 시장 변화나 위험 요소에 대해 경각심을 가지지 못하고 안일하게 대응할 가능성도 있다. 이러한 태도는 사업 운영 과정에서 신중한 판단을 방해하고 예상치 못한 위기를 초래할 수 있으므로 주의가 필요하다. 반면, 외부 차입금이 자기자본보다 많은 경우 자금 압박과 심리적인 불안감이 커져 잘못된 결정을 내릴 위험이 존재해 적합한 자본 구조의 균형을 유지하는 것이 매우 중요하다.

그리고 창업자는 자금을 철저히 관리하고 장기적인 계획을 세워야 한다. 이를 위해 창업 초기부터 예산을 체계적으로 수립하고, 매출 및 지출에 대한 정기적인 검토를 통해 현금 흐름을 철저히 파악하는 것이 중요하다. 예를 들어, 월별 예산을 설정하고 예상 수입과 지출을 비교하여 자금 부족 가능성을 미리 예측할 수 있다. 또한 불필요한 비용을 절감하거나 비상자금을 마련함으로써 예기치 않은 재정적 위기에 대비할 수 있다.

무엇보다도 창업 준비 단계에서 필요한 다양한 자금을 예측하고 이를 준비하는 것이 매우 중요하다. 자본의 흐름이 원활해야만 예기치 않은 상황에서도 신속하게 대응할 수 있고 불필요한 손실을 줄일 수 있기 때문이다.

2. 창업 소요자금의 분류

창업 소유자금은 사업을 시작하고 운영하기 위해 필요한 자금으로 크게 시설자금과 운전자금으로 나눌 수 있다.

시설자금은 사업을 시작하기 위해 필요한 물리적 자산을 확보하는 데 사용되는 자금으로 사업장 확보비용, 설비 및 기계 구입비, 인테리어 및 리모델링 비용, 초기 재고 구입비 등으로 구성된다. 먼저 매장, 사무실, 공장 등의 임대료 또는 구매비용을 포함한 사업장 확보비용이 이에 해당한다. 사업장은 입지 선정이 매우 중요하며, 고객 접근성과 주차 편의성, 지역 내 경쟁 상황, 임대료 수준 등을 고려해야 한다. 좋은 위치는 고객 유입을 촉진시키고 매출에 직접적인 영향을 미칠 수 있다. 그러나 최근에는 인터넷과 소셜 미디어를 활용한 디지털 마케팅이 대세가 되어 검색하고 예약하는 고객이 증가하면서 매장 입지의 중요성이 상대적으로 감소하는 추세이다.

설비 및 기계 구입비도 시설자금의 중요한 항목이다. 이는 사업 운영에 필수적인 기계, 장비, 도구 등을 구매하는 데 필요한 자금이다. 예를 들어, 제조업체는 생산 라인에 필요한 기계를, 음식점은 주방 기기와 가구를 마련해야 한다. 이러한 설비는 초기 투자비용이 많이 들지만, 효율적인 운영과 생산성을 높이는 데 기여할 수 있다. 성능이 좋고 내구성이 높은 장비는 장기적으로 비용 절감 효과를 가져올 수 있다.

인테리어 및 리모델링 비용은 사업장의 내부를 고객이 편안하게 이용할 수 있도록 꾸미는 데 드는 비용으로 시설자금에 포함된다. 이는 브랜드 이미지와 고객 경험에 큰 영향을 미치는 부분이다. 고객이 매장을 방문했을 때 느끼는 첫인상이 무엇보다 중요하기 때문에 적절한 디자인과 분위기를 조성하는 것이 필수적이다.

초기 재고 구입비도 시설자금의 중요한 부분이다. 이는 상품을 판매할 수 있도록 초기 재고를 확보하는 데 필요한 자금으로, 적절한 재고 수준은 고객 수요를 충족시키는 데 필수적이다. 재고 부족은 매출 손실로 이어질 수 있으며, 반대로 과잉 재고는 비용 증가와 자본의 비효율적 사용을 초래할 수 있다. 따라서 초기 시장조사를 통해 수요를 예측하고 적절한 재고를 확보하는 것이 중요하다.

운전자금은 사업 운영에 필요한 일상적인 비용을 충당하는 데 사용되는 자금으로 사업이 정상적으로 운영되기 위해 필수적인 요소이다. 여기에는 여러 가지 항목이 포함되는데 먼저 직원 급여, 복리후생비, 세금 등 인건비가 포함된다. 인력은 사업의 핵심 요소이므로 적절한 인원과 인건비 관리는 필수적이다. 또한 직원의 전문성과 경험은 사업 성과에 직접적인 영향을 미치므로 인력관리와 교육에도 신경 써야 한다.

제품이나 서비스를 생산하는 데 필요한 원자재와 부품 등의 구매비용인 재료비도 운전자금에 포함된다. 재료비는 수익성과 직결되므로 효율적인 공급망 관리와 비용 절감이 중요하다. 이를 위해 공급업체와의 협상, 대량 구매를 통한 할인, 대체 자재 탐색 등이 재료비 절감을 위한 방법이 될 수 있다.

사업의 지속 가능성에 영향을 미치는 전기, 수도, 가스 등 공공요금, 임대료, 보험료 등 일상적인 운영비도 운전자금에 포함된다. 이러한 운영비는 예측 가능한 고정 비용으로, 매출 변동과 관계없이 지속적으로 발생하기 때문에 철저한 관리가 필요하다.

사업 운영계획에서 중요한 마케팅 및 광고비도 운전자금으로 분류된다. 이는 고객 확보와 브랜드 인지도를 높이기 위한 마케팅 활동에 필요한 자금이다. 효과적인 마케팅 전략은 매출 증대에 직접적으로 기여한다. 마케팅 활동의 효과는 시간이 걸릴 수 있으므로 초기에는 다양한 채널을 통해 제품과 브랜드를 홍보하는 것이 중요하다. 이를 위해 온라인 마케팅, 소셜 미디어 활용, 오프라인 이벤트 등 다양한 방법을 통해 고객과의 접점을 늘려야 한다.

운전자금은 사업운영상황에 따라 유동적으로 관리해야 하며, 자금흐름을 예측하고 관리하는 것이 중요하다. 사업 초기에는 매출이 일정하지 않을 수 있으므로 적어도 6개월 이상의 운전자금을 확보하여 예기치 않은 상황에 대비하는 것이 필요하다.

3. 창업자금 조달 시 고려 및 검토사항

창업자금 조달은 성공적인 사업 시작과 지속 가능성을 위한 핵심 단계다. 자금 조달 방법과 전략은 사업의 방향성을 결정하고 장기적인 성장 가능성에 직접적인 영향을 미친다. 이 항목에서는 창업자금을 조달할 때 검토해야 할 주요 사항들과 효과적인 자금 관리 방안에 대해 살펴보기로 하자.

자금 비용과 투자 수익 간의 관계를 철저히 분석하는 것이 필요하다. 자금을 조달할 때 발생하는 이자 비용이나 수수료 등은 투자로부터 얻는 수익보다 낮아야 한다. 이를 통해 실질적인 이익을 창출할 수 있으며, 자금 조달의 효율성을 평가하고 투자 결정의 재무적 타당성을 판단할 수 있다. 자금 비용과 예상 수익을 면밀히 비교 분석하는 과정은 필수적이다.

자금 조달에 필요한 소요 기간과 용도를 명확히 설정해야 한다. 소요 기간은 자금을 확보하는 데 필요한 시간을 말하며, 이 기간이 길어지면 사업 운영에 차질이 생길 수 있다. 필요한 시점에 자금을 확보할 수 있도록 계획을 세우는 것이 중요하다. 또한 자금의 용도는 시설 투자, 운영 자금, 마케팅 비용 등으로 구분되며, 각 용도에 따라 자금 규모와 형태가 달라질 수 있다. 이를 통해 사업 운영에 필요한 자금을 적시에 확보하고 재무적 안정성을 유지할 수 있다.

더불어 재무 위험을 신중히 평가해야 한다. 타인 자본으로 자금을 조달할 경우 높은 부채비율은 사업체의 재무 건전성을 악화시키고 사업의 지속 가능성에 부정적인 영향을 줄 수 있다. 따라서 적정한 차입 규모를 유지하고, 재무 상태를 철저히 분석하며, 자금 조달이 기업재정에 미치는 영향을 사전에 예측하는 노력이 필요하다. 이러한 분석은 예상치 못한 재무적 어려움에 대비하는 데 도움이 된다.

차입금의 규모를 정확히 계산하는 과정도 중요하다. 자금의 용도에 따라 필요한 자금 규모를 객관적으로 산출하고 이를 명확히 제시해야 한다. 예산 계획과 수익 예측을 포함하여 자금 사용계획을 구체적으로 설명하면 투자자나 금융기관의 신뢰를 얻을 수 있다.

그리고 담보나 보증 제공 가능성을 검토해야 한다. 담보가 필요한 외부 자금 차입 시 담보 제공 능력을 확인해야 한다. 담보 자산의 가치와 위험 요소를 철저히 분석하고, 필요한 경우 추가적인 보증 수단이나 대안을 마련하는 것이 중요하다. 이는 대출 승인 가능성을 높이는 데 필수적이다.

상환 목표를 명확히 세우는 것도 필요하다. 차입한 자금을 어떻게 상환할지에 대한 구체적인 계획을 마련함으로써 금융기관과의 신뢰를 구축할 수 있다. 상환 계획은 안정적인 자금 흐름을 유지하고 기업의 재무적 안정성을 확보하는 데 중요하다.

금융기관을 신중히 선택해야 한다. 금융기관의 대출 조건, 서비스 품질, 고객 지원 등을 비교하여 최적의 금융 파트너를 선택하는 것이 필요하다. 신뢰할 수 있는 금융기관과의 관계는 장기적으로 기업의 재무 안정성을 높이는 데 기여할 수 있다.

마지막으로 차입 이유를 명확히 설명할 수 있어야 한다. 은행에 차입 이유를 설득력 있게 전달하면 대출 승인 가능성을 높일 수 있다. 사업 비전, 시장 분석, 경쟁력, 재무계획 등을 포함한 사업계획서를 철저히 준비하여 이를 명확히 설명해야 한다.

4. 창업자금 조달계획

　창업을 성공적으로 운영하기 위해서는 자금조달계획이 필수적이다. 업종에 따라 필요한 자금을 정확히 예측하고, 장기적인 안목으로 자금을 확보하여 예기치 못한 상황에 대비하는 것이 중요하다.

　창업에 필요한 소요자금은 업종에 따라 차이가 있지만, 기본적으로 창업 준비자금, 고정자금, 운전자금 등 세 가지 주요 카테고리로 나눌 수 있다. 창업 준비자금은 사업을 시작하기 전에 발생하는 비용으로 업종과 입지가 결정된 이후에 발생하는 여러 가지 초기 비용이 포함된다. 대표적으로 시장조사 비용이나 사업자 등록 비용 등이 이에 해당된다.

　고정자금은 매장 임대료, 시설 신축비, 각종 장비 구입 비용 등 정기적으로 지출해야 하는 비용을 말한다. 이러한 고정자금은 사업의 기본적인 운영을 위해 반드시 준비해야 할 항목들이다. 예를 들어, 상업 시설 임대보증금이나 설비 구입비 등이 포함될 수 있다.

　운전자금은 매월 발생하는 임대료, 직원 인건비, 재고비, 광고비, 각종 공과금 등 일상적인 운영에 필요한 자금을 포함한다. 창업 초기에는 매출이 안정적으로 확보되지 않을 가능성이 크기 때문에 운전자금을 충분히 확보하는 것이 특히 중요하다. 이는 재정적 안정성을 확보하고, 예상치 못한 비용 증가에도 유연하게 대처할 수 있도록 돕는다.

　자금 조달은 장기적인 계획에 따라 준비하는 것이 중요하다. 일상적인 지출은 운영 수익으로 충당할 수 있지만, 인테리어 변경, 점포 확장, 신규 장비 도입 등 예상 가능한 대규모 자금 소요에 대비해 장기 자금을 확보해야 한다. 또한 시장 변화에 따른 추가 투자 필요성이나 장비 고장과 같은 돌발 상황에 대응하기 위해 충분한 장기 자금을 준비해 두는 것이 필요하다.

창업에 필요한 자금은 예상 금액의 1.5배 이상을 준비하는 것이 일반적으로 권장된다. 이는 재고 확보, 마케팅 비용 증가 등 예기치 않은 상황에서 재정적 어려움을 겪지 않도록 하기 위함이다. 초기 자금을 충분히 준비하지 않으면 사업 운영에 심각한 차질이 발생할 수 있으므로 보수적인 관점에서 자금을 계획해야 한다.

소요자금을 카테고리별로 명확히 예측하고, 철저한 창업자금 조달 계획을 세운다면 성공적인 창업의 발판을 마련할 수 있을 것이다. 창업은 단순한 시작이 아니라, 지속 가능한 성장을 위한 전략적인 과정임을 잊지 말아야 한다.

5. 창업자금 조달방법

창업자나 기업이 필요로 하는 자금을 확보하기 위한 자금 조달방법은 다양한 방식으로 나뉘며, 각 방법은 고유한 장점과 제한점을 지닌다. 이러한 자금 조달 방식은 창업자나 기업의 목표와 상황에 따라 재무계획을 수립해 적절히 대응할 수 있도록 준비되어 있어야 한다.

개인 투자 또는 자기자본 투자는 창업자가 자신의 자본이나 저축을 이용하여 사업을 시작하는 접근 방식이다. 이 방법은 외부 자금에 의존하지 않기 때문에 창업자가 독립적으로 사업의 비전을 실현할 수 있는 장점이 있다. 그러나 자본이 고갈되면 추가적인 자금 조달이 어려워질 수 있으며, 사업이 실패할 경우 개인의 재정적인 위험이 커질 수 있다는 단점이 있다. 따라서 창업자는 사업 시작 전에 충분한 자금 계획을 세워 초기 자본만으로 운영이 가능한지를 신중히 고려해야 한다.

외부투자 방식인 투자 유치는 개인 투자자, 벤처캐피털, 엔젤캐피털 등으로부터 자금을 확보하는 방법이다. 이 방식은 짧은 시간 내에 필요한 자금을 얻을 수 있다는 큰 장점이 있으며, 자금 조달뿐만 아니라 경영에 대한 전문적인 조언과 네트워크를 제공받을 기회도 제공한다. 이런 장점으로 인해 초기 스타트업은 이 방법을 많이 활용하여 빠르게 성장하는 데 성공하고 있다. 그러나 이 경우에는 투자자에게 지분을 제공해야 하며 창업자의 의사결정이 제한될 수 있다는 점을 염두에 두어야 한다. 따라서 비즈니스 모델과 향후 전개 계획을 철저히 준비하고 신뢰를 구축하는 과정이 매우 중요하다.

대출은 또 다른 자금 조달방법으로 은행이나 금융기관을 통해 자금을 차입하는 방식이다. 이 방법의 장점은 일정한 이자와 상환 조건이 명확하여 수익을 통해 부담을 줄일 수 있다는 점이다. 하지만 대출금은 반드시 상환해야 하므로 재정적 압박이 클 수 있으며 신용도나 담보에 대한 요구도 존재할 수 있다. 대출을 고려할 때는 대출의 투명성뿐만 아니라 장기적으로 기업과 사업에 미치는 영향을 신중히 분석하고 검토해야 한다.

최근에는 크라우드 펀딩도 주목받고 있다. 이는 여러 개인으로부터 소액을 모아 자금을 조달하는 방식으로 대중의 관심을 통해 성공적으로 자금을 확보할 수 있다. 크라우드 펀딩의 장점은 성공적인 캠페인을 통해 브랜드의 인지도를 높일 수 있다. 그러나 목표 금액에 도달하지 못하면 자금 조달이 실패할 수 있다는 점과 신뢰성을 높이기 위해 충분한 준비와 마케팅 전략이 필요한 것이 단점이다.

마지막으로 정부 지원 및 보조금을 활용하는 방법도 있다. 정부는 창업자나 기업을 위한 다양한 비금융 지원을 제공하며, 이러한 지원금은 대개 반환할 필요가 없으므로 사업 초기의 재정적 부담을 줄일 수 있다. 그러나 신청 과정이 복잡하거나 예산 제한으로 인해 지원받지 못할 가능성도 있기 때문에 체계적인 사업 계획과 필요한 서류를 꼼꼼히 준비하는 것이 중요하다.

창업자는 각 자금 조달방법의 특성과 조건을 파악한 후 자신의 상황에 맞는 적절한 자금 조달방법을 선택해야 하며, 이를 통해 지속 가능한 사업 운영을 이어가는 길을 모색해야 한다. 이러한 자금 조달을 통해 체계적인 사업 계획과 최적화된 마케팅, 운영계획에 맞춰 재무 계획을 잘 수립해 창업을 실행한다면 지속 가능한 경영을 할 수 있을 것이다. 그렇기 때문에 자금 조달 전략을 명확히 설정하고 이를 실행함으로써 창업자는 자신의 사업 성공을 향한 기반을 다질 수 있다.

최종적으로 자금 조달은 기업의 성공에 결정적인 영향을 미치는 필수적인 요소이므로 각 방법을 충분히 이해하고, 자신의 비즈니스 모델과 환경에 맞는 최적의 자금 조달 전략을 세울 필요가 있다. 여기서 다음과 같은 각각의 자금 조달방법을 살펴보기로 하자.

1) 개인 자본 활용

개인 자본 투자는 창업자가 자신의 자산을 활용하여 사업을 시작하는 방식으로 여러 가지 측면에서 장단점이 있다. 이 방식은 특히 초기 단계의 자영업에서 많이 활용되며 창업자가 외부 자본을 유치하기 전의 중요한 자금 조달방법으로 자리 잡고 있다.

개인 자본 투자의 장점 중 하나는 자산 활용의 유연성이다. 창업자는 자신의 저축을 사업 자본으로 사용할 수 있으며, 이는 자금을 빠르게 조달할 수 있는 방법이다. 많은 창업자가 개인 저축을 활용해 시작하는 경우가 많고, 이 외에도 부동산, 주식, 채권과 같은 다양한 자산을 매각하거나 담보로 활용하여 필요한 자금을 마련할 수 있다. 이러한 자산 활용은 외부 자금을 기다리지 않고 즉시 투자를 진행할 수 있게 해주므로 시장에서 창업자 자신의 사업 아이디어를 실현할 기회를 놓치지 않을 수 있다.

개인 자본 투자는 창업자에게 자유로운 운영환경을 제공한다. 외부 투자자나 기관으로부터 자금을 받지 않기 때문에 사업 운영에 있어 창업자의 의사결정이 훨씬 더 독립적이고 신속하게 이루어질 수 있다. 이는 창업자가 자신의 비전과 목표를 명확히 하여 사업을 이끌어 나갈 수 있는 중요한 요소로, 창업자는 외부 간섭 없이 자신의 아이디어와 전략을 자유롭게 실현할 수 있다.

그러나 개인 자본 투자는 재정적인 위험을 동반한다. 모든 자본이 개인 자산에서 나오기 때문에 사업이 실패할 경우 창업자는 재정적으로 큰 손실을 볼 수 있다. 이는 개인의 경제적 상황에 심각한 영향을 미칠 수 있으며 자산을 잃는 것에 대한 정신적인 부담도 상당히 클 수 있다. 따라서 창업자는 사업계획을 세울 때 이러한 위험을 충분히 고려해야 하며 실패 시의 출구전략 대책도 마련해 두어야 한다.

개인 자본 투자는 사업의 신뢰성을 높이는 데도 기여할 수 있다. 창업자가 자신의 자본을 투자함으로써 사업에 대한 강한 의지를 보여줄 수 있어 외부 투자자나 파트너에게 긍정적인 신호로 작용할 수 있다. 개인 자본 투자는 개인 자본을 통해 사업을 일정 수준까지 성장시킨 후 외부 자본을 유치하기가 훨씬 수월해질 수 있으며, 투자자들은 창업자의 자본 투자를 통해 사업에 대한 신뢰와 열정을 느낄 수 있기 때문에 추가 자금을 유치하는 데 도움이 될 수 있다.

2) 금융기관 대출

금융기관 대출은 창업자가 사업자금을 조달하기 위해 은행이나 기타 금융기관으로부터 대출을 받는 방법으로 창업 초기 단계에서 가장 일반적으로 활용되는 자금 조달 방식이다. 이 방법은 자금을 비교적 빠르고 안정적으로 확보할 수 있다는 장점이 있어 많은 창업자가 선호한다.

금융기관 대출을 받기 위해서는 먼저 사업계획서를 준비해야 한다. 사업계획서에는 〈표 2-1〉과 같이 창업자의 비전, 목표, 시장 분석, 경쟁 분석, 운영계획, 재무계획 등이 포함되어야 하며 금융기관이 사업의 타당성을 평가하는 데 필요한 정보를 제공해야 한다. 사업계획서를 통해 창업자는 사업모델과 시장에서의 경쟁력을 명확히 전달할 수 있다. 따라서 시장과 고객을 철저히 분석해 사업계획서를 작성하는 것이 중요하다.

대출 신청 시 금융기관은 여러 요소를 고려해 대출 여부와 조건을 결정하는데, 그중 가장 중요한 요소는 창업자의 신용도이다. 신용도가 높을수록 대출 승인이 용이하며 이자율도 낮게 책정되는 경향이 있다. 따라서 개인 신용 기록을 잘 관리하는 것이 중요하다. 또한 금융기관은 사업의 재무 상태와 창업자의 과거 경영 경험도 평가한다. 이전에 성공적으로 사업을 운영한 경험이 있다면 대출 승인이 더 수월할 수 있다.

대출 금액과 이자율은 금융기관에 따라 다르며, 창업자는 필요한 자금 규모를 명확히 정해야 한다. 이자율은 고정금리 또는 변동금리로 설정될 수 있으며, 이는 대출자의 신용 상태, 대출 금액, 대출 기간 등에 따라 달라질 수 있다. 이자율이 낮을수록 상환 부담이 줄어들기 때문에 여러 금융기관의 조건을 비교해 가장 유리한 조건을 선택하는 것이 중요하다.

상환 방식 역시 대출 계약에서 중요한 요소이다. 대출자는 일반적으로 매월 일정 금액을 원금과 이자를 함께 상환하는 방식을 따르며, 사업 초기 수익이 불안정할 경우 일부 금융기관은 상환 유예 기간을 제공하기도 한다. 상환 유예 기간 동안에는 이자만 상환하고, 원금 상환은 유예할 수 있어 창업 초기 부담을 덜 수 있다.

대출을 받기 위해서는 담보를 제공해야 하는 경우가 많다. 담보는 금융기관이 대출금을 회수할 수 있는 안전장치로 작용하며, 창업자는 제공 가능한 자산을 미리 파악해야 한다. 담보가 부족하거나 신용이 낮을 경우 대출 승인이 어려울 수 있으므로 이를 고려해 대출 준비를 해야 한다.

금융기관 대출의 가장 큰 장점은 필요한 자금을 신속히 확보할 수 있다는 점이다. 그러나 사업이 예상보다 부진하거나 실패할 경우 대출 상환에 어려움을 겪을 수 있으며, 이는 개인의 재정 상태에 심각한 영향을 미칠 수 있다. 따라서 사업계획을 철저히 세우고 상환 능력을 충분히 고려해야 한다.

대출 신청 전 금융기관과의 상담을 통해 대출 조건을 명확히 이해하고, 자신의 상황에 맞는 최적의 대출 상품을 선택하는 것이 중요하다. 다양한 금융기관의 상품을 비교하고, 필요하면 전문가의 조언을 받는 것도 좋은 방법이다.

금융기관 대출은 창업자가 사업을 시작하고 성장시키는 데 중요한 자금 조달방법이다. 그러나 대출을 받기 전에 재무 계획과 사업 전망을 신중히 검토하고 안정적인 상환 계획을 마련하는 것이 필수적이다.

3) 투자유치

외부 투자유치는 창업자가 사업자금을 확보하는 데 중요한 방법으로, 벤처캐피털, 엔젤투자, 크라우드 펀딩 등 주목받는 다양한 방식이 있다.

(1) 벤처캐피털

벤처캐피털은 전문 투자기관이 초기 또는 성장 단계의 기업에 자금을 투자하는 방식이다. 이들은 사업의 잠재력과 시장 가능성을 철저히 평가한 후 투자 결정을 내린다. 벤처캐피털은 대규모 자금을 제공할 수 있어 기업이 필요한 자본을 확보하는 데 큰 도움이 된다. 또한 경영에 적극적으로 개입하여 기업의 성장과 발전을 지원하며 기업의 지분을 확보한 후 일정 기간 뒤 상장이나 매각을 통해 투자금을 회수하는 것을 목표로 한다. 벤처캐피털은 전략적 방향성을 제시하고 네트워킹 기회를 제공하는 등 창업자에게 다양한 지원을 제공한다.

(2) 엔젤투자

엔젤투자자는 개인 투자자로 주로 초기 단계 스타트업에 자금을 투자한다. 이들은 자신의 자산을 이용해 사업을 지원하며, 자금 제공뿐만 아니라 경험과 네트워크를 활용한 멘토링도 제공해 주는 것이 특징이다. 엔젤투자는 대부분 소규모 투자로 시작되며 창업자의 비전과 사업의 성장 가능성을 중요하게 평가한다. 이러한 관계는 창업자가 직면할 수 있는 다양한 도전에 대한 해결책을 제공할 수 있다. 엔젤투자는 리드 엔젤투자와 서포트 엔젤투자로 나뉜다.

리드 엔젤투자는 투자 라운드에서 가장 큰 금액을 투자하며 투자자 그룹의 리더 역할을 해준다. 이들은 투자 결정을 주도하고 다른 투자자를 모집하며 창업자와의 긴밀한 협력을 통해 사업 성장에 중요한 기여를 한다.

서포트 엔젤투자는 리드 엔젤의 뒤를 이어 소규모로 자금을 지원하는 투자자들이다. 이들은 리드 엔젤의 판단을 신뢰하고 사업의 잠재력을 보고 투자 결정을 내린다. 서포트 엔젤은 직접적인 참여는 적지만 창업자를 지원하여 기업의 성장 가능성을 높이는 데 기여한다.

(3) 크라우드 펀딩

크라우드 펀딩은 다수의 개인 투자자로부터 소액을 모아 자금을 조달하는 방법으로 온라인 플랫폼을 통해 진행된다. 창업자는 자신의 아이디어나 제품을 홍보해 투자자의 관심을 끌어야 하며 창의적인 마케팅 전략이 필요하다. 크라우드 펀딩은 보상형, 지분형, 기부형 등으로 나뉜다.

보상형 크라우드 펀딩은 투자자에게 제품이나 서비스의 사전 예약 기회를 제공하는 방식으로, 창업자는 초기 자금을 확보하는 동시에 시장 반응을 미리 확인할 수 있다.

지분형 크라우드 펀딩은 투자자가 사업의 지분을 인수하는 형태로, 창업자는 자본을 확보하는 동시에 투자자의 관심과 참여를 유도할 수 있다.

기부형 크라우드 펀딩은 투자자가 금전적 지원을 하되 대가를 받지 않는 형태로 주로 사회적 기업이나 비영리 프로젝트에서 활용된다. 이는 창업자가 사회적 가치와 비즈니스 모델을 결합할 수 있는 기회를 제공한다.

이러한 외부투자 방법은 창업자가 필요한 자금을 확보하고 사업의 성장 가능성을 높이는 데 중요한 역할을 한다. 창업자는 각 방법의 특성을 이해하고 적절히 활용해야 한다.

외부투자 유치를 고려할 때 창업자는 몇 가지 요소를 신중히 검토해야 한다. 첫째, 투자자의 전문성과 경험을 평가해야 한다. 투자자가 사업 분야에 대한 깊은 이해와 강력한 네트워크를 가지고 있다면 추가적인 고객이나 파트너를 소개받을 기회가 커진다. 둘째, 투자자와의 원활한 소통과 신뢰 구축이 필요하다. 투자자는 사업 성과에 관심을 가지며 주기적으로 진행 상황에 대한 보고를 요구할 수 있다. 셋째, 각 투자 방식의 장단점을 명확히 이해해야 한다. 벤처캐피탈은 대규모 자금을 제공하지만 경영에 개입할 가능성이 높다. 반면, 엔젤투자는 유연한 지원을 받을 수 있지만, 자금 규모는 작을 수 있다. 크라우드 펀딩은 다수의 소액 투자자로부터 자금을 모을 수 있지만, 성공적인 캠페인을 위해 철저한 준비가 필요하다.

창업자는 사업모델과 성장 단계에 맞는 적합한 투자 방법을 선택해야 한다. 초기 스타트업에는 엔젤투자나 크라우드 펀딩이 적합할 수 있으며, 사업 확장을 계획한다면 벤처캐피털이 유리할 수 있다. 투자 조건과 지분 구조를 충분히 이해하고 대비하는 것이 자금 조달의 핵심이다.

4) 창업지원 사업 활용

창업지원 사업은 다양한 종류와 프로그램이 존재하며, 주로 정부 기관, 공공기관 그리고 민간단체에서 제공된다. 각 창업자의 사업 아이디어와 상황에 맞춤형으로 설계된 이 사업들은 창업자가 직면할 수 있는 다양한 어려움과 도전을 극복하는 데 큰 도움을 준다. 여기서는 중소벤처기업부 창업자금, 소상공인 창업지원 그리고 대학생 창업동아리 지원에 대해 자세히 살펴보자.

(1) 중소벤처기업부 창업자금
중소벤처기업부 창업자금은 중소벤처기업부나 기타 관련 기관에서 제공하는 자금지원 프로그램으로 혁신적이고 성장 가능성이 있는 창업을 지원하는 것을 목적으로 한다. 이 프로그램은 창업 초기의 자금을 지원하며, 대출 형태로 제공되거나 보조금 형태로 지급될 수 있다. 지원 대상은 주로 중소기업 및 벤처기업으로 창업자의 사업계획서와 신용도에 따라 지원 금액과 조건이 달라진다.

이 자금은 인건비, 시설 비용, 재료비 등 다양한 사업 운영에 필요한 용도로 사용될 수 있으며, 초기 자금 부담을 덜어주고 아이디어의 실현 가능성을 높이는 데 기여한다. 이를 통해 창업자는 시장 경쟁력을 확보하고 지속 가능한 성장을 도모할 수 있다.

(2) 소상공인 창업지원

소상공인 창업지원은 소규모 사업체를 운영하려는 창업자를 대상으로 하며 정부나 지방자치단체에서 주관한다. 이 프로그램은 자금지원뿐만 아니라 교육, 컨설팅, 마케팅 지원 등 다양한 서비스를 제공하여 창업자가 성공적으로 사업을 운영할 수 있도록 돕는다. 이는 대출 형태로 제공되는 경우가 많으며, 상환 조건이 유리해 창업자가 부담 없이 사업을 시작할 수 있는 것이 특징이다.

소상공인 창업지원 프로그램은 업계 전문가와의 네트워킹 기회를 마련하고, 창업자가 필요한 정보와 자료를 제공해 준다. 이를 통해 초기 실패 위험을 줄이고 창업자가 시장에 원활히 진입할 수 있도록 돕는다. 또한 이러한 지원은 자영업자들에게 실질적인 도움을 제공해

안정적인 사업 기반을 마련할 수 있게 한다.

(3) 대학생 창업동아리 지원 프로그램

대학생 창업동아리 지원 프로그램은 대학생들이 창업 아이디어를 발전시키고 이를 실제 사업으로 연결할 수 있도록 돕는 프로그램이다. 대학이나 정부, 민간단체가 협력하여 진행하며 창업에 필요한 교육과 멘토링을 제공한다. 학생들은 사업계획서를 작성하고 발표하며 이를 통해 창업 역량을 키울 수 있다.

이 프로그램은 창업동아리 활동에 필요한 자금을 지원하여 학생들이 창의적인 아이디어를 현실로 구현할 기회를 제공해 준다. 창업 경험은 학생들의 진로 선택과 직업 결정에도 긍정적인 영향을 미치며 창업 생태계로 자연스럽게 진입할 수 있도록 돕는다. 이를 통해 학생들은 사회적 기업가 정신을 함양하고 지속 가능한 비즈니스를 운영할 가능성을 높인다.

창업지원 사업은 창업자가 초기 자금 부담을 덜고 성공적인 사업 운영 기반을 마련하는 데 중요한 역할을 한다. 각 프로그램의 특성과 조건을 면밀히 검토하고, 자신의 상황에 적합한 지원을 선택하는 것이 필요하다.

사업체 설립과 운영관리

4장 사업체 설립과 운영관리

1. 사업체 설립 및 절차

1) 사업 형태 결정

창업을 위한 사업 형태는 법적 책임, 세금, 운영 방식, 자본 조달 방식 등 여러 요소에 따라 달라지기 때문에 신중하게 선택해야 한다. 사업 형태의 결정은 단순히 법적 구조를 선택하는 것을 넘어 사업의 비전, 목표, 전략과도 깊이 연관되어 있다. 각 형태의 장단점을 잘 이해하고 자신의 사업 아이디어와 목표에 맞는 형태를 선택하는 것이 중요하다. 필요한 경우 전문가의 상담을 받는 것도 좋은 방법이며 초기 단계에서 충분한 조사를 통해 신중하게 결정하는 것이 바람직하다.

(1) 개인사업자

개인사업자는 가장 간단하고 일반적인 사업 형태이다. 개인이 단독으로 사업을 운영하며 사업의 모든 수익과 손실을 개인이 책임지는 구조이다. 이 형태의 장점은 설립이 쉽고 빠르며, 초기 비용이 적고 세무 처리도 간단하다는 점이다. 사업자 등록만으로 시작할 수 있어 초기 진입장벽이 낮다. 그러나 단점으로는 모든 법적 책임이 개인에게 귀속되므로 사업 실패 시 개인 자산이 위험에 처할 수 있다. 또한 자본 조달이 제한적이며 사업 규모가 커질수록 운영의 복잡성이 증가할 수 있다.

(2) 법인사업자

법인사업자는 주식회사 형태로, 여러 주주가 자본을 출자하여 운영된다. 개인 자산을 보호할 수 있는 장점을 가지며, 주식을 통해 투자자를 모집할 수 있어 자본 조달이 용이하다. 대규모 사업 운영에 적합하며 기업의 인지도가 높아져 외부 거래처와의 신뢰를 구축하기에도 유리하다. 그러나 설립 과정이 복잡하고 초기 설립비용이 상대적으로 높다. 정기적인 회계감사 및 보고 의무가 있으며 주주 간 갈등이나 의사결정 과정에서의 복잡성도 고려해야 한다.

(3) 유한회사

유한회사는 주식회사와 유사하지만, 주주 수가 제한적이고 책임이 출자액으로 한정된다. 개인 자산 보호가 가능하며 주식회사보다 설립 절차가 간단하고 운영관리가 용이하다. 그러나 자본 조달 측면에서는 주식회사보다 어려운 점이 있을 수 있으며 법적 책임 범위가 제한적이기 때문에 사업 규모가 커지면 적합하지 않을 수 있다.

(4) 협동조합

협동조합은 회원들이 공동으로 소유하고 운영하는 형태이다. 회원의 참여와 협력을 바탕으로 안정적인 운영이 가능하며 이익을 회원들과 공유한다. 협동조합은 사회적 책임을 강조하며 공동체의 이익을 위해 설립되는 경우가 많다. 그러나 의사결정 과정이 복잡하고 모든 회원의 의견을 반영해야 하므로 신속한 결정이 어려울 수 있다. 초기 설립 시 명확한 규정과 운영 방침을 설정하는 것이 중요하다.

(5) 비영리단체

비영리단체는 이익을 추구하지 않고 사회적 목적을 위해 설립된 단체이다. 사회적 기여도가 높으며 기부금이나 정부 지원을 받을 기회가 많다. 그러나 수익 창출이 어려운 구조이며 운영에 대한 규제가 많아 자금 관리 및 운영의 복잡성이 증가할 수 있다. 정기적인 보고 의무와 법적 요건을 충족해야 하며 운영의 투명성을 유지하는 것이 중요하다.

(6) 기타 사업 형태

최근 창업자들은 다양한 형태의 사업체를 고려하고 있다. 예를 들어, 사회적 기업은 사회적 가치 창출과 수익을 동시에 추구하며, 'B-Corp(Benefit Corporation) 인증'을 통해 사회적 책임을 증명하기도 한다. 프랜차이즈 사업은 기존 성공 사례를 기반으로 창업할 수 있는 방식으로 안정성과 수익성을 기대할 수 있지만, 초기 투자비용이 높을 수 있다. 또한 디지털 기술의 발달로 플랫폼 기반 사업모델이 늘어나며 이를 통해 전통적인 사업운영방식과 차별화된 접근을 시도할 수도 있다.

사업 형태의 결정은 창업 초기의 가장 중요한 단계 중 하나로 사업의 성공 여부에 큰 영향을 미친다. 따라서 자신의 비즈니스 모델, 자본 상황, 성장 전략에 맞는 형태를 선택해야 하며 관련 법규와 규제를 철저히 검토한 후 결정을 내려야 한다.

2) 창업공간 선정

창업공간을 선정할 때는 사업목적과 형태에 따라 여러 요소를 신중히 고려해야 한다.

첫째로, 위치는 사업 형태에 따라 성공에 중대한 영향을 미치는 요소 중 하나로 고객이 쉽게 접근할 수 있으면서 주차가 용이한 장소여야 한다. 인구 밀집 지역이나 상업 지역에 위치하는 것이 좋다. 유동

인구가 많은 거리나 쇼핑몰 근처는 고객유치에 유리하지만, 경쟁업체와의 거리를 파악하는 것도 중요하다. 너무 가까운 곳에 경쟁업체가 있을 경우 고객유치에 어려움을 겪을 수 있으므로 주변의 상업적 환경과 소비자 행동을 분석하여 최적의 위치를 선정해야 한다.

둘째로, 비용 역시 창업 공간 선정에서 빼놓을 수 없는 요소이다. 적절한 예산 설정이 필수적이며, 임대료는 전체 운영비용의 큰 부분을 차지한다. 초기 비용뿐만 아니라 관리비, 공과금, 보험료 등 추가 비용도 미리 계산해야 한다. 이러한 비용을 명확히 예측하고 예상 수익과 비교하여 사업의 지속 가능성을 평가해야 한다.

셋째로, 공간의 크기 및 구조를 고려해야 한다. 사업의 종류에 따라 요구되는 면적이 다르므로 공간이 적당히 넓고 구조가 사업 운영에 적합한지 확인해야 한다. 소매업체는 고객이 자유롭게 제품을 확인할 수 있도록 넓은 전시 공간이 필요하며, 서비스업종의 경우에는 고객과의 상담 공간이나 대기 공간이 중요할 수 있다. 이러한 점을 신중히 검토하여 선택해야 한다.

넷째로, 법적 측면도 매우 중요하다. 임대 계약의 조건을 정확히 이해하고 계약서에 기재된 내용을 세심하게 검토해야 한다. 보증금, 계약 기간, 해지 조건 등 다양한 요소를 신중하게 따져보아야 하며 필요한 경우 전문 변호사의 도움을 받는 것도 좋은 방법이다. 또한 업종별로 필요할 수 있는 허가증이나 신고 절차를 사전에 알아보는 것이 필요하다. 이를 통해 법적 문제를 미연에 방지하고 안정적인 사업 운영을 할 수 있다.

다섯째로, 주변 환경도 중요한 요소로 고려해야 한다. 해당 지역의 안전성을 파악하고 고객이 방문하기에 적합한 환경인지 평가해야 한다. 범죄율이 낮고 안전한 지역이 이상적이며, 고객이 편안하게 방문할 수 있는 분위기를 조성하는 것이 중요하다. 또한 주변에 주차 공간이 충분한지도 확인하여 고객의 접근성을 높이는 것도 좋은 전략이다.

이러한 다양한 요소들을 종합적으로 고려하여 창업공간을 선정하면 사업의 성공 가능성을 높이고 안정적인 성장을 이룰 수 있다. 적절한 공간 선정은 초기 투자비용을 효율적으로 관리하고 고객의 만족도를 극대화하여 장기적인 비즈니스 성과에 긍정적인 영향을 미칠 수 있다.

3) 사업체 설립 및 절차

(1) 개인 사업자등록증 신청

개인 사업자등록증은 사업의 합법성을 증명하고 세무신고 및 금융거래를 원활히 진행하기 위해 필요하다.

개인 사업자등록증을 신청하기 전에 우선 사업의 종류와 계획을 세우고 사업장 위치를 결정한다. 그다음 국세청의 개인 사업자등록증 신청서를 내려받아 작성하거나 관할 세무서에 방문해 비치된 신청서를 사용하면 된다. 신청서에는 사업자명, 사업장 주소, 업종, 대표자 성명 등의 정보를 기입하여 제출하면 된다.

신청 시 필요한 서류는 가장 기본적으로 신분증이 필요하다. 주민등록증이나 운전면허증 등 본인을 증명할 수 있는 신분증을 준비해야 한다. 두 번째로 사업장 임대차계약서가 필요하다. 임차인은 사업을 운영할 장소에 대한 임대차계약서 사본을 제출하고, 사업장이 자가일 경우에는 소유 증명서나 등기부 등본을 제출해야 한다. 업종에 따라 추가 서류가 요구될 수 있는데, 특정 업종의 경우 관련 허가증이나 신고서가 필요할 수 있으니 사전에 확인해야 한다.

신청 시 유의해야 할 사항은 사업을 시작한 후 1개월 이내에 등록해야 하며, 이를 초과하면 과태료가 부과될 수 있다. 신청서의 정보가 정확해야 하므로 잘못된 정보가 기재된 경우 수정이 필요하거나 사업자등록증 신청이 거절될 수 있다.

개인 사업자등록증 신청 후 발급 소요시간은 일반적으로 신청 후 빠르면 당일, 늦어도 1~2일 이내에 사업자등록증을 발급받을 수 있다. 세무서에 직접 방문하여 신청할 경우 필요한 서류가 모두 준비되어 있다면 신청 후 즉시 발급받을 수 있다. 국세청 홈택스를 통해 온라인으로 신청할 경우에는 신청 후 1~2일 이내에 발급된다. 필요한 경우 추가 서류 요청이 있을 수 있으니 이 점 유의해야 한다. 따라서 일반적으로는 신청 후 빠르면 당일, 늦어도 1~2일 이내에 사업자등록증을 발급받을 수 있다.

(2) 법인 사업자등록증 신청

사업을 시작하기 전에 시장조사, 경쟁 분석, 타깃 고객 정의 등을 통해 사업 아이디어를 구체화해야 한다. 예를 들어, 시장조사 단계에서는 소비자 설문 조사나 기존 시장의 매출 데이터를 분석할 수 있으며, 경쟁 분석 단계에서는 유사 제품 또는 서비스를 제공하는 경쟁업체의 강점과 약점을 평가하는 방식으로 진행한다. 타깃 고객 정의는 연령대, 소득 수준, 선호도 등을 기준으로 구체적으로 설정하는 것이 중요하다. 이후 수행 능력 및 적합성 평가, 사업의 시장성 평가, 사업의 안정성 평가, 수익성 평가를 통해 사업 타당성 분석을 실시하고, 사업 아이템을 확정한 후 사업계획서를 작성해야 한다. 이후 사업장 선정과 임대차계약서 작성이 완료되면 사업자등록증 신청을 진행하면 된다.

법인 사업자등록증을 신청하기 위해서는 먼저 법인 설립등기 절차를 완료해야 한다. 법인을 설립하려면 기본적으로 법인 이름, 사업목적, 임원 및 주주 구성, 주소지 등을 결정하고, 법인정관, 발기인 회의록, 조사보고서, 주주명부, 취임승낙서, 법인 인감신청서, 설립신청서를 준비해야 한다. 법인 이름은 반드시 한글로 표기해야 하며, 동일한 관할구역 내에서 같은 이름을 사용할 수 없다. 이는 법인의 고유성을 보장하고 소비자와 이해관계자에게 혼란을 주지 않기 위한 규정이다. 상호를 정할 때는 사업목적과 업무에 맞게 창의적이고 차별화된 이름을 선택하여 법인의 이미지를 효과적으로 전달할 필요가 있다.

사업목적은 법인이 수행할 사업의 목적을 명확히 정의해야 한다. 일반적으로 5개에서 10개 정도의 사업목적을 기록하며, 향후 계획 중인 사업도 포함하는 것이 좋다. 명확한 사업목적은 법인의 방향성을 정하고 이해관계자들에게 투명성을 제공한다. 또한 사업목적은 투자자와 고객에게 법인의 비전과 목표를 효과적으로 전달하는 중요한 요소이다.

법인의 소재지는 신중하게 결정해야 한다. 법인의 공식 주소는 모든 법적 문서와 통신에서 사용되며, 여러 가지 법적 및 세무적 요건에 영향을 미칠 수 있다. 사업 활동의 편의성과 접근성 그리고 법인의 신뢰성 및 이미지에도 영향을 미치는 중요한 요소이다. 예를 들어, 주요 고객과의 접근성을 고려하거나 세제 혜택이 있는 지역을 선택할 수 있다.

자본금은 적절히 설정해야 한다. 과거에는 최소 자본금에 대한 규제가 있었으나, 현재는 이를 폐지하여 기업의 필요에 맞게 자본금을 설정할 수 있다. 사업의 규모와 운영 전략에 따라 적절한 자본금을 설정해야 한다. 예를 들어, 초기 단계에서는 최소한의 운용 자금과 예상되는 초기 비용을 기준으로 자본금을 설정할 수 있다. 자본금은 투자자들에게 신뢰도를 높이는 지표로도 작용한다.

법인의 주당 주식 가격은 신중히 결정해야 한다. 주식 가격은 최소 100원 이상으로 설정해야 하며, 이는 법인의 자본 구조를 정의하는 중요한 요소이다. 주식 가격은 투자자들에게 신뢰를 주는 지표가 되며, 법인의 재무적 건전성을 판단하는 기준이 되므로 주당 금액은 신중히 결정해야 한다.

　법인의 임원 및 주주 구성을 신중하게 해야 한다. 법인 설립을 위해 최소한 한 명의 주주와 임원이 필요하다. 임원의 역할과 책임은 법인의 경영 방식에 큰 영향을 미치며, 이들의 전문성과 경험은 법인의 성장 가능성에 중요한 요소로 작용한다.

　법인 도장을 만들어 등록해야 한다. 법인의 공식 문서에서 필수적으로 사용되는 법인 도장을 만들어 등록해야 한다. 법인 도장은 법인의 정체성을 나타내며, 공식적인 계약서나 문서에 사용된다.

　이러한 기본 사항이 확정되면 법인설립등기를 신청할 수 있다. 신청은 직접, 대리인 또는 온라인을 통해 할 수 있으나 법무사를 통해 대행하면 시간과 노력을 절약할 수 있다. 법인설립등기 신청에 필요한 서류로는 설립등기신청서, 법인정관, 발기인 회의록, 조사보고서, 주주명부, 주식인수증, 취임승낙서 그리고 법인 인감신청서, 법인 인감도장, 법인 인감증명서, 임원의 주민등록등본, 잔고증명서, 등록면허세 영수필 확인서 등이 있다. 설립등기신청서에는 법인의 상호, 자본금, 주소, 사업목적 등 기본 정보가 포함되어야 하며, 법인정관은 법인의 운영 규칙을 담고 발기인 전원의 서명이 필요하다. 발기인 회의록에는 발기인 간의 논의 내용이 기록되어야 하고, 조사보고서는 법인 설립과 관련된 조사 결과를 포함해야 한다. 주주명부는 주주들의 정보와 지분을 명시하며, 주식인수증은 발기인이 주식을 인수했음을 증명한다. 취임승낙서는 임원이 직책을 수락했음을 나타낸다. 서류 작성 시 법적 요건을 충족하도록 주의하며, 오류 발생을 방지해야 한다.

모든 서류가 준비되면 법인 소재지 관할 법원 등기소에 법인설립등기 신청서를 제출하면 된다. 등기관이 서류를 검토하여 적합성을 판단하고, 문제가 없으면 1~2주 이내에 법인이 정식으로 등록된다. 이 과정에서 서류에 오류가 있을 경우 시간이 지연될 수 있으므로 철저히 검토해야 한다.

법인설립등기가 완료되면 법인 사업자등록증을 신청할 수 있다. 법인 사업자등록증은 법인의 세무적 등록을 증명하는 문서로 법인 설립의 마지막 단계이다. 이 신청은 관할 세무서에 직접 방문하거나 대리인 또는 온라인으로 신청할 수 있으며, 3일 이내에 발급된다. 법인 사업자등록증 신청에 필요한 서류로는 사업자 등록신청서, 법인 인감증명서 및 법인 인감도장, 대표자 신분증, 정관 사본, 주주명부, 임대차계약서 사본 등이 있다.

법인 설립등기와 사업자등록을 모두 포함한 전체 소요 기간은 준비 서류와 신청 상황에 따라 변동될 수 있으나, 일반적으로 전 과정은 2주에서 3주 정도 소요될 수 있다. 소요 기간을 단축하려면 필요한 서류를 미리 정확히 준비하고, 온라인 신청 시스템을 적극적으로 활용하는 것이 유리하다. 특히 법무사를 통해 대행할 경우 서류 작성 및 제출 과정에서 발생할 수 있는 오류를 줄이고 시간을 절약할 수 있다.

4) 인·허가 및 신고

창업 시 인·허가는 사업을 운영하기 위해 반드시 거쳐야 하는 법적 절차로 사업의 유형에 따라 필요하거나 필요 없는 경우가 있어 사업체마다 인·허가가 다르다. 인·허가는 사업의 합법성을 보장하고 소비자와 사회에 대한 책임을 다하기 위해 필수적이다. 인·허가 신청 및 취득 과정은 복잡할 수 있는데 각 단계에서 필요한 서류와 규정을 정확히 이해하는 것이 중요하다.

일반적으로 인·허가의 종류는 사업허가, 영업 신고, 환경 관련 인·허가 등이 있다. 특히 식품을 다루는 사업의 경우 식품위생법에 따라 사업허가를 받아야 하며 음식점, 카페, 주점 등은 위생 기준을 충족해야 한다. 이를 위해 식품 위생교육을 이수한 후 허가 신청을 진행해야 한다. 이때 필요한 서류로는 사업계획서, 위생 관련 서류, 임대차계약서, 사업자등록증 등이 포함된다.

영업 신고는 일부 업종에서만 필요하며, 소매업이나 일반 서비스업의 경우 사업자등록증만으로 사업을 시작할 수 있다. 이 경우 별도의 인·허가 절차는 필요하지 않지만, 해당 지역의 조례나 규정에 따라 신고를 해야 할 수도 있다. 특정 지역에서는 영업시간을 제한하거나 특별한 조건을 부여할 수 있으므로 지역 규제를 철저히 확인해야 한다.

의료기관, 교육기관, 금융업체와 같은 특정 업종은 관련 법률에 따라 별도의 인·허가를 받아야 한다. 이들 업종은 공공의 안전과 직결되기 때문에 더욱 엄격한 규제를 받는다. 의료기관은 보건복지부의 인·허가를 받아야 하며, 교육기관은 교육부의 승인을 필요로 한다. 이러한 인·허가는 사업자가 준수해야 할 규정과 기준을 명확히 하여 서비스의 질을 높이고 소비자를 보호하는 데 목적이 있다.

환경 관련 인·허가는 환경에 영향을 미치는 사업에 필요하다. 제조업체의 경우 대기오염물질 배출 허가, 폐수 배출 허가 등을 받아야 한다. 이러한 인·허가는 환경부나 지방자치단체에 신청하며 사업이 환경에 미치는 영향을 최소화하기 위한 환경기준을 충족하는 시설을 갖추고 정기적으로 모니터링을 해야 한다.

인·허가 절차는 일반적으로 몇 가지 단계로 나눌 수 있다.

첫 번째 단계는 사전 준비이다. 사업 유형에 따라 필요한 인·허가 사항을 미리 조사하고 관련 법령과 규정을 확인한 후 필요한 서류를 준비한다. 이 과정에서 법률 전문가나 회계사와 상담하여 인·허가 절차를 명확히 이해하고 필요한 서류를 빠짐없이 준비하는 것이 중요하다.

두 번째 단계는 신청서 제출이다. 관할 행정기관에 인·허가 신청서를 제출하며, 이때 필요한 서류는 업종에 따라 다르다. 일반적으로 사업계획서, 신분증, 임대차계약서, 위생 관련 서류 등이 포함된다. 신청서를 제출한 후에는 해당 기관에서 심사 및 검토가 이루어진다. 이 과정에서 추가 자료를 요구하거나 식품 관련 사업의 경우 위생 상태

점검을 위해 현장 점검이 실시될 수 있다.

세 번째 단계는 인·허가 결정이다. 심사 결과에 따라 인·허가가 승인되거나 거부될 수 있다. 승인될 경우 인·허가증이나 등록증이 발급되어 합법적으로 사업을 운영할 수 있게 된다. 거부될 경우 그 이유를 확인하고 필요한 조치를 취한 후 재신청할 수 있다.

마지막으로 사후 관리 단계에서는 인·허가를 받은 후에도 법적 요건과 규정을 지속적으로 준수해야 한다. 정기적인 점검이나 갱신이 필요한 경우가 있으며, 이를 소홀히 할 경우 인·허가가 취소될 수 있다. 따라서 사업 운영 중에도 지속적으로 규정을 확인하고 필요한 조치를 취하는 것이 중요하다.

2. 마케팅 및 홍보 활동

창업 초기에는 당사자가 직접 마케팅 전략을 수립하고 실행하는 경우도 있지만, 일반적으로 사업 초기에는 홍보에 집중해야 하므로 크고 작은 마케팅 업체를 활용하는 경우가 많다. 마케팅 업체는 고객이 의뢰한 제품이나 서비스의 홍보와 판매촉진을 위해 다양한 마케팅 기법과 전략을 활용한다. 이 과정에서 시장조사, 브랜드 전략 수립, 광고 캠페인 기획, 디지털 마케팅 실행, 소셜 미디어 관리 등의 활동이 이루어진다.

창업 당사자가 직접 마케팅을 진행하거나, 혹은 마케팅 업체에 의뢰하여 작업을 진행하는 경우에도 일반적으로 다음과 같은 단계적 마케팅 활동이 필요하다. 각 단계에서 수행되는 주요 활동을 상세히 살펴보자.

시장조사는 소비자 행동 분석, 시장 트렌드 분석, 경쟁사 분석 등을 통해 고객의 요구를 파악하고 제품의 시장 가능성을 평가하는 데 필수적인 과정이다. 소비자 행동 분석은 고객이 어떤 이유로 제품을 구매하는지, 어떤 요소가 구매 결정에 영향을 미치는지를 이해하는 데 중점을 둔다. 시장 트렌드 분석은 현재와 미래의 소비자 요구를 예측하는 데 도움을 주며 변화하는 시장환경에 적절히 대응할 수 있게 한다. 경쟁사 분석은 경쟁사의 강점과 약점을 파악하여 자사의 차별점을 찾는 과정으로 자사의 포지셔닝을 결정하는 데 중요한 역할을 한다. 이러한 시장조사를 통해 기업은 고객의 요구를 명확히 이해하고 효과적인 마케팅 전략을 수립할 수 있다.

브랜드 전략 개발은 사업체의 비전과 목표에 따라 브랜드 아이덴티티 및 포지셔닝을 설정하고 소비자와의 관계를 강화하는 데 중요한 역할을 한다. 브랜드 아이덴티티는 브랜드의 핵심 가치, 미션, 비전 등을 명확히 정의하여 소비자에게 어떤 이미지를 전달할지를 결정한다. 브랜드 포지셔닝은 경쟁사와의 차별점을 강조하여 소비자가 브랜드를 어떻게 인식하길 원하는지를 정의하는 과정이다. 이러한 전략은 소비자의 요구와 시장 트렌드를 반영하여 개발되어야 하며 이를 통해 소비자와의 관계를 구축하고 장기적인 충성도를 유도할 수 있다.

광고 캠페인 기획 및 실행은 TV, 라디오, 인쇄 매체, 온라인 등 다양한 채널을 활용하여 목표 시장에 맞는 메시지를 전달하는 과정이다. 첫 단계로 광고 목표와 타깃 고객을 명확히 설정하고 각 채널의 특성과 소비자의 선호를 고려하여 적절한 콘텐츠를 개발한다. TV와 라디오는 시청각적 요소를 활용하여 감정적으로 연결하고, 인쇄 매체는 구체적인 정보와 시각적 효과로 주목을 끌 수 있다. 온라인 채널은 소셜 미디어와 검색 엔진 광고 등을 통해 세분화된 타깃팅이 가능하며 소비자와의 직접적인 상호작용을 유도한다. 캠페인 실행 후에는 성과를 분석하여 효과적인 전략을 유지하고 필요한 경우 조정이 필요하다.

디지털 마케팅은 소셜 미디어, 검색 엔진 최적화(SEO), 이메일 마케팅, 콘텐츠 마케팅 등을 활용하여 온라인에서 브랜드의 가시성을 높이는 전략이다. 소셜 미디어는 브랜드와 소비자가 직접 소통할 수 있는 플랫폼으로 고객의 참여를 유도하고 관계를 강화하는 데 효과적이다. 검색 엔진 최적화는 웹사이트의 검색 엔진 순위를 높여 유기적인 트래픽을 증가시키며, 이메일 마케팅은 고객에게 직접 메시지를 전달하여 제품이나 서비스를 홍보하고 재구매를 유도한다. 콘텐츠 마케팅은 유익하고 흥미로운 콘텐츠를 제작하여 소비자의 관심을 끌고 브랜드 인식을 높이는 역할을 한다.

성과 분석 및 보고는 마케팅 캠페인의 효과를 측정하고 분석하여 전략을 조정하거나 향후 캠페인에 반영하는 중요한 과정이다. 이 단계에서는 핵심성과지표(KPI)를 설정하고 광고의 도달률, 클릭률, 전환율 등의 데이터를 수집한다. 수집된 데이터를 기반으로 캠페인의 강점과 약점을 분석하고 어떤 요소가 효과적이었는지를 평가한다. 분석결과는 보고서를 통해 사업주와 이해관계자에게 전달되며 향후 마케팅 전략을 개선하는 데 기초 자료로 활용하면 된다.

1) 무료 디지털 마케팅 도구 활용

창업 초기에는 금액적으로 부담돼 규모 있는 마케팅 업체를 활용하기 어려운 경우가 많다. 이때는 무료 또는 최소비용으로 가능한 마케팅 및 홍보 활동을 적극적으로 활용하는 것이 중요하다. 필자의 경험을 얘기하자면, 대부분 소상공인과 자영자들은 '돈', '시간', '사람'이 부족한 경우가 많으므로 직접 배워 수행해 보거나 소규모 디지털 마케팅 업체도 잘만 선택한다면 가성비 대비 규모 있는 업체 못지않은 능력과 효과를 볼 수 있어 잘 찾아보고 선택해 진행하길 권한다.

구글 트렌드와 SNS 해시태그는 소비자 행동과 시장 트렌드를 파악하는 데 유용한 도구이다. 구글 트렌드는 특정 키워드의 검색량 변화를 분석하여 계절적 트렌드와 관심 분야를 확인할 수 있다. SNS 해시태그는 사용자들이 어떤 주제와 콘텐츠에 반응하는지 실시간으로 파악할 수 있어, 트렌드와 관심사를 이해하고 관련된 콘텐츠를 제작하는 데 효과적이다.

경쟁사의 웹사이트와 소셜 미디어를 분석하는 것도 유용한 방법이다. 이를 통해 경쟁사의 마케팅 전략과 제품 특성을 파악하고 자사의 시장 내 위치를 비교해 차별화 전략을 세울 수 있다. 경쟁사의 성공 사례와 부족한 점을 참고해 개선 방향을 설정하면 더욱 효과적이다.

무료 설문 조사 도구인 구글폼(Google Forms)을 활용하면 고객 의견을 손쉽게 수집할 수 있다. 이를 통해 소비자 니즈를 보다 구체적으로 파악하고, 데이터 기반의 마케팅 전략을 수립할 수 있다. 예를 들어, 고객이 원하는 제품 기능이나 서비스 개선 사항을 설문 조사를 통해 확인한 뒤 이를 반영하면 신뢰를 높이고 고객 만족도를 향상시킬 수 있다.

캔바(Canva)는 누구나 손쉽게 고품질 디자인을 만들 수 있는 무료 도구로 브랜드 전략 강화에 효과적이다. 로고, 포스터, 소셜 미디어 콘텐츠 등 다양한 템플릿을 활용해 일관된 디자인을 제작할 수 있으며, 이를 통해 브랜드 정체성을 명확히 전달할 수 있다. 또한 직원 간 협업 기능을 통해 실시간으로 디자인을 공유하고 수정할 수 있어 효율적이다. 소셜 미디어용 콘텐츠를 사전 제작해 플랫폼에 최적화된 자료를 제공함으로써 고객과의 소통도 강화할 수 있다. 캔바는 특히 창업자나 소규모 비즈니스업이 비용 부담 없이 전문적인 브랜드 이미지를 구축하는 데 유용한 도구이다. 쉽고 빠르게 브랜드 일관성을 유지하며 시각적 자료를 제작할 수 있다는 점에서 큰 강점을 가진다.

디지털 마케팅 환경에서 데이터 분석은 캠페인의 성공 여부를 판단하고 전략을 수립하는 데 핵심적인 역할을 한다. 구글 애널리틱스(Google Analytics)와 소셜 미디어 인사이트는 이러한 분석을 효과적으로 수행하기 위한 대표적인 도구이다. 구글 애널리틱스는 웹사이트 방문 데이터를 분석하는 데 사용되며 방문자의 유입 경로, 체류 시간, 전환율 등을 확인할 수 있다. 이를 통해 어떤 채널이 가장 효과적인지 파악하고 사용자 경험을 개선하기 위한 데이터를 얻을 수 있다. 예를 들어, 특정 캠페인 페이지의 이탈률이 높다면 콘텐츠나 디자인을 조정하여 개선할 수 있다.

소셜 미디어 인사이트는 페이스북, 인스타그램, 트위터 등 주요 플랫폼에서 게시물의 도달 범위와 참여도(좋아요, 댓글, 공유), 팔로워 증가 추세 등을 분석하는 데 활용된다. 특정 게시물이 높은 참여율을 기록했다면 유사한 콘텐츠를 추가로 제작해 소셜 미디어에서의 영향력을 확대할 수 있다.

창업자는 이러한 방법들을 습득하고 활용해 초기 자원 부족 상황에서도 효과적인 마케팅과 홍보를 수행할 수 있으며 디지털 마케팅 업체를 활용하더라도 창업자 자신이 이런 기법들을 어느 정도 알아야 올바른 의사결정을 내려 마케팅 효과를 극대화할 수 있다. 중요한 것은 시간과 노력을 투자해 꾸준히 활동하는 것이 성공의 열쇠라 할 수 있다.

그렇다면 초기 자원 부족 상황에서도 최소비용으로 최적화된 마케팅 및 홍보 활동을 진행할 수 있도록 온라인 마케팅과 오프라인 마케팅으로 구분하여 자세히 살펴보자.

2) 온라인 마케팅

온라인 마케팅은 인터넷을 활용하여 제품이나 서비스를 홍보하고 판매하는 전략으로 '돈', '시간', '사람'이 부족한 소상공인과 자영업자들에게 가장 유용한 마케팅이라 할 수 있다. 핸드폰은 이런 디지털 마케팅에서 핵심적인 플랫폼으로 고객과 실시간으로 소통하고 맞춤형 콘텐츠를 전달하는 데 중요한 역할을 한다. 특히 창업 초기에는 제한된 자원을 효율적으로 활용하여 최대의 효과를 내는 것이 중요하다. 온라인 마케팅은 다양한 디지털 플랫폼과 도구를 통해 소비자와 연결되고, 브랜드 인지도를 높이며, 매출을 증대시키는 데 가장 적합한 전략으로 평가받는다.

소셜 미디어를 활용하면 적은 비용으로도 광범위한 대중에게 접근할 수 있다. 페이스북, 인스타그램, 트위터 같은 플랫폼을 통해 광고, 프로모션, 이벤트를 진행하며 고객과의 상호작용을 통해 신뢰를 형성할 수 있다. 또한 블로그를 운영해 전문 지식을 공유하고 검색 엔진 최적화를 통해 유기적인 트래픽을 유도하는 것도 효과적이다. 예산이 제한된 경우 소규모로 시작하여 데이터 분석을 통해 점진적으로 예산을 확대하는 검색 엔진 광고 전략을 활용할 수 있다.

효율적인 온라인 마케팅을 위해서는 검색 엔진, 소셜 미디어, 콘텐츠 마케팅, 이메일 마케팅 등 다양한 채널과 기법을 통합적으로 운영하는 것이 필수적이다. 이를 통해 각 채널의 강점을 극대화하고 서로 보완적인 역할을 할 수 있도록 전략을 설계하기 위해 다음과 같은 온라인 마케팅 기법들을 활용해 보기 바란다.

- 검색 엔진 마케팅

검색 엔진 마케팅(SEM, Search Engine Marketing)은 유료 광고와 검색 엔진 최적화를 통해 검색 결과 상위에 노출되도록 하는 전략이다. 유료 광고는 특정 키워드에 대한 광고를 통해 빠르게 검색 결과 상단에 노출되며 클릭당 비용으로 과금된다. 검색 엔진 최적화는 웹사이트와 콘텐츠를 최적화하여 자연 검색 결과에서 상위에 노출되도록 유도한다. 필자가 컨설팅한 일산지역 발 관리 숍의 경우 '무좀 발 관리 전문'이라는 키워드로 광고를 집행하여 검색 엔진에서 상위 노출을 달성, 신규 고객 방문을 증가시켜 회원가입 및 매출 증대를 일으킨 경험이 있다. 이렇게 고객 반응을 분석하고 효과적인 키워드를 찾아 예산을 재배분하면서 매장 방문 고객을 증가시킬 수 있다. 특히 네이버 플레이스와 같은 플랫폼을 꼭 활용하면 지역 기반 고객들에게 브랜드와 서비스를 효과적으로 노출시킬 수 있다. 네이버 플레이스는 사업체 정보, 리뷰, 지도 등을 제공하여 소비자와의 연결성을 높이며, 특히 소규모 사업자들에게는 필수적인 도구로 자리 잡았다.

- 소셜미디어 관리

소셜 미디어는 브랜드 메시지를 전달하고 고객과의 소통을 강화하는 데 효과적인 플랫폼이다. 페이스북, 인스타그램, 트위터 등을 활용해 광고, 프로모션, 이벤트를 진행하고 해시태그 캠페인이나 댓글 소통을 통해 고객이 자발적으로 브랜드를 홍보하도록 유도할 수 있다. 예를 들어. 인지도가 없던 한 헬스복 브랜드는 인스타그램에서 고객의 스타일링 팁을 공유하고, 고객이 제품 착용 사진을 올리도록 유도해 브랜드 인지도를 높여 성공한 사례를 찾아볼 수 있었다.

그리고 카카오톡 등 메신저를 활용해 고객과의 소통을 강화하고, 이를 통해 신제품 출시, 이벤트, 프로모션 등을 알릴 수 있도록 해야 한다. 또한 당근마켓과 같은 지역 기반 플랫폼을 활용하면 근처 고객들과 효과적으로 연결될 수 있어 초기 자원 활용에 큰 도움을 줄 수 있다. 당근마켓은 특히 중고 물품 거래뿐 아니라 지역 밀착형 서비스나 제품을 홍보하거나 프로모션 또는 이벤트 행사에도 활용할 수 있는 강력한 도구로 자리 잡아가고 있다.

- 콘텐츠 마케팅

콘텐츠 마케팅은 고객의 관심을 끌고 신뢰를 구축하는 데 중요한 역할을 한다. 블로그, 유튜브, 인포그래픽 등 다양한 형식을 활용하여 고객의 문제를 해결하거나 흥미로운 정보를 제공함으로써 신뢰를 얻을 수 있다. 예를 들어, 한 뷰티 브랜드는 유튜브 채널을 통해 메이크업 튜토리얼, 제품 리뷰, 뷰티 팁 등을 공유하며 소비자의 관심을 끌고 브랜드 인지도를 강화한 사례를 찾아볼 수 있었다. 필자가 컨설팅한 일산지역 네일숍의 경우 블로그를 통해 네일아트 트렌드, 관리 방법 등 유용한 정보를 제공하고 계절별 인기 네일 디자인이나 특별한 행사에 맞춘 네일 스타일을 소개함으로써 방문자들의 관심을 끌 수 있었다. 그리고 고객이 받은 네일아트의 사진과 후기를 블로그에 게시하여 신뢰성을 높이는 한편, 잠재 고객이 실제 서비스의 질을 확인할 수 있도록 해 신규 방문 고객을 늘리고 매출을 증가시킬 수 있었다. 또한 숏츠와 같은 짧은 동영상 콘텐츠를 활용하면 간결하면서도 강렬한 메시지 전달이 가능하다. 짧은 시간 안에 고객의 관심을 끌기 위해 창의적이고 재미있는 콘텐츠를 활용하면 좋은 결과를 얻을 수 있다.

- 이메일 마케팅

이메일 마케팅은 고객과의 지속적인 관계를 유지하는 데 효과적이다. 뉴스레터, 프로모션 정보를 개인화하여 고객에게 발송함으로써 재구매를 유도할 수 있다. 예를 들어, 한 온라인 쇼핑몰은 매주 새로운 제품과 할인 정보를 담은 뉴스레터를 발송하여 고객의 충성도를 높이고 있다. 필자의 사례를 얘기하자면, 많은 고객은 잦은 대화와 만남에도 우리 회사에 대해 잘 모르는 경우가 많으므로 시장 동향, 신제품, 기존 제품의 활용성 등 자체 뉴스레터를 작성해 주기적으로 발송해 회사 인지도를 높여온 경험이 있다. 이렇게 맞춤형 메시지와 자체 정보를 담은 뉴스레터를 이메일로 발송하면 우리 회사가 무엇을 취급하고 공급하는지를 상기시켜 고객의 니즈를 미리 파악하고 최적의 솔루션을 제공해 좋은 결과를 얻는 경우가 많았다.

- 온라인 광고

온라인 광고는 다양한 광고 채널을 통해 소비자에게 접근하는 중요한 방법이다. 배너 광고, 검색 광고, 소셜 미디어 광고 등을 포함하는 데 각 채널의 특성과 타깃층에 맞춘 전략이 필요하다. 예를 들어, 배너 광고는 시각적인 요소를 강조하여 브랜드 인지도를 높이는 데 적합하고, 검색 광고는 특정 키워드를 기반으로 구매 의향이 높은 고객을 유도하는 데 효과적이다. 소셜 미디어 광고는 정교한 타깃팅 옵션과 고객과의 상호작용 기능을 통해 더 깊은 관계를 형성할 수 있다.

클릭률, 전환율 등 광고 성과 데이터를 지속적으로 분석하고, 효과가 높은 광고에 집중하며, 낮은 효율의 광고는 조정하거나 대체하여 효율성을 극대화해야 한다. 이를 통해 광고 예산을 효율적으로 활용하고 목표 달성률을 높일 수 있다. 데이터 기반의 광고 집행은 예산을 효율적으로 활용하고 목표 달성률을 높이는 데 매우 유용하다.

- 인플루언서 마케팅

인플루언서 마케팅은 관련 분야의 인플루언서와 협력하여 제품이나 서비스를 홍보하는 효과적인 방법이다. 인플루언서의 팔로워 기반을 활용하면 브랜드의 신뢰도를 높이고 인지도를 확장할 수 있다. 예를 들어, 뷰티 인플루언서를 통해 신제품을 홍보하면 팔로워들의 신뢰를 바탕으로 구매 전환율을 크게 높일 수 있다.

성공적인 인플루언서 마케팅을 위해서는 적합한 인플루언서를 선정하는 것이 중요하다. 브랜드와 잘 맞는 이미지와 가치관을 가진 인플루언서를 선택해야 하며 팔로워의 관심사와 활동 범위를 면밀히 분석해야 한다. 또한 인플루언서와의 협업 내용과 목표를 명확히 설정하고 그들이 창의적인 콘텐츠를 제작할 수 있도록 자율성을 부여하는 것이 효과적이다.

협업 후에는 성과를 측정하고 분석하여 전략을 개선해야 한다. 도달률, 클릭률, 전환율 등 핵심성과지표(KPI)를 평가하고, 이를 통해 향후 캠페인의 방향성을 설정할 수 있다. 이러한 과정을 통해 인플루언서 마케팅은 브랜드 성장의 강력한 도구로 자리 잡을 수 있어 적극적으로 추천한다.

이러한 온라인 마케팅은 단기적인 성과뿐만 아니라 장기적인 브랜드 아이덴티티 구축과 고객 신뢰 형성을 목표로 해야 한다. 고객의 요구를 이해하고 피드백을 반영하며 성과를 지속적으로 분석해 개선점을 찾아야 한다. 이러한 노력이 충성도 높은 고객층을 형성하고 브랜드의 지속 가능한 성장을 가능하게 한다.

3) 오프라인 마케팅

오프라인 마케팅은 초기 사업 단계에서 자금이 부족한 상태에서 사업 아이템과 브랜드를 효과적으로 홍보하고 고객을 유치하는 데 매우 유용한 마케팅 수단이다. 최근에는 디지털 마케팅이 대세로 자리 잡고 있지만, 사업체의 특성이나 지역 상권을 고려한 마케팅 전략이 필요하다면, 오프라인 마케팅만큼 빠르게 효과를 볼 수 있는 방법은 흔하지 않다.

- 전단지와 포스터 활용

전단지와 포스터를 활용한 지역 맞춤형 홍보이다. 전단지나 포스터 그리고 플래카드와 배너는 저렴한 비용으로 제작할 수 있으며 지역의 특성이나 문화에 맞춰 디자인하면 더욱 효과적이다. 예를 들어, 특정 지역의 축제나 행사와 연계하여 관련된 디자인을 사용하면 지역 주민들의 관심을 끌 수 있다. 이러한 자료들은 지역 커뮤니티 센터, 카페, 상점 등 사람들이 자주 방문하는 장소에 비치하면 가시성을 높일 수 있다. 전단지와 포스터에는 제품이나 서비스의 특징과 혜택, 특별 할인 정보 등을 간결하고 명확하게 기재하여 소비자의 관심을 유도하는 것이 중요하다.

- 체험 마케팅 활용

체험 마케팅은 고객에게 제품이나 서비스를 직접 체험할 기회를 제공하여 신뢰를 형성하는 효과적인 방법이다. 사람들은 직접 사용해본 제품에 대해 더 큰 신뢰를 가지는 경향이 있다. 이를 위해 임시 부스를 마련하거나 소규모 이벤트를 개최하여 사람들이 제품을 직접 사용해볼 수 있도록 해야 한다. 이러한 체험 기회는 소비자가 제품에 대한 이해를 높이고 브랜드에 대한 긍정적인 인식을 심어주는 데 큰 도움을 준다. 또한 이 과정에서 고객의 피드백을 수집하면 향후 마케팅 전략 수립에 유용한 데이터를 확보할 수 있다. 고객의 목소리를 직접 듣는 것은 제품 개선이나 서비스 향상에도 큰 도움이 된다.

- 바이럴 마케팅 활용

바이럴 마케팅은 초기 고객들에게 제품이나 서비스에 대한 긍정적인 후기를 남기도록 유도하고, 이를 소셜 미디어를 통해 공유하게 함으로써 자연스러운 입소문 효과를 창출하는 방법이다. 고객이 자신의 경험을 자발적으로 공유하도록 경품 이벤트나 할인 혜택을 제공하는 것도 좋은 전략이다. 특히 고객이 친구를 태그하거나 자신의 경험담을 작성하여 게시하도록 유도하면 효과가 배가된다. 이러한 방식은 상대적으로 낮은 비용으로 브랜드 인지도를 높일 수 있는 강력한 도구로 작용한다.

다양한 소셜 미디어 플랫폼을 적절히 활용하여 고객과의 소통을 강화하고, 그들의 피드백을 바탕으로 새로운 콘텐츠를 제작하거나 마케팅 메시지를 수정하면 신뢰도를 더욱 높일 수 있다. 이와 함께 고객이 제공한 실제 경험담을 마케팅 자료로 활용하여 더욱 설득력 있는 메시지를 전달하는 것도 효과적인 접근법이다.

- 지역 커뮤니티와 협력

지역의 소규모 비즈니스와 협력하면 상호 이익을 창출할 수 있다. 할인 쿠폰을 서로 교환하거나 공동 프로모션을 진행하면 비용을 절감하면서도 고객층을 확대할 수 있다. 이러한 협력은 각자의 고객 기반을 활용하고, 서로의 브랜드를 효과적으로 홍보하는 데 큰 도움이 된다. 이와 함께 지역 행사에 공동으로 참여하거나 이벤트를 함께 개최하는 것도 좋은 방법이다. 이를 통해 브랜드 가치를 높이고 고객들에게 더 다양한 선택지를 제공할 수 있다.

지역 커뮤니티와의 관계를 강화하기 위해 자선 행사나 지역 축제에 후원하거나 참여하는 것도 고려해볼 만하다. 이러한 활동은 지역 사회에 긍정적인 이미지를 심어주고 브랜드 충성도를 높이는 데 기여한다. 또한 지역 주민의 피드백을 받아 서비스나 제품을 개선하는 기회로도 삼을 수 있다.

- 개인적인 네트워킹 강화

개인적인 네트워킹은 브랜드의 초기 성장을 돕는 중요한 전략이다. 가족, 친구 등 기존 고객들과의 관계를 적극적으로 활용하여 제품이나 서비스를 직접 체험할 기회를 제공하고, 그들이 자발적으로 후기를 남기도록 독려하는 것이 효과적이다. 특히 긍정적인 피드백은 입소문 마케팅으로 이어질 수 있으며, 신뢰도 높은 추천은 새로운 고객을 유치하는 데 큰 역할을 한다.

또한 지역 사회와의 연결을 강화하기 위해 지역 행사에 참여하거나 행정 지원 프로그램을 활용하는 것도 좋은 방법이다. 이러한 활동은 브랜드의 가시성을 높이고 지역 주민들과의 유대감을 형성하는 데 기여한다. 단순한 비즈니스 관계를 넘어 진정성 있는 고객 관계를 구축하면 장기적으로 충성도 높은 고객층을 확보할 수 있다.

이런 오프라인 마케팅을 통해 창업자는 최소비용으로도 효과적인 마케팅 활동을 할 수 있다. 이러한 전략들은 창업자가 자원을 효율적으로 활용하여 고객과의 신뢰를 구축하며 브랜드 인지도를 높이고 판매출진에 큰 도움이 될 것이다.

3. 창업 준비 체크리스트 활용

창업 준비 체크리스트는 성공적인 창업을 위해 고려해야 할 여러 요소를 정리한 리스트로 사업을 시작하는 과정에서 체계적으로 계획하고 각 단계를 효과적으로 관리하고 실행하는 데 필수적인 도구이다.

성공적인 창업을 위해 체크리스트는 다음과 같은 주요 진단 항목들로 구성되어야 한다. 세부 항목은 이후 제공될 체크리스트 표에서 살펴볼 수 있다.

첫째, 사업 아이디어는 잘 개발되었는가?

사업 아이디어가 잘 개발되었는지 확인하는 것은 성공적인 창업의 핵심이다. 이를 위해 먼저 문제를 명확히 파악하고 고객이 필요로 하는 해결책으로 제안할 제품이나 서비스를 구상해야 한다. 또한 시장 트렌드와 경쟁 상황을 철저히 조사하여 아이디어의 실행 가능성을 점검하는 것이 중요하다. 이러한 과정을 통해 자영업자는 더욱 차별화된 아이디어를 발전시킬 수 있으며 실제 고객의 요구를 반영한 사업모델을 구축할 수 있다.

둘째, 시장조사는 철저히 수행되었는가?

시장조사는 사업의 성공을 좌우하는 중요한 단계이다. 목표 시장의 규모를 파악하고, 경쟁업체를 분석하며, 고객의 요구와 선호도를 반영한 데이터를 수집하는 것이 필수적이다. 이러한 정보는 성공적인 시장 진입 전략을 수립하는 데 큰 도움이 된다. 특히 고객의 피드백과 시장 트렌드를 반영한 분석을 통해 경쟁력을 강화하고 차별화된 서비스를 제공할 수 있는 기반을 마련할 수 있다.

셋째, 사업계획서는 체계적으로 작성되었는가?

사업계획서는 성공적인 창업을 위한 필수 문서로 체계적으로 작성되어야 한다. 계획서에는 사업의 비전과 목표, 마케팅 및 운영계획, 재무계획과 자금 조달계획이 포함되어야 한다. 위험 분석과 대응전략을 명시하여 예기치 못한 상황에 대비하는 것이 중요하다. 이러한 요소들은 사업의 방향성을 명확히 하고 투자자나 이해관계자에게 신뢰를 줄 수 있는 기반을 마련한다. 체계적인 사업계획서는 실행 가능성을 높이고 지속 가능한 성장을 끌어내는 데 중요한 역할을 한다.

넷째, 법적 요건은 철저히 확인되었는가?

법적 요건을 철저히 확인하는 것은 사업 운영의 기본이다. 사업등록 및 인·허가 절차를 완료하고 관련 세무 규정을 숙지하는 것이 필수적이다. 필요한 계약서와 문서를 철저히 준비하여 법적 문제를 예방해야 한다. 이러한 준비는 사업의 신뢰성을 높이고, 향후 발생할 수 있는 법적 리스크를 최소화하는 데 필요하다. 법적 요건을 준수하는 것은 자영업자가 안정적으로 사업을 운영하고 성장할 수 있는 기반을 마련하는 데 중요한 요소이다.

다섯째, 자본 조달계획은 안정적인가?

자본 조달계획의 안정성은 사업의 성공에 중요한 영향을 미친다. 초기 자본금을 정확히 산정하고, 개인 자금, 투자자 유치, 대출 등 다양한 자금 조달방법을 검토해야 한다. 이러한 다양한 옵션을 통해 자금 조달에 차질이 없도록 준비하는 것이 필수적이다. 또한 예상되는 비용과 수익을 고려하여 유동성을 확보하는 계획을 세우는 것이 중요하다. 안정적인 자본 조달계획은 자영업자가 사업을 원활하게 운영하고 성장할 수 있는 기반을 마련하는 데 매우 중요하기 때문이다.

여섯째, 창업에 필요한 인력 구성은 적절한가?

창업에 필요한 인력 구성의 적절성은 사업의 성공에 큰 영향을 미친다. 필요한 인력을 모집하고 각자의 역할을 명확히 배정하는 것은 직원들의 효율성을 높이는 데 필수적이다. 또한 직원들 간의 소통구조를 확립하여 원활한 협업을 도모해야 한다. 더불어 인원 교육 및 훈련 계획을 수립하여 직원들의 역량을 강화하는 것도 중요하다. 이러한 과정은 직원들의 전문성을 높이고 사업 목표를 효과적으로 달성하는 데 필요하며, 긍정적인 조직문화를 조성하는 데도 큰 도움이 된다.

일곱째, 운영체계는 잘 구축되어 있는가?

운영체계의 구축은 사업의 효율성을 높이는 데 필수적이다. 업무 프로세스와 매뉴얼을 작성하여 직원들이 일관된 방식으로 업무를 수행할 수 있도록 해야 한다. 또한 성과 측정 기준을 설정하고 정기적인 성과 평가 및 피드백 체계를 마련함으로써 지속적인 개선을 도모할 수 있다. 이러한 체계는 직원들의 목표 달성을 지원하고 문제 발생 시 신속하게 대응할 수 있는 기반을 마련한다. 그러므로 잘 구축된 조직문화와 운영체계는 창업자의 사업을 안정적으로 성장할 수 있도록 돕는 중요한 요소가 된다.

여덟째, 마케팅 전략은 효과적으로 수립되었는가?

마케팅 전략의 효과적인 수립은 사업의 성공에 결정적인 역할을 한다. 소비자를 겨냥한 다양한 마케팅 기법과 소셜 미디어 활용, 광고 및 프로모션 전략을 계획해야 한다. 이러한 전략을 통해 고객의 관심을 유도하고, 브랜드 인지도를 높이며, 시장에서의 경쟁력을 확보할 수 있다. 또한 타깃 고객의 특성을 고려하여 맞춤형 메시지를 전달하는 것이 중요하다. 잘 구성된 마케팅 전략은 고객과의 관계를 강화하고 지속적인 매출 성장을 끌어내는 데 핵심적인 요소가 된다.

아홉째, 네트워킹 기회를 충분히 활용하고 있는가?

네트워킹 기회를 충분히 활용하는 것은 사업의 성장에 중요한 요소로 작용한다. 업계 행사나 세미나에 참여하고 전문가와 교류함으로써 네트워크를 확장할 수 있으며, 이는 사업에 필요한 자원과 정보를 확보하는 데 큰 도움이 된다. 이러한 교류는 새로운 협업기회를 창출하고 업계 동향을 파악하는 데도 유용하다. 다양한 인맥을 통해 고객의 피드백을 직접 들을 수 있어 사업개선에 도움을 줄 수 있다. 적극적인 네트워킹은 자영업자가 경쟁력을 강화하고 지속 가능한 성장을 이루는 데 필수적이다.

마지막으로, 위험관리계획은 철저히 준비되었는가?

위험관리계획의 철저한 준비는 사업의 안정성을 확보하는 데 매우 중요하다. 사업 진행 중 발생할 수 있는 위험 요소를 분석하고, 이에 대한 비상시 대처할 수 있는 계획을 수립해야 한다. 이러한 과정은 잠재적인 위험을 사전에 식별하고, 이를 최소화하는 데 필요하다. 또한 위기 발생 시 신속하게 대응할 수 있는 체계를 마련함으로써 사업의 연속성을 유지할 수 있다. 철저한 위험관리계획은 자영업자가 불확실한 상황에서도 안정적으로 운영할 수 있는 기반을 제공해 줄 수 있다.

창업 준비 체크리스트는 창업의 각 단계를 구조화하여 필요한 요소를 놓치지 않도록 돕는다. 이는 창업 초기뿐만 아니라 사업 진행 중에도 유용한 도구로 활용할 수 있다. 특히 성공적인 창업을 위해 창업 아이템 체크리스트(〈표 4-1〉), 예비창업자 체크리스트(〈표 4-2〉), 개업 준비 체크리스트(〈표 4-3〉)로 나누어 3개 부분으로 제시하니 이를 통해 창업 전 준비사항을 재점검하고, 이를 사업계획 수립 시 참고하면 매우 유익할 것이다.

〈표 4-1〉 창업아이템 체크리스트

구분	번호	진단 항목	체크	
			YES	NO
아이템	1	고객에게 특별한 가치를 제공하는가?		
	2	경쟁업체와 차별화가 가능한가?		
시장성	3	성장 가능성이 높은가?		
	4	충분히 많은 고객을 확보할 수 있는가?		
	5	치열한 경쟁을 피할 수 있는가?		

구분	번호	진단 항목	체크 YES	체크 NO
수익성	6	제품 또는 서비스 가격이 매력적인가?		
	7	충분한 수익을 얻을 수 있는가?.		
기술성 또는 품질성	8	독자적인 기술 또는 좋은 품질의 제품을 확보할 수 있는가?		
	9	시장 진입장벽이 높은 아이템인가?		
	10	경쟁자가 쉽게 모방할 수 없는가?		
리스크	11	대형 사업체에 의한 위험 요소는 없는가?		
	12	계절에 영향을 받지 않는 아이템인가?		
	13	실패 시 투자금 회수가 가능한가?		
창업자	14	나의 적성과 맞는 아이템인가?		
	15	지식과 경험을 제대로 활용할 수 있는가?		

* 우수 : YES 10개 이상, 보통 : YES 7개 이상, 재검토 : YES 6개 이하
참고 : 중소기업, 소상공인진흥원 '2014 소상공인 창업 이런 아이템을 주목하라(2013. 10)

〈표 4-2〉 예비창업자 체크리스트

구분	번호	진단 항목	체크 YES	체크 NO
자금 계획	1	창업 후 뜻하지 않은 자금 수요에 대비하여 자금 마련과 수지계획을 철저히 수립하였다.		
	2	창업 소요자금 중 자기 자금이 60% 이상인가?		
	3	아이템은 준비된 창업자금으로 충분히 감당할 수 있는 규모이다.		
아이템 선정	4	자신의 적성과 잘할 수 있는 일이 무엇인지 잘 알고 있다.		
	5	사업 아이템 이해를 위해 학원이나 기관에서 전문교육을 받은 적이 있다.		
	6	관련 분야에서 근무하거나 전문가(업종 종사자)로부터 조언을 구한 적이 있다.		
시장조사	7	제품·업종·시장 상황 등에 대한 조사 및 상권분석을 토대로 사업계획서를 작성하였다.		
	8	언론이나 기관에서 발표한 시장조사 자료에 대해 관심을 가지고 읽어본 적이 있다.		
	9	유사업체의 성공 실패 원인을 분석하였다.		

구분	번호	진단 항목	체크 YES	NO
점포 또는 사업장 준비	10	부동산중개업소를 방문해 계약서상의 불이익, 권리금, 임대료 등을 꼼꼼히 확인하였다.		
	11	최소 6개월 전부터 눈여겨 봐둔 매장이나 사업장이 있다.		
	12	간판(상호), 인테리어 공사, 업소용 가구·집기 구매 등에 대해 구체적인 계획을 세워놓았다.		
경영 관리	13	정직원 및 아르바이트 채용에 관한 인력 수급계획을 세워놓았다.		
	14	창업 이후 최소 3년 이상 영업 기간을 유지할 수 있는 자금 운영을 포함해 구체적인 로드맵을 수립하였다.		
	15	업종과 관련된 법령이나 규제, 세무회계 등에 대하여 충분히 공부하였다.		

* 우수 : YES 10개 이상, 보통 : YES 7개 이상, 재검토 : YES 6개 이하

참고 : 중소기업, 소상공인진흥원 '2014 소상공인 창업 이런 아이템을 주목하라(2013.10)'

〈표 4-3〉 개업준비 체크리스트

구분	번호	진단 항목	체크 YES	NO
신고 점검	1	사업자등록증을 발급받았는가?		
	2	관할 구청에 영업허가를 얻었는가?		
	3	해당 업종의 인허가 사항을 준수하였는가?		
점포 점검	4	점포의 내·외부(화장실 포함) 시설 및 주변 환경상태는 밝고 청결한가?		
	5	입구에 영업시간, 정기 휴일이 명확히 표시되어 있는가?		
	6	계산대 위치, 테이블 간 간격 또는 제품 진열 등은 적절한가?		
관리 점검	7	신용카드사에 가맹되어 있는가?		
	8	카드조회기 작동 여부, 냉난방시설 가동 여부를 확인해 보았는가?		
	9	각종 비품 및 잔돈은 준비해 두었는가?		
접객 점검	10	제품 및 서비스에 대한 직원들의 교육은 잘 되어 있는가?		
	11	매장 및 직원들의 위생, 청결 상태는 양호한가?		
	12	간판, 주차장 안내표시는 멀리서도 잘 보이는가?		

구분	번호	진단 항목	체크	
			YES	NO
홍보 점검	13	고객 카드를 발행하고 있는가?		
	14	홈페이지, 블로그, 배너 등 온라인 마케팅 전략을 세워놓았는가?		
	15	기념품 및 판촉물 제작, 오픈 이벤트 행사 등은 준비되었는가?		

* 우수 : YES 10개 이상, 보통 : YES 7개 이상, 재검토 : YES 6개 이하
참고 : 중소기업, 소상공인진흥원 '2014 소상공인 창업 이런 아이템을 주목하라(2013. 10)'

4. 제품 및 서비스 제공을 위한 고객유치 및 관리

사업을 시작하면서 고객유치와 관리는 성공적인 운영의 핵심 요소이다. 창업자는 고객 만족과 충성도를 높이기 위한 다양한 전략을 활용할 수 있어야 하며, 이를 체계적으로 관리해야 한다.

다음은 실전에서 활용할 수 있는 단계별 방법들을 정리하니 현장에서 활용해 보길 바란다.

1단계로, 초기 마케팅 전략을 구축하는 것이다.

고객을 유치하려면 브랜드 인지도를 높이는 것이 중요하다. 사업 형태나 업종에 따라 전략은 다를 수 있으나, 사업 초기 단계에서는 다양한 방법을 통해 브랜드를 알리는 노력이 필요하다. 전단지와 포스터를 활용하여 지역 사회에 직접 홍보하고, 소셜 미디어(SNS)와 웹사이트를 통해 온라인으로도 접근성을 확대해야 한다. 특히 지역에서 창

업한 자영업자들은 지역 커뮤니티와의 협력 관계 형성을 통해 초기 고객층을 확보할 수 있다. 지역 행사나 마을 축제에 참여하거나 지역 소식지에 광고를 게재하는 것도 효과적이다.

소셜 미디어는 초기 마케팅에서 중요한 역할을 한다. 인스타그램과 페이스북을 활용해 비주얼 콘텐츠를 제작하고 소비자와의 소통을 강화할 필요가 있다. 매장 오픈 기념 할인이나 무료 샘플 제공과 같은 프로모션 및 이벤트를 통해 초기 고객의 관심을 끌 수 있으며, 이는 긍정적인 첫인상을 줄 수 있다. 이러한 프로모션은 지역 주민들이 참여하도록 유도하며 자발적인 입소문 효과를 기대할 수 있다.

또한 구글이나 페이스북 광고를 통해 타깃 고객층에 맞춘 광고를 진행해 브랜드 노출을 극대화할 수 있다. 이러한 디지털 광고는 지역 기반 타깃팅 옵션을 활용하여 보다 정교하게 잠재 고객을 공략할 수 있는 장점이 있다. 초기 마케팅 전략은 지역과 디지털 채널을 균형 있게 활용하여 브랜드를 효과적으로 알리고 지속 가능한 고객 기반을 구축하는 데 중점을 둬야 한다.

2단계로, 고객 데이터 수집 및 분석이다.

고객 데이터 수집 및 분석은 자영업자에게 매우 중요한 단계이다. 고객의 요구와 행동을 이해하는 것은 성공적인 비즈니스를 운영하기 위한 필수 요소이다. 이를 위해 구매 이력, 나이, 성별, 선호도 등의 다양한 데이터를 분석하여 고객을 세분화할 수 있다. 이 과정은 맞춤형 마케팅 전략을 수립하는 데 큰 도움이 된다. 예를 들어, 특정 연령대의 고객이 선호하는 제품군을 파악하면 그에 맞춘 집중 마케팅을 통해 효과적인 판매를 끌어낼 수 있다.

그리고 설문 조사나 인터뷰를 통해 초기 고객의 피드백을 수집하고 이를 제품 및 서비스 개선에 활용하는 것도 중요하다. 자영업자는 지역 사회와의 밀접한 연계를 통해 고객의 요구를 보다 정확하게 파악할 수 있다. 이를 통해 고객의 특성과 선호도를 더욱 깊이 이해하고, 이에 기반한 맞춤형 서비스나 프로모션을 제공함으로써 고객의 충성도를 높일 수 있다.

결국, 고객 데이터를 효과적으로 수집하고 분석하는 과정은 자영업자가 경쟁력을 유지하고 성장할 수 있는 핵심 요소로 작용한다. 고객의 목소리를 귀 기울여 듣고, 그에 따라 적절한 전략을 수립하는 것은 자영업의 성공에 있어 필수적이라 할 수 있다.

3단계로, 옴니채널(Omni Channel) 접근법 활용이다.

옴니채널 접근법은 자영업자가 고객과의 상호작용을 극대화하는 데 매우 효과적이다. 고객이 다양한 채널에서 브랜드와 상호작용할 수 있도록 하는 것은 현대 소비자에게 필수적인 요소가 되고 있다. 예를 들어, 매장에서 제품을 직접 체험한 후 온라인에서 구매하거나 온라인으로 주문한 제품을 매장에서 픽업할 수 있는 시스템을 구축하는 것도 좋은 방법이다. 이러한 시스템은 고객에게 편리함을 제공하며, 이는 브랜드에 대한 긍정적인 인상을 남길 수 있다.

또한 SNS 마케팅을 통해 정기적으로 콘텐츠를 게시하고 고객 참여를 유도하는 이벤트나 캠페인을 진행하는 것이 중요하다. 지역 자영업자는 지역 사회와의 연결을 활용하여 타깃 고객에게 맞춤형 콘텐츠를 제공할 수 있다. 지역 행사나 축제에 참여하여 브랜드를 알리고, 이를 SNS를 통해 홍보함으로써 고객의 관심을 끌 수 있다.

이러한 옴니채널 전략은 고객 충성도를 높이는 데 기여한다. 다양한 채널에서의 일관된 브랜드 경험은 고객이 브랜드에 대한 신뢰감과 만족도를 높이는 데 기여한다. 따라서 자영업자는 이러한 접근법을 통해 고객의 요구를 충족시키고, 지속 가능한 성장을 이끌어낼 수 있다. 고객의 다양한 접점을 활용하여 브랜드의 가치를 극대화하는 것이 자영업의 성공에 중요한 역할을 하리라 본다.

4단계로, 고객 경험 최적화이다.

고객 경험 최적화는 재구매를 유도하는 핵심 요소이다. 긍정적인 고객 경험은 브랜드에 대한 충성도를 높이고 장기적인 관계를 형성하는 데 중요하다. 이를 위해 고객의 이름으로 맞춤형 이메일을 보내거나 생일 할인 쿠폰을 제공하는 등의 개인화된 서비스를 제공하는 것이 필요하다. 이러한 작은 배려는 고객에게 특별한 느낌을 주어 브랜드에 대한 긍정적인 인식을 강화할 수 있다.

이를 위해 직원들을 교육해 친절하고 전문적인 고객 서비스를 제공하도록 훈련하는 것도 중요하다. 지역 자영업자는 고객과의 밀접한 관계를 활용하여 직원들이 고객의 요구를 더 잘 이해하고 반영할 수 있도록 해야 한다. 매장 방문 시 직원들의 전문적이고 친절한 응대는 고객에게 더 나은 경험을 제공하며, 이는 고객이 다시 방문하게 만드는 중요한 요소가 된다.

그리고 지역 사회와의 연계를 통해 고객의 피드백을 수집하고, 이를 바탕으로 서비스를 개선하는 것도 고객 경험을 최적화하는 데 큰 도움이 된다. 고객의 목소리에 귀 기울이고, 그에 맞춰 서비스를 조정하는 과정은 고객의 만족도를 높이는 데 유용하다. 결국, 고객 경험을 최적화하는 것은 자영업자가 지속 가능한 성장을 이루는 데 필수적인 요소로 작용하리라 본다. 고객이 브랜드와의 상호작용에서 긍정적인 경험을 느낄 수 있도록 하는 것이 자영업의 성공에 있어 매우 중요하다.

5단계로, 고객 충성도 프로그램 운영이다.

고객 충성도 프로그램 운영은 사업자가 고객과의 지속적인 관계를 유지하고 충성도를 높이는 데 매우 효과적이다. 포인트 적립 시스템을 도입하면 고객이 일정 금액을 소비할 때마다 포인트를 적립할 수 있으며, 이를 할인이나 무료 제품으로 교환할 수 있도록 함으로써 자연스럽게 재구매를 유도할 수 있다. 이러한 시스템은 고객에게 실질적인 혜택을 제공하여 브랜드에 대한 긍정적인 인식을 강화하는 데 유용하다.

그리고 일정 금액 이상 구매하는 고객에게 특별한 혜택을 제공하는 VIP 프로그램도 효과적이다. 자영업자는 지역 특성을 고려하여 VIP 프로그램을 맞춤화할 수 있으며, 이를 통해 고객에게 더욱 특별한 경험을 제공할 수 있다. 예를 들어, 지역 행사나 특별 할인 이벤트에 우선 초대하는 등의 혜택을 통해 고객의 충성도를 높일 수 있다.

이러한 프로그램은 고객의 반복 구매를 유도할 뿐만 아니라, 고객이 브랜드에 느끼는 소속감을 증대시킬 수 있다. 충성도 프로그램은 고객과의 관계를 더욱 강화하고 자영업자가 지역 사회에서 긍정적인 이미지를 구축하는 데도 도움이 된다. 결국, 고객 충성도 프로그램 운영은 창업자가 지속 가능한 성장을 이루고 경쟁력을 높이는 데 필수적인 전략으로 작용한다. 고객이 브랜드와의 관계에서 가치를 느낄 수 있도록 하는 것이 창업의 성공에 있어 중요한 요소이다.

6단계로, 지속적인 개선과 피드백 반영이다.

지속적인 개선과 피드백 반영은 자영업자가 경쟁력을 유지하고 고객 신뢰를 구축하는 데 필수적인 단계이다. 마케팅 활동과 고객 경험에 대한 성과를 주기적으로 분석하여 효과적인 전략을 파악하고, 이를 바탕으로 향후 계획을 조정하는 것이 중요하다. 이러한 분석을 통해 어떤 전략이 성공적이었는지, 어떤 부분에서 개선이 필요한지를 명확히 이해할 수 있다.

그리고 만족도 조사를 통해 고객 피드백을 수집하고, 이를 제품 및 서비스 개선에 반영하는 과정은 고객의 기대에 부응하는 데 큰 도움이 된다. 자영업자는 지역 고객의 특성과 요구를 반영하여 피드백을 수집하고, 이를 바탕으로 서비스를 개선하며 고객 만족도를 높여야 한다. 또한 지역 사회와의 소통을 통해 고객의 의견을 직접 듣고, 그에 따른 변화를 신속하게 적용하는 것이 중요하다.

이러한 지속적인 개선 과정은 고객과의 신뢰 관계를 강화하고, 브랜드에 대한 긍정적인 인식을 높이는 데 필요하다. 고객이 자신의 의견이 반영된다는 느낌을 받을 때 브랜드에 대한 충성도가 높아지며 재구매로 이어질 확률이 증가한다. 지속적인 개선과 피드백 반영은 자영업자가 성장할 수 있는 발판이 되며, 고객의 기대를 초과하는 경험을 제공하기 위한 필수적인 전략이다.

7단계로, 커뮤니티 및 네트워킹 활용이다.

커뮤니티 및 네트워킹 활용은 자영업자가 브랜드를 알리고 고객과의 관계를 강화하는 데 중요한 역할을 한다. 지역 행사나 축제에 참여함으로써 브랜드를 직접 홍보할 수 있으며, 고객과의 소통을 통해 신뢰를 쌓을 수 있다. 이러한 기회는 자영업자가 지역 사회와의 연결을 더욱 깊게 만들어 주며 고객에게 친근한 이미지를 심어줄 수 있다.

그리고 지역 비즈니스와 협력하여 서로의 고객층을 공유하는 것도 효과적인 전략이다. 예를 들어, 인근 카페와 제휴하여 공동 프로모션을 진행하거나 지역 상점과 이벤트를 공동 주최함으로써 상호 이익을 도모할 수 있다. 이러한 협력은 고객에게 다양한 혜택을 제공할 뿐만 아니라, 자영업자가 지역 내에서 더 많은 노출을 얻도록 도와준다.

이뿐만 아니라, 커뮤니티 활동을 통해 자영업자는 지역 사회의 일원으로 자리매김할 수 있으며, 이는 고객의 충성도를 높이는 데 유용하다. 지역 주민들이 자영업자를 더욱 친근하게 느끼고 브랜드에 대한 긍정적인 인식을 갖게 되는 것은 장기적으로 큰 자산이 된다. 결국, 커뮤니티와의 연결을 통해 자영업자는 지속 가능한 성장을 이루고 지역 사회와 함께 발전하는 기반을 마련할 수 있다.

이렇게 창업자는 제품과 브랜드 인지도를 높이고 고객 데이터를 분석하며 긍정적인 경험을 제공해야 한다. 동시에 충성도 프로그램을 통해 고객 재구매를 유도하고 지속적으로 개선 노력을 기울여야 한다. 이것이 바로 성공적인 사업 운영의 핵심이다.

5. 재무관리 및 회계 처리

창업 전후의 재무관리와 회계 처리는 사업의 성공을 위한 필수적인 요소로 지속적인 관리와 주의가 요구된다. 창업 초기 단계에서는 철저한 시장조사와 구체적인 사업계획서 작성이 매우 중요하다. 시장조사를 통해 경쟁업체 분석, 고객 요구사항 파악, 시장 트렌드 분석을 수행해야 한다. 이러한 정보는 매출과 지출 예측, 자본 조달 계획 수립의 기초 자료로 활용된다. 이 과정에서는 개인 저축, 대출, 투자유치 등 다양한 자본 조달 방법을 검토하고, 각 방법의 장단점을 철저히 분석하여 적합한 방식을 선택하는 것이 필요하다.

창업 초기에는 필요한 예산을 세우고 고정비와 변동비를 구분하여 각 항목에 대한 구체적인 예산을 설정해야 한다. 예를 들어, 임대료, 인건비, 원자재 비용 등을 예측하고 운영비용을 최소화할 방법을 모색해야 한다. 또한 체계적인 회계 시스템을 구축하여 장부를 정밀하게 기록하고 정기적으로 재무 상태를 점검해야 한다. 동시에 사업자 등록과 세무신고를 통해 법적 요건을 충족하는 것이 중요하다. 이러한 준비 과정은 사업 운영의 기초를 다지는 데 핵심적인 역할을 한다.

사업 운영 중에는 현금흐름 관리가 가장 중요하다. 매출과 비용을 정기적으로 모니터링하며 현금 유동성을 확보해야 한다. 이를 위해 손익계산서, 대차대조표, 현금흐름표와 같은 주요 재무제표를 작성하고 분석하여 사업 성과를 평가해야 한다. 추가 자본이 필요할 경우 대출이나 투자유치를 검토하며 사업 확장을 위한 전략도 함께 수립해야 한다. 현금흐름 관리는 사업 운영에 중대한 영향을 미칠 수 있으므로 항상 주의 깊게 관리해야 한다.

효율적인 비용 관리를 위해서는 정기적으로 지출 구조를 분석하고 불필요한 비용을 줄이는 방안을 찾아야 한다. 예를 들어, 계약조건을 재검토하거나 대체 공급자를 물색하는 등의 방법이 있다. 또한 세무 관리 역시 필수적인 요소로 정기적인 세금신고를 통해 법적 문제를 예방해야 한다. 창업자는 세무 관련 법규를 숙지하고 필요한 경우 전문가의 도움을 받는 것이 유익하다. 무엇보다 창업 후 발생할 수 있는 다양한 리스크를 사전에 인식하고 이에 대한 대응 방안을 마련하는 것이 필요하다.

이처럼 창업 전후의 재무관리와 회계 처리는 사업 성공의 중요한 요소가 된다. 보다 체계적이고 철저한 접근과 지속적인 모니터링을 통해 성공적인 사업 운영을 해나가야 한다.

창업 과정의 도전과 문제해결

5장

5장 창업 과정의 도전과 문제해결

1. 자금 부족 문제의 원인과 해결

창업 과정에서 자금 부족 문제는 많은 예비창업자들이 직면하는 주요 과제이다. 중소벤처기업부의 보고서에 따르면 창업자의 약 65%가 초기 자금 부족을 가장 큰 애로사항으로 꼽았다. 이는 창업 실패의 주요 원인 중 하나로 사업의 지속 가능성과 성장 가능성에 직접적인 영향을 미친다. 자금 부족 문제는 다양한 원인에서 발생하며, 이를 해결하기 위해서는 체계적이고 다각적인 접근이 필요하다.

1) 자금 부족 문제의 주요 원인

초기 투자비 부족은 자금 부족의 대표적인 원인 중의 하나이다. 창업 초기에는 가게 임대료, 인테리어 비용, 초기 재고 구입비, 마케팅 비용 등 여러 지출이 발생한다. 예상보다 많은 비용이 소요되거나 충분한 자금을 확보하지 못하면 창업이 어려워질 수 있다. 예를 들어, 인테리어 비용이 계획보다 많이 증가하거나 초기 재고가 부족해 매출이 저조할 경우 자금 부족 문제가 심화될 수 있다. 이러한 예상치 못한 비용 증가는 창업자의 재정적 압박을 가중시켜 사업운영에 어려움을 초래한다.

운영자금 부족도 심각한 문제로 꼽힌다. 사업운영 초기에 매출이 불안정할 경우 고정비용인 임대료와 인건비, 변동 비용인 재고 구입비 등을 충당하기 어려워질 수 있다. 매출이 예상보다 낮으면 필수적인 비용을 감당하지 못해 직원 월급 지급이나 재고 구매에 차질이 생기고, 이는 매출 감소로 이어지는 악순환을 초래한다.

예기치 못한 비용도 자금 부족 문제를 악화시킨다. 갑작스러운 기계 고장으로 인한 수리비, 예상치 못한 임대료 상승, 천재지변으로 인한 시설 복구 비용 등이 대표적이다. 이러한 비용은 자금계획에서 간과되기 쉬우나, 실제로는 큰 재정적인 부담으로 작용할 수 있다. 시설 유지보수, 세금, 재고 손실 등 다양한 예상치 못한 지출이 발생하며, 이를 대비하지 못할 경우 사업운영에 심각한 영향을 미칠 수 있다.

2) 자금 부족 문제의 해결 방안

자금 부족 문제를 해결하기 위해서는 철저한 사업계획서 작성이 필수이다. 사업계획서는 사업모델, 시장 분석, 재무 계획 등을 포함해 필요한 자금을 명확히 파악할 수 있게 한다. 이는 예상 매출과 지출을 계산하는 데 도움을 줄 뿐 아니라 투자자나 금융기관으로부터 신뢰를 얻을 수 있는 중요한 자료로도 활용된다.

정부 및 지자체에서 제공하는 창업지원 프로그램을 활용하는 것도 효과적이다. 중소벤처기업부의 '창업 성공 패키지'는 초기 창업자에게 최대 1억 원의 지원금을 제공하며, 각 지방자치단체는 저금리 대출이나 임대료 지원 프로그램을 운영하고 있다. 이러한 프로그램을 통해 초기 자금 확보가 가능하며, 창업자는 필요한 서류를 철저히 준비하고 지원 조건을 충족해야 한다.

외부 투자자 유치도 고려할 만하다. 엔젤투자자나 벤처캐피털을 통한 자금 조달은 사업의 성장 가능성을 높이는 데 기여한다. 사업 아이디어와 시장 가능성을 매력적으로 전달하면 투자자에게 신뢰를 줄 수 있다. 또한 크라우드펀딩은 대중으로부터 소액의 투자를 모을 수 있는 효과적인 방법이다. 이는 초기 자금 확보뿐만 아니라 소비자의 관심을 사전에 확인하고 피드백을 반영해 제품이나 서비스를 개선할 수 있는 기회도 제공한다.

초기 비용을 최소화하기 위한 노력이 필요하다. 불필요한 지출을 줄이고 필수적인 자원만 확보해 초기 부담을 완화하는 것이 중요하다. 예를 들어, 임대료가 저렴한 장소를 선택하거나 중고 장비를 활용하며, 초기에는 직원 수를 최소화하고 필요에 따라 아르바이트나 프리랜서를 고용할 수 있다.

운영 효율성을 높이는 것도 핵심이다. 업무 프로세스를 최적화하고 자동화 기술이나 소프트웨어를 도입하면 인건비와 운영비를 절감할 수 있다. 키오스크, 모바일 애플리케이션, 재고 관리 시스템, 회계 소프트웨어 등은 운영 효율성을 높이는 데 유용하다. 지속적인 직원 교육으로 업무 효율성을 개선하면 장기적으로 비용 절감에 기여할 수 있다.

다른 사업자와 협력하여 자원을 공유하거나 공동 마케팅을 통해 비용을 절감하는 방안도 유용하다. 협업을 통해 서로의 고객층을 활용하고 마케팅 비용을 분담하며 효과를 극대화할 수 있다.

재무관리를 철저히 하고 예산을 체계적으로 운영하는 것도 중요하다. 수입과 지출을 정기적으로 점검하고, 재무관리 소프트웨어를 활용해 실시간으로 재무상태를 분석하며 필요에 따라 조치를 취해야 한다.

끝으로 창업자는 자금 부족 문제를 해결하기 위해 지속적으로 정보를 습득하고 네트워킹을 강화해야 한다. 세미나와 워크숍에 참여해 최신 정보를 습득하고 다른 창업자들과 경험을 공유함으로써 사업운영에 유용한 인사이트를 얻을 수 있다.

자금 부족 문제는 창업 과정에서 누구나 직면할 수 있는 도전이지만, 철저한 준비와 체계적인 계획을 통해 충분히 극복할 수 있다. 이런 문제해결 과정에서 얻는 경험은 이후 사업운영의 중요한 밑거름이 된다.

2. 고객 확보의 어려움 원인과 해결

고객 확보의 어려움은 창업 후 사업자들이 가장 많이 직면하는 문제 중 하나로, 이는 사업의 성공과 지속 가능성에 직접적인 영향을 미친다. 고객이 없다면 매출이 발생하지 않으며, 이는 자영업자에게 생존의 문제로 이어질 수 있다. 고객 확보의 어려움은 다양한 원인으로 발생한다. 이를 해결하기 위해 창의적인 접근과 체계적인 전략이 요구된다. 이 과정에서 자영업자들은 지속적인 노력을 통해 고객을 유치해야 한다.

1) 고객 확보의 어려움 주요 원인

신규 사업체의 인지도 부족은 고객 확보의 어려움 중 하나이다. 창업 초기에는 브랜드나 제품에 대한 인지도가 낮아 잠재고객이 해당 사업을 잘 알지 못한다. 특히 새로운 시장에 진입한 창업자의 경우, 기존의 경쟁자들과 비교해 인지도가 낮기 때문에 고객을 유치하기가 어렵다. 이로 인해 초기 매출이 저조할 수 있으며 고객이 제품과 브랜드에 대한 신뢰를 갖기까지는 시간이 필요하다. 따라서 초기 마케팅 활동에 집중하여 제품과 브랜드의 가시성을 높이는 것이 필수적이다.

경쟁이 치열한 시장도 고객 확보의 어려움을 가중시키는 주요 요인이다. 특히 대도시와 같은 지역에서는 많은 경쟁 사업자가 유사한 상품이나 서비스를 제공하기 때문에 차별화된 가치를 제공하지 않으면 고객을 확보하기 어렵다. 따라서 시장조사로 고객의 니즈를 파악하고, 경쟁 분석을 통해 차별화 전략을 수립해야 한다.

효과적인 마케팅 전략의 부재는 고객 확보를 어렵게 만든다. 디지털 마케팅, 소셜 미디어 활용 등 현대적인 마케팅 기법을 제대로 활용하지 못하면 고객에게 브랜드를 알릴 기회를 놓쳐 매출 감소로 이어질 수 있다. 다양한 채널을 활용해 고객에게 브랜드 메시지를 효과적으로 전달해야 한다.

고객 경험 부족도 고객 확보에 영향을 미치는 중요한 원인이다. 초기에는 고객과의 상호작용이 부족할 수 있으며, 고객의 피드백을 반영하지 않거나 서비스 품질을 소홀히 하면 재구매율이 낮아지고 고객 이탈이 발생할 수 있다. 고객과의 긍정적인 경험이 부족하면 신뢰를 구축하기 어려운데 이는 장기적인 비즈니스 성장에 부정적인 영향을 미친다.

2) 고객 확보의 어려움 해결 방안

효과적인 마케팅 전략을 수립하는 것이 중요하다. 목표 고객층을 명확히 정의하고 그들의 선호도와 행동 패턴을 분석하여 맞춤형 마케팅 전략을 개발해야 한다. 소셜 미디어, 이메일 마케팅, 콘텐츠 마케팅 등 다양한 채널을 활용해 브랜드의 가시성을 높이고 잠재고객과의 접점을 확대해야 한다.

프로모션과 이벤트를 활용하는 것도 좋은 방법이다. 시즌 또는 특별한 날 할인 행사, 무료 체험, 고객 감사 이벤트 등 다양한 프로모션은 초기 고객을 유치하고 제품이나 서비스를 경험하도록 유도하는 데 효과적이다. 이러한 활동은 고객의 긍정적인 피드백과 재구매로 이어질 가능성을 높인다.

네트워킹 및 협력 관계를 구축하는 것도 고객 확보에 큰 도움이 된다. 지역 내 다른 기업과의 협력이나 파트너십을 통해 상호 고객을 공유하거나 공동 마케팅을 진행할 수 있다. 이러한 활동은 지역 사회와의 관계를 강화하고 고객층을 확대하며 신뢰도를 높이는 데 유용하다.

고객 피드백을 적극적으로 반영하는 것이 중요하다. 고객의 의견을 수렴하고 이를 바탕으로 제품과 서비스 품질을 개선하면 고객 만족도를 높일 수 있다. 고객과의 소통을 통해 신뢰를 구축하고 장기적인 관계를 형성해야 한다. 피드백을 반영하는 모습은 브랜드 충성도를 높이는 중요한 요소이다.

온라인 존재감을 강화하는 것도 필수적이다. 웹사이트와 소셜 미디어 계정을 활용해 브랜드를 홍보하고, 검색엔진 최적화(SEO)를 통해 온라인 가시성을 높여야 한다. 디지털 마케팅 전략을 효과적으로 실행하면 고객의 관심을 끌고 신뢰를 구축할 수 있다.

고객관리 시스템(CRM)을 도입해 고객 만족도를 높이자. 고객의 구매 이력, 선호도, 행동 패턴을 분석해 더 나은 마케팅 전략을 수립하고 맞춤형 서비스를 제공해야 한다. 데이터 기반의 의사결정은 고객 만족도를 높이고 충성고객을 확보하는 데 기여할 수 있다.

지속적인 학습과 개선이 필요하다. 시장의 변화와 고객의 요구에 맞춰 사업 전략을 업데이트해야 한다. 경쟁자 분석을 통해 시장에서의 위치를 파악하고, 트렌드에 민감하게 대응하며 고객의 니즈를 모니터링하는 것도 중요하다.

장기적인 비전을 수립해야 한다. 단기적인 매출 목표에만 집중하기보다는 고객과의 관계를 지속적으로 발전시키고 브랜드의 가치와 미션을 명확히 전달해야 한다. 긍정적인 고객 경험은 브랜드 충성도를 높이며, 이는 장기적으로 사업에 큰 도움이 된다.

고객 확보의 어려움은 체계적인 접근과 전략을 통해 극복할 수 있다. 효과적인 마케팅, 고객 경험 개선, 네트워킹 등을 통해 고객을 확보하고 지속 가능한 사업으로 성장할 수 있도록 노력해야 한다. 고객과의 긍정적인 관계는 브랜드 가치를 높이는 중요한 자산이 될 것이다.

3. 관리 및 운영 문제의 원인과 해결

창업 후 관리와 운영에서 발생하는 어려움은 많은 창업자가 직면하는 공통된 문제로 사업의 성공과 지속 가능성에 큰 영향을 미친다. 이러한 문제는 다양한 원인에서 비롯되며, 이를 효과적으로 해결하기 위해서는 심층적인 이해와 전략적인 접근이 필요하다. 운영상의 어려움은 단순한 문제를 넘어 사업의 성패를 좌우하는 핵심 요소이므로 이를 인식하고 해결하기 위한 노력이 필수적이다.

1) 관리 및 운영 문제의 주요 원인

자원 부족은 관리와 운영의 어려움을 유발하는 주요 원인 중의 하나이다. 창업 초기에는 인력, 자금, 시간 등 다양한 자원이 부족한 상황에서 사업 발전에 어려움을 겪을 수 있다. 인력 부족은 고객 서비스의 질을 떨어뜨릴 수 있고, 자금 부족은 마케팅이나 제품 개발에 필요한 투자를 제한할 수 있다. 이로 인해 운영 효율성이 저하되고, 고객 서비스와 제품 품질에도 부정적인 영향을 미친다. 따라서 자원 관리의 중요성을 인식하고 필요한 자원을 확보하기 위한 전략적인 접근이 필요하다.

경영 경험 부족도 중요한 원인이다. 많은 창업자는 특정 기술이나 제품에 대한 전문성을 가지고 있지만, 경영과 운영에 대한 경험은 부족한 경우가 많다. 이로 인해 전략적 결정이나 문제해결에서 어려움을 겪을 수 있다. 경영지식 부족은 판매전략, 재무관리 등 중요한 영역에서 실수를 초래할 수 있으며, 이는 사업 성장에 큰 장애 요인으로 작용할 수 있다.

효율적인 시스템 부재 역시 문제를 가중시킨다. 초기 단계에서는 체계적인 관리 시스템이나 프로세스가 구축되지 않아 운영이 비효율적일 수 있다. 명확한 업무분담이나 절차 없이 운영할 경우 직원 간 혼란이 발생하며, 이는 고객 만족도와 기업 이미지에 부정적인 영향을 미칠 수 있다.

변화하는 시장환경은 또 다른 도전 과제이다. 시장의 변화와 고객 요구가 빠르게 변하는 상황에서 이에 적절히 대응하지 못하면 경쟁에서 뒤처질 위험이 크다. 트렌드 변화나 기술발전에 대한 적응이 부족하면 사업운영에 부정적인 영향을 미칠 수 있다. 고객의 선호도가 변화할 때 이를 반영하지 못하면 고객을 잃을 가능성도 있다.

재무관리의 어려움도 중요한 문제이다. 재무관리는 사업운영의 핵심 요소이지만, 창업자의 재무관리 지식이나 경험 부족으로 인해 자금 흐름을 제대로 관리하지 못할 수 있다. 이는 자금 부족으로 이어져 사업운영에 심각한 차질을 초래할 수 있다.

고객 요구에 대한 이해 부족 역시 관리와 운영의 어려움을 유발한다. 고객의 니즈와 피드백을 제대로 이해하지 못하면 제품이나 서비스 개선에 실패할 가능성이 높다. 이는 시장에서의 경쟁력 저하로 이어질 수 있다. 고객의 의견을 적극적으로 반영하고 이를 통해 신뢰를 구축하는 노력이 필요하다.

2) 관리 및 운영 문제의 해결 방안

이러한 관리 및 운영 문제를 극복하기 위해 다음과 같은 해결 방안을 고려할 수 있다.

자원 관리 최적화가 필요하다. 자원을 효율적으로 관리하기 위해 우선순위를 설정하고 필요한 자원을 명확히 파악하여 계획적으로 사용하는 것이 중요하다. 불필요한 지출을 줄이고 인력을 효율적으로 배치함으로써 운영비용을 절감할 수 있다.

체계적인 관리 시스템 도입도 필수적이다. 운영 효율성을 높이기 위해 체계적인 관리 시스템이나 소프트웨어를 도입하는 것이 효과적인데 업무 프로세스를 표준화하고 직원 간 역할을 명확히 정의하여 혼란을 줄이는 것이 중요하다. 이러한 시스템은 업무 효율성을 높이고 의사소통과 업무 일관성을 유지하는 데 큰 도움을 준다. 또한 핵심성과지표(KPI)를 설정하여 성과를 측정하고 개선점을 신속히 파악할 수 있다.

시장조사와 고객 피드백 수집을 정기적으로 실시하는 것도 중요하다. 시장 트렌드를 분석하고 고객의 요구를 반영함으로써 경쟁력을 유지할 수 있다. 고객의 의견을 적극적으로 반영해 제품과 서비스를 개선하는 과정에서 고객과의 관계를 강화할 수 있다. 이러한 접근은 고객 신뢰를 구축하고 장기적인 관계를 형성하는 데 필수적이다.

재무관리 역량 강화를 위해 재무관리 교육을 받고 관련 소프트웨어를 활용하는 것이 필요하다. 이를 통해 기업의 재무상태를 체계적으로 분석하고, 효율적인 자금 운용 및 비용 절감 전략을 수립할 수 있으며, 수입과 지출을 정기적으로 점검해 현금 흐름을 예측할 수 있다. 또한 최신 금융 트렌드와 기술을 접목하여 재무 리스크를 효과적으로 관리하고 의사결정의 신뢰성을 높일 수 있다.

고객과의 소통 강화도 필수적이다. 고객의 피드백을 적극적으로 수렴하고 이를 바탕으로 서비스나 제품을 개선해야 한다. 예를 들어, 설문 조사나 소셜 미디어를 활용해 고객과 직접 소통하면 고객 충성도를 높이고 긍정적인 입소문을 유도할 수 있다.

창업 후 관리 및 운영의 어려움은 다양한 원인에서 발생하지만, 체계적인 접근과 전략적인 노력을 통해 충분히 극복할 수 있다. 자원관리, 경영 교육, 체계적인 시스템 도입 등을 통해 운영 효율성을 높이고 시장 변화에 민감하게 대응하는 것이 성공적인 사업운영의 핵심이다. 이러한 과정을 통해 창업자는 지속 가능한 성장을 이루고 변화하는 비즈니스 환경 속에서도 성공적으로 사업을 운영할 수 있을 것이다.

4. 인사 및 노무 문제의 원인과 해결

창업 후 발생하는 인사 및 노무 문제는 사업의 운영 효율성과 조직의 성과에 직접적인 영향을 미치는 중요한 요인이다. 이러한 문제는 직원 채용, 관리, 유지와 같은 일상적인 운영 활동뿐만 아니라 장기적인 성장 가능성에도 영향을 줄 수 있다. 이러한 문제는 다양한 원인으로 인해 발생하며, 이를 해결하기 위한 체계적이고 전략적인 접근이 필요하다. 인사문제는 조직의 기본적인 구조와 운영 방식에 따라 달라질 수 있기 때문에 사업의 특성과 상황을 고려한 맞춤형 해결책이 필요한 경우가 많다. 예를 들어, 노동법 준수 여부를 검토하기 위해 노무사와 상담하거나 조직문화 개선을 위해 전문 HR 컨설턴트를 활용하는 경우도 있다. 이러한 외부 전문가의 도움은 문제해결 속도를 높이고 장기적으로 조직의 안정성을 강화하는 데 효과적일 수 있다.

1) 인사 및 노무 문제의 주요 원인

인력 부족은 창업 초기 단계에서 자주 발생하는 문제 중 하나이다. 창업 초기 단계에서는 제한된 자금과 자원 때문에 필요한 인력을 충분히 채용하지 못하는 경우가 많다. 예를 들어, 한 스타트업은 자금 부족으로 인해 마케팅팀을 구성하지 못해 초기 고객 확보에 어려움을 겪었다는 사례를 찾아볼 수 있었다. 이를 해결하기 위해 임시직이나 프리랜서를 활용하거나 정부의 창업지원 프로그램을 통해 자금을 확보해 추가 인력을 고용하는 방안이 효과적일 수 있다. 또한 업무 자동화 도구를 도입해 인력의 부담을 줄이는 것도 고려할 만하다.

남아 있는 직원에게 과중한 업무가 부여되면 스트레스와 불만으로 이어져 직원 이탈 가능성이 높아진다. 이를 방지하기 위해 임시직이나 아르바이트를 활용해 인력을 보충하거나 특정 업무에 외부 전문가를 활용하는 방안도 효과적이다.

경영 경험 부족 또한 창업자들이 흔히 겪는 문제이다. 많은 창업자가 특정 기술이나 제품에는 전문성을 갖추고 있지만, 인사관리 등 경영 활동에 대한 경험이 부족하다. 이는 직원 채용, 평가, 교육 등의 과정에서 비효율적이거나 부적절한 결정을 초래할 가능성을 높인다. 이러한 문제를 해결하기 위해 정부나 민간 기관에서 제공하는 창업자 경영 교육 프로그램에 참여하는 것이 도움이 된다. 예를 들어, 중소벤처기업부의 '창업진흥원 경영아카데미'는 재무관리, 인사관리, 마케팅 전략 등 필수 경영기술을 교육하여 창업자들에게 실질적인 도움을 제공한다. 필요 시 인사 전문가를 채용하거나 외부 컨설팅을 통해 인사관리 시스템을 구축하는 것도 바람직하다.

법적 규제 미준수는 기업의 지속 가능성을 위협하는 중요한 요소이다. 근로기준법, 산업안전보건법 등 노동법 관련 규정을 준수하지 않을 경우, 기업은 법적 문제에 직면할 위험이 있다. 예를 들어, 한 조선소에서 작업 중 안전 관리 미흡으로 인한 사망 사고가 발생하여 해당 기업의 대표가 법적으로 처벌받은 사례가 있었다. 이러한 사건은 기업의 신뢰도와 이미지에 치명적인 타격을 줄 수 있으며 경제적 손실과 함께 인력 이탈을 초래할 수 있다.

이를 예방하기 위해서는 정기적인 법률 검토와 직원 교육이 필요하다. 법적 규정을 철저히 준수하는 것은 단순한 의무가 아니라 기업의 책임이자 경쟁력이다. 또한 안전한 작업환경을 조성하기 위해 지속적인 투자와 개선이 필요하다. 결국, 법적 규제를 준수하는 것은 기업의 장기적인 성공과 지속 가능한 발전을 위한 필수 조건이다.

조직문화의 부재 또한 초기 단계의 창업기업에서 흔히 발생하는 문제이다. 사업 성공과 결부되는 조직문화가 형성되지 않으면 직원 간 소통이 원활하지 않아 팀워크와 협업이 저해될 수 있다. 예를 들어, 글로벌 기업 구글은 협업과 창의성을 중시하는 조직문화를 구축하여 성공적으로 성장했다. 창업기업도 이러한 사례를 참고하여 정기적인 팀워크 활동과 창의적인 사고를 촉진할 수 있는 프로그램을 도입함으로써 긍정적인 조직문화를 구축할 수 있다. 조직의 비전과 가치를 명확히 하고 이를 직원들과 공유하는 다양한 방법을 고려할 수 있다. 예를 들어, 정기적인 전사 미팅이나 워크숍을 통해 기업의 비전과 목표를 발표하고, 이를 구체적인 사례와 성과로 연결하여 설명하면 효과적이다. 또한 직원들이 회사의 가치와 비전을 자기 일과 연결 지을 수 있도록 사례 공유 세션을 운영하거나 조직별로 이를 실천하는 방법을 브레인스토밍 시간을 통해 실천 전략을 도출하는 것도 효과적이다.

성과관리 부족도 인사문제의 한 축을 차지한다. 직원의 성과를 평가하고 피드백을 제공하는 체계가 부족하면 직원들은 자신의 업무가 어떻게 평가되는지 알지 못하게 되고, 이는 동기 저하로 이어질 수 있다. 성과평가 체계를 구축하고 정기적인 피드백을 통해 직원의 업무 성과를 관리하는 것이 필요하다. 핵심성과지표(KPI)를 설정하여 성과를 측정하고 분석함으로써 직원들이 목표를 명확히 이해하고 발전할 수 있도록 해야 한다.

2) 인사 및 노무 문제의 해결 방안

이런 인사 및 노무 문제를 해결하기 위한 방법은 다양하므로 자원관리를 최적화하고 필요한 인력을 적극적으로 채용하고 업무를 효율적으로 배분해야 한다. 인사관리 교육을 통해 경영자의 역량을 강화하고 법적 규제를 준수하는 데 필요한 지식을 갖추는 것이 중요하다. 그리고 체계적인 관리 시스템을 도입하여 업무 프로세스를 표준화하고 직원 간의 역할을 명확히 하여 혼란을 줄이는 것이 필요하다.

창업 후 인사 및 노무 문제를 해결하기 위해서는 체계적인 관리와 예방 조치가 필수적이다. 이를 위해 먼저 체계적인 인사정책을 수립해야 한다. 인사정책은 문서화하여 모든 직원에게 공유하고 정기적으로 업데이트하여 변화하는 환경에 맞춰 지속적으로 개선해야 한다. 이를 통해 직원들이 회사의 인사방침을 명확히 이해하고 따를 수 있도록 해야 한다.

직원의 역량 강화를 위한 교육 및 개발 프로그램을 운영하는 것이 중요하다. 예를 들어, 글로벌 기업 IBM은 'Think Academy'라는 내부 교육 플랫폼을 운영하여 직원들에게 최신 기술과 비즈니스 전략을 학습할 기회를 제공하고 있다. 또한 애플은 직원들이 새로운 기술을 배우고 자신의 역량을 강화할 수 있도록 다양한 온라인 강좌와 워크숍을 제공하는 'Apple University' 프로그램을 운영하고 있다. 창업기업도 이러한 사례를 참고하여 직무별 맞춤 교육, 리더십 개발 과정 그리고 외부 전문 강사를 초빙한 워크숍 등을 통해 직원들의 역량을 강화할 수 있어야 한다. 이러한 프로그램은 직원들이 지속적으로 성장할 수 있는 기회를 제공하며, 이는 결과적으로 조직의 발전에도 기여한다. 정기적인 교육을 통해 직원들은 자신의 기술과 지식을 업데이트할 수 있어 직무 수행능력을 향상시키는 데 도움이 된다.

커뮤니케이션 채널을 활성화하는 것도 매우 중요하다. 직원과의 정기적인 소통을 통해 그들의 의견을 수렴하고 문제를 조기에 발견하여 해결할 수 있다. 이러한 소통은 직원들이 자신이 속한 조직에 대한 소속감을 느끼게 하며 조직의 목표와 비전에 대한 공감대를 형성하는 데 많은 도움이 된다.

필요한 경우 외부 전문가의 자문을 받는 것도 좋은 방법이다. 인사 노무 전문가의 자문을 통해 보다 효과적인 해결 방안을 모색할 수 있으며, 이는 내부에서 해결하기 어려운 복잡한 문제를 효율적으로 처리하는 데 도움이 된다. 전문가의 도움을 받는 것은 특히 법적 문제나 복잡한 인사관리 문제에 유용할 수 있다.

마지막으로, 직원 복지 및 보상을 개선하는 것도 중요하다. 경쟁력 있는 급여와 다양한 복지 혜택을 제공함으로써 직원의 만족도를 높이고 조직에 대한 충성도도 높일 수 있다. 직원들이 만족하는 복지제도는 우수 인재를 유치하고 유지하는 데 중요한 역할을 한다.

그러므로 창업 후 인사 및 노무 문제는 창업 초기 단계에서부터 체계적인 관리와 예방 조치가 필요하다. 인사 및 노무 문제의 원인과 해결 방안을 바탕으로 문제를 사전에 인지하고 적절히 대응하는 것이 중요하다. 이러한 노력을 통해 기업은 건강하게 성장할 수 있으며, 직원들은 더욱 만족스러운 근무 환경을 경험하게 될 것이다. 이를 통해 조직 전체의 성과와 직원의 행복을 동시에 추구할 수 있다.

5. 규제 및 법규 준수 문제의 원인과 해결

창업 후 발생하는 규제 및 법규 준수 문제는 사업운영에 있어 필수적으로 관리해야 할 중요한 요소이다. 이를 제대로 관리하지 않으면 심각한 법적 제재나 재정적 손실을 초래할 수 있다. 규제와 법규 문제는 산업별 특성에 따라 달리 나타나므로, 창업자는 자기 사업 분야와 관련된 법률, 규정 그리고 산업별 지침을 철저히 이해하고 준수해야 한다. 따라서 사업 초기 단계는 물론 운영 중에도 관련 법규를 지속적으로 검토하고 업데이트하는 노력이 필요하다.

1) 규제 및 법규 준수 문제의 주요 원인

허가 및 면허를 취득하는 과정에서 복잡한 절차나 불명확한 정보로 인해 문제가 발생할 수 있다. 예를 들어, 허가 신청 서류가 미비하거나 절차를 이해하지 못해 시간이 지연될 수 있으며, 일부 지역에서는 관할 기관의 대응이 느려지는 경우도 있다. 창업 초기 단계에서 사업에 필요한 다양한 허가와 면허를 취득하는 과정에서 어려움이 자주 발생한다. 각 산업에서 요구되는 허가와 면허는 서로 다르기 때문에 이를 충분히 조사하지 않으면 사업 시작이 지연되거나 불법 운영의 위험에 직면할 수 있다. 예를 들어, 음식업의 경우 위생 관련 허가가 필수이며, 제조업은 환경규제와 관련된 허가가 필요하다. 이를 해결하기 위해 사업 초기부터 관련 법규를 철저히 조사하고 필요한 절차를 충실히 이행해야 한다. 필요 시 전문가와 상담하여 정확한 정보를 바탕으로 준비를 진행하는 것이 효과적이다.

노동법 및 고용 관련 규제를 준수하는 것도 매우 중요하다. 창업자는 근로계약, 급여 지급, 근무 조건, 근로시간 등과 관련된 법적 요건을 잘 이해해야 한다. 노동법을 위반할 경우 기업은 벌금 부과, 징계 조치, 민사소송, 행정처분 등의 법적 제재를 받을 수 있다. 벌금은 위반 정도에 따라 달라지며 반복 위반 시 더 큰 금액이 부과될 수 있다. 근로자는 피해를 입었을 경우 손해배상을 청구할 수 있다. 또한 노동청 등의 조사결과에 따라 영업정지나 사업허가취소 등의 행정처분이 내려질 수 있다. 이러한 위반은 기업의 신뢰도와 이미지에도 부정적인 영향을 미칠 수 있다. 노동법 준수는 매우 중요하다. 이러한 문제를 해결하기 위해서는 법적 요건에 대한 교육을 실시하고 법률 전문가와 상담하여 근로계약서 및 직원 정책을 면밀히 검토하는 것이 필요하다. 또한 정기적으로 법적 요건을 업데이트하고 직원들에게도 관련 정보를 제공하여 모두가 법을 준수할 수 있도록 해야 한다.

세금 관련 규제를 준수하는 것도 필수적이다. 창업자는 사업운영에 따른 세금신고와 납부의무를 정확히 이해해야 하며, 세금신고를 소홀히 하거나 잘못하면 과태료가 부과되거나 심각한 경우 세무조사를 받을 수 있다는 것을 명심해야 한다. 이를 해결하기 위해서는 세무 전문가와 상담하고 세금관리 시스템을 구축하여 정기적으로 세금신고 및 납부를 관리해야 한다. 그리고 회계 소프트웨어를 활용하여 재무상태를 체계적으로 관리하면서 세무 관련 문제를 사전에 예방하는 것도 좋은 방법이다.

소비자 보호법 및 제품 안전 관련 규제를 준수하는 것도 중요하다. 이러한 중요성을 잘 보여주는 사례로, 한 상거래업체에서 판매한 '탐사수' 제품과 관련하여 일부 제조업체가 수질 기준을 위반한 일이 있었다. 이로 인해 해당 제품을 구입한 소비자들은 발암물질인 크롬에 노출되는 위험에 처한 경우이다. 이 사건은 소비자 보호법 및 제품 안전 규제를 준수하는 것이 얼마나 중요한지를 보여주는 사례로, 문제가 발생한 후 대규모 리콜과 함께 해당 업체에 대한 제재가 이루어졌다. 이러한 법규위반은 소비자의 신뢰를 잃게 할 뿐 아니라 기업의 명성과 재정적인 안정에도 치명적인 영향을 미칠 수 있다. 제품이나 서비스를 제공하는 경우 소비자에게 안전하고 품질 좋은 제품을 제공해야 하며, 관련 법규를 준수하지 않을 경우 법적 책임을 질 수 있어 주의가 요구된다. 이러한 문제를 예방하기 위해서는 제품의 안전성을 지속적으로 점검하고 소비자 보호법에 대한 교육을 실시하여 모든 직원이 해당 규제를 이해하도록 해야 한다. 그러므로 고객의 피드백을 적극적으로 반영하여 제품이나 서비스를 개선하는 것도 중요하며 소비자의 목소리를 듣고 이를 반영하면 더욱 신뢰받는 브랜드로 성장할 수 있다.

환경 규제 준수, 특히 제조업체나 환경에 영향을 미치는 사업에 필수적이다. 이러한 중요성을 보여주는 사례로, 한 화학회사가 폐수를 적절히 처리하지 않아 인근 지역 하천을 오염시켰고, 이에 따라 벌금과 시설 개선 명령을 받았다. 이러한 법규위반은 단순히 경제적 손실에 그치지 않고 지역 사회와의 신뢰를 심각하게 훼손할 수 있다. 환경 관련 법규를 준수하지 않으면 막대한 벌금이나 법적 제재를 받을 수 있어 기업의 신뢰도와 지속 가능성에도 악영향을 미칠 수 있다. 이를 해결하기 위해서는 환경 관련 법규를 충분히 이해하고 필요한 경우 환경 전문가와 협력하여 사업운영이 환경규제를 준수하도록 해야 하며 정기적으로 환경 영향을 평가하고 이를 개선하기 위한 노력을 기울여야 한다. 이러한 노력이 기업의 사회적 책임을 다하는 데 중요한 역할을 한다.

창업 후 발생하는 규제 및 법규 준수 문제는 다양한 원인으로 발생하지만, 체계적인 접근과 전략을 통해 충분히 극복할 수 있다. 창업자는 관련 법규를 철저히 이해하고 필요한 허가 및 면허를 확보하며 노동법, 세금, 소비자 보호법 및 환경규제를 준수하는 데 필요한 시스템과 절차를 마련해야 한다. 이러한 노력이 법적 문제를 예방하고 안정적인 사업운영을 이어갈 수 있으며, 장기적으로 기업의 성장과 지속가능성에 긍정적인 영향을 미칠 것이다.

2) 규제 및 법규 준수 문제의 해결 방안

창업 후 규제 및 법규 준수 문제를 해결하기 위해서는 다음과 같은 방법들을 고려할 수 있다.

법적 자문을 받을 수 있는 전문가와의 관계를 구축하는 것이 중요하다. 예를 들어, 법률 전문가의 도움을 통해 복잡한 계약서를 검토하거나 불확실한 법적 요구사항을 명확히 할 수 있다. 세무사의 조언은 세금 납부 과정에서 절세 기회를 발견하고 과태료 위험을 줄이는 데 유용하다. 이러한 전문가들과의 협력은 예상치 못한 법적 문제를 사전에 방지하고, 기업이 법적 규정을 효율적으로 준수할 수 있도록 돕는 중요한 수단이다. 법률 전문가, 세무사, 회계사 등과의 정기적인 상담을 통해 최신 법규 및 규제에 대한 정보를 빠르게 얻을 수 있고 필요한 조치를 취할 수 있다. 이러한 전문가들은 복잡한 법적 요건을 이해하고 준수하는 데 필요한 지침을 제공해 줄 수 있다.

내부 관리 시스템을 구축하여 법규 준수를 체계적으로 관리하는 것이 필요하다. 이를 위해 법규 준수 체크리스트를 만들고 각 부서별로 관련 법규와 규제를 명확히 하여 책임을 분담하는 것이 좋다. 정기적인 내부 감사나 점검을 통해 법규 준수 상태를 점검하고 필요한 경우 즉시 개선 조치를 해야 한다. 이러한 시스템은 법적 리스크를 줄이고 기업의 투명성을 높이는 데 기여할 수 있다.

직원 교육을 통해 모든 직원이 법규 준수의 중요성을 이해하도록 해야 한다. 정기적인 교육 프로그램을 실시하여 직원들이 관련 법규 및 규제에 대해 충분히 알고 이를 준수할 수 있도록 돕는 것이 중요하다. 직원들이 법규를 이해하고 이를 준수하게 되면 기업 전체의 법적 리스크를 줄일 수 있다.

마지막으로, **변화하는 규제 환경에 적응하기 위해 지속적인 모니터링이 필요하다.** 이를 위해 정부 및 산업협회의 공식 웹사이트, 법령 정보 시스템, 또는 최신 법규 관련 뉴스 알림 서비스를 활용할 수 있다. 또한 전문 소프트웨어를 사용하여 관련 규제와 정책 변화를 실시간으로 추적하거나 규제 변화를 분석하고 대응 전략을 제시하는 컨설팅 서비스를 도입하는 것도 효과적이다. 정부의 정책 변화나 새로운 법규 도입에 대한 정보를 주기적으로 수집하고 이를 기반으로 기업의 운영 방침을 조정해야 한다. 이를 통해 변화하는 시장환경에 유연하게 대응할 수 있으며 앞으로의 법적 문제를 예방할 수 있다.

창업 후 발생하는 규제 및 법규 준수 문제는 사업운영의 필수적인 부분이다. 창업자는 이러한 문제를 적극적으로 관리하고 해결하기 위한 체계적인 접근을 통해 법적 리스크를 최소화하고 안정적인 사업운영을 지속할 수 있다. 법규 준수를 통해 기업의 신뢰성과 지속 가능성을 높이는 것은 궁극적으로 사업의 성공으로 이어질 것이다. 이러한 노력이 모여 건강한 조직문화를 형성하고 장기적으로 경쟁력을 강화하는 데 기여하게 된다.

6장

성공적인 창업과 운영을 위한 제안

6장 성공적인 창업과 운영을 위한 제안

1. 창업자를 위한 제안

창업자는 기업가정신을 바탕으로 고객을 위해 새로운 가치를 창출하고, 혁신을 추구하며, 도전과 위험을 감수하는 태도와 행동을 갖춰야 함은 물론, 운영과 매출 및 이윤의 중요성을 깊이 이해해야 한다. 헨리 포드의 "매출은 사업의 생명줄이지만, 이윤은 그 목적이다."라는 말은 매출 증대와 이윤 관리가 사업운영의 핵심임을 잘 보여준다. 이를 통해 사업은 성공과 지속 가능한 성장을 이룰 수 있다.

사업체 대표는 단순한 관리자가 아니라 영업 전문가로서 효과적인 매출 증대 방안을 모색하고 실행해야 한다. 특히 고객을 확보하고 기존 고객의 재구매를 유도하는 단골 고객 관리에 집중하는 것이 중요하다. 다양한 마케팅 채널을 활용해 브랜드를 알리고, 고객 만족도를 높이는 전략을 통해 고객의 재방문을 유도할 필요가 있다. 충성도 프로그램이나 할인 프로모션 같은 전략으로 기존 고객과의 관계를 강화하는 것도 효과적이다.

매출 증대뿐만 아니라 이윤 극대화를 위한 노력도 필수적이다. 운영비용을 철저히 분석해 불필요한 지출을 줄이고 제품이나 서비스의 가치를 반영한 합리적인 가격을 책정하는 것이 필요하다. 이를 통해 매출을 증대시키면서도 사업의 이익 구조를 안정적으로 유지할 수 있다.

1) 자기 계발

자기 계발은 창업의 성공과 지속 가능성을 좌우하는 중요한 요소이다. 이를 위해 학습과 지식 습득, 시간 관리와 생산성 향상, 자기반성과 피드백이라는 세 가지 측면에서 꾸준히 노력해야 한다.

먼저, 학습과 지식 습득은 빠르게 변화하는 업계 환경과 소비자 요구에 적응하고 경쟁력을 유지하기 위한 필수 요소이다. 필요한 학습이나 관련 서적과 업계 보고서를 정기적으로 읽으며 최신 트렌드와 소비자 행동을 이해해야 한다. 필자 역시 외국계 회사에 근무하면서 모든 제품을 해외 본사에서 수입해야 하는 과정을 겪으며 무역에 대한 지식의 부족을 절실히 느꼈고, 이를 보완하기 위해 무역학을 공부하게 되었다. 또한 뷰티 업종을 컨설팅하면서도 알지 못했던 부분이 많아 미용학을 배우며 전문성을 키웠다. 이러한 경험을 통해 창업자는 끊임없는 학습과 자기 계발을 통해 새로운 문제를 해결하고 성장할 수 있을 것이다. 또한 업계 전문가가 참여하는 세미나나 워크숍에 참석해 새로운 정보를 얻고 자격증 취득이나 온라인 강의를 통해 전문성을 강화할 수도 있다. 일례로 다른 창업자들과 네트워킹하며 경험과 인사이트를 공유하는 것도 매우 효과적이다. 이런 상호작용은 새로운 아이디어를 얻고 다양한 문제해결 방안을 모색하는 데 큰 도움이 된다.

둘째, 시간 관리와 생산성 향상은 다양한 업무를 효율적으로 처리하기 위해 필요하다. 업무의 우선순위를 명확히 설정하고 이를 바탕으로 계획적으로 시간을 활용해야 한다. 최신 프로젝트 관리 도구와 협업 소프트웨어를 활용하면 업무를 체계적으로 관리하고 직원들과 원활하게 협력할 수 있다. 예를 들어, 업무를 분류하고 마감일을 설정하여 일정을 관리하면 업무 진행 상황을 명확히 파악할 수 있다. 이를 통해 직원들과의 의사소통이 원활해지고 업무 효율이 높아진다.

셋째, 자기반성과 피드백은 지속적인 성장을 위한 기반이다. 정기적으로 자신의 목표와 진행 상황을 점검하며 필요한 조정을 통해 발전 방향을 모색해야 한다. 고객과 직원으로부터 받은 피드백은 서비스와 운영 방식을 개선하는 데 중요한 자산이다. 문제점을 발견했다면 구체적인 개선 계획을 수립하고 실행해야 한다. 예를 들어, 고객의 불만사항을 분석하고 이를 해결하기 위한 조치를 취하면 고객 만족도를 높이는 데 기여할 수 있다. 이러한 피드백 루프를 통해 지속적인 성장을 도모할 수 있다.

이처럼 학습과 지식 습득, 시간 관리 및 생산성 향상, 자기반성과 피드백은 창업자가 자신의 역량을 강화하고 성공적인 사업운영을 이끄는 데 필수적인 요소이다. 이 세 가지를 실천함으로써 변화하는 환경에 능동적으로 대응하고 사업의 지속적 성장을 이루는 기반을 마련할 수 있다. 지속적인 자기 계발은 창업자가 빠르게 변화하는 시장에서 경쟁력을 유지하고 더욱 효과적으로 고객의 니즈에 부응할 수 있는 원동력이 된다.

2) 디지털 역량 강화

요즘 온라인 쇼핑 플랫폼 그리고 배달 앱과 디지털 마케팅이 대세로 자리 잡으면서 창업자들에게 디지털 역량의 중요성이 더욱 커지고 있다. 소비자들이 온라인에서 정보를 검색하고 구매하는 경향이 증가함에 따라, 창업자는 효과적인 디지털 마케팅 전략을 수립해야 한다. 이를 위해 소셜 미디어 플랫폼을 활용하여 브랜드 인지도를 높이고 고객과의 소통을 강화하는 것이 필수적이다.

디지털 역량을 쌓기 위해서는 먼저 관련 교육과정을 이수하는 것이 좋다. 중소상공인의 경쟁력 강화와 지속 가능한 성장을 위해 설립된 비영리 재단 '중소상공인희망재단'이나 온라인 강의 플랫폼에서 제공하는 디지털 마케팅, 검색엔진 최적화(SEO), 소셜 미디어 관리 등의 강의를 통해 최신 기법과 트렌드를 배울 수 있다. 이러한 교육은 이론

뿐만 아니라 실습을 통해 실제 적용 가능한 지식을 제공하므로 창업자에게 매우 유익하다.

또한 데이터 분석 능력은 현대의 마케팅에서 경쟁력 확보를 위한 핵심 역량이다. 고객의 행동 패턴을 이해하고, 이를 바탕으로 맞춤형 서비스를 제공함으로써 경쟁력을 확보할 수 있다. 방문자 수, 페이지 조회 수, 세션 시간 등 웹사이트의 기본적인 트래픽 데이터를 제공하는 구글 애널리틱스(Google Analytics), 페이지의 좋아요 수, 게시물 도달률, 상호작용 수 등 페이지 전반의 성과를 분석하는 페이스북 페이지 인사이트(Facebook Insights) 등 다양한 데이터 분석 툴의 활용법을 익히고 이를 마케팅에 적용하는 실습이 중요하다. 이렇게 분석한 데이터를 통해 고객 세분화와 타깃 마케팅 전략을 수립할 수 있다.

실제로 배달 앱을 활용하는 방법과 마케팅 전략을 연구하는 것도 큰 도움이 된다. 시장에서 성공한 사례를 분석하고 그들의 전략을 벤치마킹함으로써 자신만의 차별화된 접근 방식을 개발할 수 있다. 특히 소비자 리뷰와 피드백을 통해 제품이나 서비스 개선점을 찾아내는 것도 중요한 과정이다.

디지털 역량은 창업자가 시장에 효과적으로 진입하고, 고객 데이터를 기반으로 전략을 조정하며, 지속 가능한 성장을 달성하는 데 핵심적인 역할을 한다. 다양한 방법으로 역량을 쌓고, 이를 실제 비즈니스에 적용함으로써 경쟁력을 갖춘 창업자로 성장할 수 있다.

3) 리더십과 효과적인 의사소통

창업자의 리더십과 효과적인 의사소통은 성공적인 사업운영의 핵심 요소이다. 강력한 리더십은 직원들에게 비전과 목표를 제시하고 그들이 자신의 역할을 이해하며 자발적으로 참여하도록 유도하는 중요한 역할을 한다. 창업자는 자신의 비전을 명확히 전달하고 직원들이 그 비전에 공감할 수 있도록 해야 한다. 이를 위해 비전과 목표를 구체적으로 표현하고 직원들이 이해하기 쉽도록 명확히 설명하는 것이 중요하다.

효과적인 의사소통은 직원 간 신뢰를 구축하고 문제해결을 촉진하는 데 필수적이다. 창업자는 정기적으로 직원들과 미팅을 진행하며 업무의 진행 상황을 공유하고 직원들의 의견을 적극적으로 수렴해야 한다. 이러한 열린 소통 환경은 직원들이 자신의 의견이 존중받고 있다고 느끼게 하고, 이는 업무 몰입도를 높이며 조직의 일체감을 강화하는 데 기여한다. 또한 직원들이 자유롭게 의견을 나눌 수 있는 안전한 공간을 마련하는 것도 중요하다.

피드백 역시 효과적인 의사소통에서 중요한 요소이다. 창업자는 직원들에게 구체적이고 건설적인 피드백을 제공해 그들이 성장할 수 있는 기회를 마련해야 한다. 긍정적인 피드백뿐만 아니라 개선이 필요한 부분에 대해서도 솔직히 이야기할 수 있어야 한다. 또한 직원들로부터 피드백을 수용하고 이를 바탕으로 리더십 스타일이나 조직문화를 개선하려는 노력이 필요하다. 피드백을 주고받는 과정은 상호 신뢰를 강화하고 직원들의 성장을 촉진하는 데 중요한 역할을 한다.

갈등 관리 능력도 리더십의 중요한 부분이다. 창업자는 직원 간 갈등을 신속히 인식하고 중재자로서의 역할을 수행해 조직 내 화합을 유지해야 한다. 갈등 상황에서는 중립적인 입장에서 문제를 분석하고 모든 관련자의 의견을 경청하는 것이 중요하다. 이를 통해 직원들은 서로의 의견을 존중하고 협력하며 더 나은 결과를 도출할 수 있다. 갈등 해결 과정은 직원들 간 결속력을 강화하고 공동 목표를 향한 협업을 촉진하는 기회로 작용할 수 있다.

결론적으로, 리더십과 효과적인 의사소통은 직원들의 사기를 높이고 창의적인 아이디어와 혁신을 촉진하여 사업의 성장과 발전에 매우 중요하다. 창업자는 이러한 능력을 지속적으로 개발하고 강화하여 조직을 성공적으로 이끌어야 한다. 이를 위해 다양한 교육과 훈련을 통해 리더십 역량을 향상시키려는 노력이 필요하다. 이러한 적극적인 자세는 직원들의 성과를 극대화하며, 변화하는 시장 환경에서도 조직의 목표를 효과적으로 달성하는 데 중요한 역할을 한다.

4) 긍정적인 태도와 끈기

창업자가 자신의 사업을 단기간에 정상 궤도에 올려놓는 것은 여간 힘든 일이 아니다. 대부분의 창업은 J커브 효과처럼 초기에는 부정적인 결과에 직면할 경우가 많다. 따라서 사업계획과 목표를 설정할 때는 적어도 10년 이상 장기적인 관점을 가지고 전진할 각오가 필요하다. 물론 단기간에 좋은 결과가 생긴다면 이보다 좋은 일이 없겠지만 누구나 단련 과정과 어려움을 겪는다고 봐야 한다. 필자 또한 초기 투자비와 결과에 쫓겨 조급한 마음에 스트레스만 받아 고생한 경험이 있다. 누구나 사업을 시작했다면, 예상치 못한 일들을 수없이 많이 겪기 때문에 시장과 고객을 이해하면서 지속적인 노력과 개선을 통해 발휘되는 기업가정신을 바탕으로 어려움을 극복해 나간다면, J커브 효과의 후반부처럼 긍정적인 결과로 이어지리라 확신한다. 그러기 위해서는 지속적으로 추진할 수 있는 긍정적인 태도와 끈기가 필요하다. 예를 들어, 우리나라의 대표적인 성공 기업들을 살펴보면, 초창기에는 규모가 작았지만 수십 년이 지난 지금은 규모와 글로벌화 측면에서 세계 유수의 기업들과 어깨를 나란히 하고 있음을 상기해 보기 바란다. 또한 우리가 잘 알고 있는 1930년생인 워런 버핏은 1965년에 사업을 시작했으며, 현재 재산은 약 180조 원에 이른다. 흥미롭게도 그는 65세 이후에 재산의 90%를 축적했다고 알려져 있다. 따라서 1965년부터 1995년까지 30년 동안 취득한 재산은 지금의 10%밖에 안 될 정도로 꾸준함과 끈기의 실제 사례로 볼 수 있다.

그러므로 창업자는 일희일비하지 말고 목표를 이루기 위한 강한 정신을 바탕으로 지속적으로 노력하는 끈기가 필요하다. 사업운영 과정에서는 다양한 실패와 도전에 직면하게 되며, 이때 끈기는 포기하지 않고 다시 시도할 수 있는 원동력이 된다. 끈기를 통해 문제를 해결하려는 자세는 결국 성공적인 결과를 만들어내며, 이러한 경험은 창업자의 성장과 발전에 중요한 자산으로 작용한다. 더 나아가 끈기는 창업자가 장기적인 목표를 설정하고 이를 향해 꾸준히 나아가게 하는 힘이 되어, 사업의 비전과 목표를 달성하는 데 필수적인 역할을 한다.

긍정적인 태도는 어려운 상황에서도 희망과 자신감을 유지하며 문제를 해결하려는 자세를 가능하게 한다. 이러한 태도는 직원들에게도 전염되어 긍정적인 조직 문화를 형성하고 사기를 높이는 데 기여한다. 또한 긍정적인 사고는 창의성과 혁신을 촉진하며 새로운 아이디어를 탐구하고 도전하는 데 필요한 용기를 제공한다. 예를 들어, 실패를 두려워하지 않고 이를 학습의 기회로 삼는 태도는 직원들 간 협업 분위기를 조성하고 혁신적인 솔루션을 도출하는 데 중요한 역할을 할 수 있다.

긍정적인 태도와 끈기는 고객과의 관계에서도 중요한 역할을 한다. 고객의 피드백이나 불만을 긍정적으로 받아들이고 문제를 해결하기 위해 끈기 있게 노력함으로써 고객의 신뢰를 얻을 수 있다. 또한 고객의 요구를 경청하고 적절히 대응함으로써 충성도를 높이는 것은 사업의 지속 가능성을 강화하는 데 기여한다. 예를 들어, 고객의 불만 사항을 신속하게 해결하고 이를 개선된 서비스로 연결시키는 과정은 고객 만족도를 높이고 사업의 성과를 더욱 증대시킬 수 있다.

그뿐만 아니라 긍정적인 태도와 끈기는 변화하는 시장 환경에 적응하고 지속적으로 성장할 수 있는 기반이 된다. 시장의 변화에 민감하게 반응하며 새로운 기회를 포착하는 능력은 창업자가 어려움을 극복하고 사업을 성공으로 이끄는 데 핵심적인 요소이다. 긍정적인 태도는 도전적인 상황에서도 창업자로 하여금 희망을 잃지 않게 하며 직원들과 조직 전체에 긍정적인 영향을 미친다. 이러한 태도는 직원들에게 동기부여를 제공하고, 조직의 성공 가능성을 한층 높이는 데 기여한다.

결국, 긍정적인 태도와 끈기는 창업자가 지속 가능한 성공을 이루기 위한 필수적인 자질이다. 이러한 자질은 창업자로 하여금 변화하는 환경 속에서도 강한 의지를 가지고 사업을 이끌어 나갈 수 있도록 돕는다. 또한 직원들과 협력하여 혁신과 성장을 달성하는 기반을 제공하며 조직의 장기적인 발전과 성과를 보장해 줄 수 있다.

5) 네트워킹 구축 및 유지

창업자의 네트워킹 구축과 유지는 비즈니스 성장과 성공을 위한 필수 요소로 다양한 면에서 큰 가치를 제공한다. 효과적인 네트워킹은 업계 전문가, 멘토, 동료 창업자와의 관계를 형성하는 첫걸음이다. 이러한 관계는 경험과 자원을 공유할 기회를 제공하며, 창업자가 시장 동향을 파악하고 새로운 비즈니스 기회를 탐색하는 데 매우 유용하다. 네트워킹은 단순한 인맥 형성을 넘어 신뢰를 기반으로 한 협력과 지원의 네트워크를 구축하는 과정으로 이해해야 한다.

네트워킹은 창업자가 자신의 아이디어와 비즈니스 모델을 외부에 알릴 수 있는 중요한 플랫폼을 제공한다. 다양한 행사, 세미나, 콘퍼

런스에 참여함으로써 업계의 최신 정보를 얻고 잠재고객이나 투자자와의 접점을 넓힐 수 있다. 이러한 만남은 창업자가 자신의 비즈니스를 효과적으로 홍보하고 필요한 지원을 받을 수 있는 기회를 만들어준다. 특히 이러한 네트워킹 기회를 활용해 투자자의 관심을 끌거나 파트너십을 구축하는 것은 사업 성장의 중요한 요소이다.

네트워킹을 구축한 후에는 관계를 지속적으로 유지하는 것이 필수적이다. 정기적인 소통을 통해 서로의 발전 상황을 공유하고 필요할 때 도움을 주고받는 관계를 형성해야 한다. 예를 들어, 간단한 메시지나 이메일로 상대방의 근황을 묻거나 커피 미팅을 제안하는 방법으로 관계를 유지할 수 있다. 이러한 노력은 신뢰를 쌓고 장기적인 협력 관계로 발전할 수 있는 기반을 형성한다. 또한 정기적인 네트워킹 이벤트에 참여하거나 소셜 미디어를 활용해 관계를 더욱 강화할 수 있다.

형성된 네트워킹은 창업자가 어려운 상황에 직면했을 때 큰 힘이 된다. 다양한 배경과 경험을 가진 네트워크의 지원은 문제를 해결할 수 있는 새로운 관점을 제공하며 실질적인 도움을 받을 수 있는 기회를 제공해 준다. 예를 들어, 특정 문제에 대한 조언을 구하거나 필요한 자원을 추천받는 등의 방식으로 네트워크의 가치를 실질적으로 활용할 수 있다. 이는 창업자가 불확실한 환경에서도 더욱 강력하게 대응할 수 있는 능력을 키우는 데 중요한 역할을 한다.

이처럼 네트워킹의 구축과 유지는 창업자가 자신의 비즈니스를 확장하고 지속 가능한 성장을 이루는 데 중요한 역할을 한다. 관계를 통해 얻는 정보와 지원은 창업자가 변화하는 시장 환경에 적응하고 성공적인 사업운영을 이어가는 데 큰 자산이 된다. 네트워킹은 또한 창업자가 새로운 기회를 발견하고 다양한 인사이트를 얻는 데 기여하며 사업의 경쟁력을 높이는 데 중요한 요소로 작용한다.

그러므로 효과적인 네트워킹은 단순히 인맥을 형성하는 것을 넘어 창업자가 지속 가능한 성공을 이루는 데 필수적인 전략이다. 이를 통해 창업자는 변화하는 시장 환경 속에서도 유연하게 대응할 수 있으며 나아가 자신의 비즈니스를 한 단계 더 발전시킬 수 있는 기회를 마련할 수 있다.

6) 제품 및 서비스 개발과 혁신

최근에 읽은 책에서 "기업 혁신의 아들이 디지털 혁신이고 그가 성인이 된 모습이 디지털 전환"이라는 문구는 기업이 변화하는 시장 환경에 적응하고 발전하기 위한 상황과 방향을 효과적으로 표현한 말로 기억에 남는다. 이는 제품 및 서비스 개발과 혁신이 기업의 지속 가능성과 경쟁력을 결정짓는 중요한 요소임을 잘 보여준다. 어떤 산업군에 속하든 성공적인 제품 개발은 고객의 니즈와 시장의 트렌드를 철저히 분석하는 데서 출발한다.

창업자는 고객 설문 조사나 피드백을 통해 고객이 진정으로 원하는 기능과 가치를 이해하고, 이를 바탕으로 제품이나 서비스를 설계해야 한다. 이러한 과정에서 고객의 목소리를 적극적으로 반영함으로써 시장에서의 차별화를 이루는 것이 중요하다. 예를 들어, 고객 설문 조사나 인터뷰를 통해 직접적인 피드백을 수집하고 이를 분석하여 제품의 기능이나 디자인에 반영할 수 있다. 고객의 요구를 충족시키는 제품 개발은 고객 만족도를 높이고 브랜드 충성도를 강화하는 데 기여한다.

혁신은 단순한 제품 개선을 넘어 새로운 아이디어와 솔루션을 창출하는 과정을 포함한다. 창업자는 기존의 문제를 새로운 시각에서 바라보고 실험과 검증을 통해 창의적인 해결책을 모색해야 한다. 이를 위해 직원들과의 브레인스토밍 세션을 통해 다양한 아이디어를 도출하고 프로토타입을 제작하여 실제 시장에서 테스트하는 것이 중요하다. 이러한 반복적인 과정은 제품이나 서비스의 품질을 지속적으로 향상시키고 고객의 기대를 초과 달성할 수 있는 기반이 된다. 또한 고객 피드백을 바탕으로 한 지속적인 개선은 제품 경쟁력을 높이는 데 필수적이다.

혁신적인 조직 문화 또한 제품 및 서비스 개발에 중요한 영향을 미친다. 창업자는 직원들이 자유롭게 아이디어를 제안하고 실험할 수 있는 환경을 조성해야 한다. 실패를 두려워하지 않고 실패에서 배우는 문화를 통해 조직의 창의성과 문제해결 능력을 극대화할 수 있다. 이러한 환경은 직원들이 새로운 아이디어를 탐구하고 실험하도록 장려하며 결과적으로 더 나은 제품과 서비스를 개발하는 데 기여한다.

또한 산업군에 따라 기술 변화에 민감하게 반응하고 최신 기술을 활용해 제품 개발에 적용함으로써 시장 변동성을 극복할 수 있는 기반을 마련할 수 있다.

결국, 어느 산업군에 속하든 제품 및 서비스 개발과 혁신은 창업자가 시장에서 지속적으로 성장하고 성공하기 위한 필수적인 전략이다. 고객의 목소리를 경청하고 혁신적인 사고를 바탕으로 지속적으로 개선하려는 노력은 경쟁에서 우위를 점하는 데 필수적이다. 이러한 노력을 통해 창업자는 고객의 충성도를 높이고 브랜드 가치를 강화할 수 있다. 나아가 변화하는 시장 환경 속에서도 유연하게 대응하며 지속 가능한 성공을 이끌어낼 수 있는 기반을 마련할 수 있다.

7) 핵심 인력 채용 및 평가

창업자의 핵심 인력 채용과 평가는 조직의 성공과 성장에 있어 필수적이며 올바른 인재를 확보하는 것이 장기적인 경쟁력을 좌우한다. 이를 위해 우선 명확한 직무 설명서를 작성하는 것이 중요하다. 직무 설명서는 해당 포지션의 역할, 책임, 필요 역량을 구체화하여 지원자들이 맡을 업무와 기대되는 성과를 명확히 이해하도록 돕는다. 이를 통해 적합한 후보자를 선별하는 데 큰 도움이 된다. 특히 직무 설명서에는 구체적인 업무 내용, 필요한 기술, 자격 요건을 포함시켜 지원자가 자신의 역량과 직무의 요구사항이 얼마나 일치하는지를 스스로 판단할 수 있게 해야 한다.

우수한 인재를 발굴하기 위해 다양한 채널을 활용하는 것도 중요하다. 온라인 구인 플랫폼, 전문 네트워킹 행사, 대학 취업 박람회 등을 통해 폭넓은 지원자를 모집할 수 있으며 내부 추천 시스템도 효과적인 방법이다. 이 과정에서 창업자는 후보자의 경력뿐만 아니라 성격, 가치관, 팀워크 능력 등을 종합적으로 고려해야 한다. 특히 직무와 조직의 문화에 적합한 인재를 찾는 것이 핵심이며, 이를 위해 기업의 비전과 가치에 부합하는 인재를 선별하는 것이 중요하다.

면접 과정에서는 지원자의 업무 또는 기술적 역량을 평가하는 동시에 기업 문화와의 적합성을 판단해야 한다. 행동 면접 기법을 활용하여 지원자의 과거 경험을 바탕으로 문제해결 능력과 대인 관계 능력을 평가할 수 있다. 예를 들어, 특정 상황에서의 행동을 묻고 그 결과를 분석함으로써 지원자의 적합성을 확인할 수 있다. 또한 동료나 팀원과의 협업 능력도 중요한 평가 요소이므로 그룹 면접을 통해 지원자의 협업 능력을 직접 관찰하는 방법도 고려할 수 있다. 이러한 과정은 지원자가 팀의 일원으로서 얼마나 기여할 수 있을지를 평가하는 데 유용하다.

채용 후에는 정기적인 성과평가와 피드백 시스템을 구축해야 한다. 초기에는 명확한 목표를 설정하고, 이를 바탕으로 직원의 업무 성과를 객관적으로 평가하는 것이 중요하다. 평가 결과를 바탕으로 필요한 교육이나 지원을 제공하여 직원이 자신의 역량을 개발할 수 있도록 돕는 것도 필요하다. 피드백은 단방향이 아니라 쌍방향으로 이루어져야 하며 직원이 자신의 의견을 자유롭게 표현할 수 있는 환경을 조성해야 한다. 이를 통해 직원들은 자신의 역할에 대한 책임감을 느끼고 조직에 더 큰 기여를 할 수 있는 동기를 부여받게 된다.

이러한 준비와 과정을 통한 핵심 인력 채용 및 평가는 창업자가 강력한 팀을 구성하고 조직의 목표를 효과적으로 달성하는 데 중요한 기반이 된다. 적합한 인재를 확보하고 지속적인 성장과 발전을 지원함으로써 창업자는 변화하는 시장 환경에서도 경쟁력을 유지할 수 있다. 이러한 체계적인 접근은 조직의 성과를 극대화하고, 장기적으로는 지속 가능한 성장의 토대를 마련하는 데 기여할 것이다.

8) 팀워크 및 고객 중심 조직문화 구축

창업자의 고객 중심 조직 문화 구축과 팀워크 관리는 기업의 지속 가능한 성장과 성공을 위한 핵심 요소이다. 효과적인 팀워크를 강화하기 위해 창업자는 직원 간의 소통을 원활히 하고 협력의 중요성을 강조하는 환경을 조성해야 한다. 이를 위해 정기적인 직원 및 팀 미팅, 워크숍 등을 개최하여 직원들이 자유롭게 의견을 표현하고 아이디어를 공유할 수 있는 플랫폼을 제공하는 것이 필요하다. 이러한 소통의 장은 팀원 간 신뢰를 쌓고, 공동의 목표를 향해 나아가는 협력의 기반이 된다.

팀워크 강화를 위해 팀 빌딩(Team Building) 활동을 도입하면 직원 간 유대감을 높이는 데 기여한다. 이러한 활동은 직원들이 서로를 더 잘 이해하고 개인의 강점을 활용해 팀 성과를 극대화할 수 있도록 돕는다. 창업자는 각 팀원이 자신의 역할과 책임을 명확히 이해하도록 하고, 팀의 성과를 공유하며, 이를 축하하는 문화를 조성해야 한다. 이러한 문화는 직원들이 자신이 팀의 중요한 일원임을 느끼게 하고 더 큰 동기부여를 제공한다.

고객 중심 조직 문화를 구축하려면 고객의 목소리를 적극적으로 반영하는 시스템을 마련하는 것이 필수적이다. 고객 피드백을 체계적으로 수집하고 분석해 이를 바탕으로 제품과 서비스의 개선점을 도출해야 한다. 모든 직원이 고객의 요구와 기대를 이해하고 존중하도록 교육하며 고객 서비스에 대한 책임감을 심어주는 것이 중요하다. 이를 위해 고객 사례를 팀 미팅에서 공유하고 긍정적인 경험과 부정적인 경험 모두를 학습의 기회로 삼는 문화를 조성해야 한다. 이러한 학습 과정은 직원들이 고객의 필요를 더욱 잘 이해하고 효과적으로 대응할 수 있도록 돕는다.

고객의 기대를 초과 달성하기 위해 고객 서비스를 자발적으로 개선할 수 있는 권한을 직원들에게 부여하는 것도 필요하다. 이를 통해 직원들이 고객과의 접점에서 직접적인 결정을 내리고 고객의 문제를 신속히 해결함으로써 긍정적인 경험을 제공할 수 있다. 예를 들어, 고객 불만에 즉각적으로 대응할 수 있는 권한을 부여하면 고객 만족도를 크게 높일 수 있다. 이러한 권한 부여는 직원들에게 자부심과 책임감을 심어주며 고객과의 관계를 더욱 강화한다.

팀워크와 고객 중심 조직 문화는 직원 만족도를 높이고 고객 충성도를 강화하는 데 중요한 역할을 한다. 창업자는 이러한 문화가 기업의 핵심 가치로 자리 잡도록 지속적으로 노력하며 모든 팀원이 고객을 최우선으로 생각하는 조직을 만들어야 한다. 이를 통해 변화하는 시장 환경 속에서도 경쟁력을 유지하며 장기적인 성공을 이끌어낼 수 있다.

더 나아가 고객 경험을 지속적으로 모니터링하고, 고객 요구사항의 변화를 반영해 제품과 서비스를 개선하는 것도 필요하다. 또한 고객 피드백을 바탕으로 새로운 아이디어를 도출하고, 이를 팀과 공유해 혁신적인 솔루션을 모색하는 과정이 중요하다. 이러한 접근은 고객과의 신뢰를 구축하고 브랜드 충성도를 높이는 데 기여하며 변화하는 시장 흐름에 능동적으로 대응할 수 있도록 돕는다.

결론적으로, 팀워크와 고객 중심 조직 문화를 구축하는 것은 단순히 내부 운영을 개선하는 것을 넘어 고객에게 더 나은 가치를 제공하고 지속 가능한 경쟁력을 확보하는 데 필수적이다. 창업자는 이러한 문화를 통해 조직의 비전과 목표를 실현하고 변화하는 시장 환경에서 성공을 지속적으로 이끌어낼 수 있다. 이러한 노력은 기업의 장기적인 성장과 발전을 위한 든든한 기반이 될 것이다.

9) 고객 유치와 고객 유지는 필수

고객 유치를 위해 가장 중요한 것은 고객의 니즈를 파악하고, 이를 해결할 수 있는 방안을 제공하기 위해 맞춤형 전략을 실행하는 것이다. 첫째, 타깃 고객 분석을 통해 고객층을 명확히 정의하고, 둘째, 온라인 마케팅(소셜 미디어, 검색 엔진 최적화 등)을 활용해 브랜드를 알린다. 셋째, 프로모션과 할인 이벤트로 고객의 초기 관심을 유도하며, 넷째, 추천 프로그램과 입소문을 통해 자연스러운 유입을 증대시켜야 한다. 마지막으로, 고객을 이해하고 공감하는 태도를 바탕으로 우수한 고객 경험을 제공하고 피드백을 반영해 신뢰를 쌓아 재방문을 유도하는 것이 중요하다. 지속적인 데이터 분석과 멤버십 및 마일리지 등 개인화 전략으로 고객과의 관계를 강화하고 만족도를 높이는 것이 성공적인 고객 유치 및 유지의 핵심이다.

필자의 경험을 얘기하자면, 어느 날 동네에 새로 개업한 김밥집을 방문한 경험이 기억에 남는다. 체인점이 아님에도 불구하고 식당 입구의 인테리어, 색상, 조명, 상호 및 문구 등 여러 면에서 전문가의 손길이 느껴졌다. 가게 대표로 보이는 분께 "체인점도 아닌데 어떻게 이렇게 모든 면에서 잘 갖춰 창업하셨나요?"와 "김치 맛이 정말 좋은데, 직접 담그셨나요?"라고 물었지만, 그분이 바쁜지 대답을 듣지 못했다. 이 김밥집은 외적인 요소는 전문가의 도움으로 잘 갖춰진 반면, 내적인 부분인 고객 응대와 서비스는 미흡해 보였다. 이는 지속적인 고객 응대 교육과 서비스 마인드셋의 중요성을 다시 한번 일깨워 준 경험이었다. 예를 들어, 주문 시 "안녕하세요!" 또는 메뉴를 서비스하면서 "맛있게 드세요!"라는 간단한 인사말이나 음식에 대한 간략한 스토리텔링, 혹은 계산 시 단순히 "감사합니다!"라는 친절한 감사 말만으로도 고객과의 관계 형성 및 브랜드 이미지 관리에 긍정적인 영향을 미칠 수 있다. 이러한 작은 노력은 고객 만족도를 높이고 재방문 의도를 강화하는 데 중요한 역할을 한다.

사업체의 유형에 따라 고객 유치를 위한 오프라인 마케팅 전략은 다를 수 있지만, 우선 고객이 쉽게 기억할 수 있고 사업과 관련성 있는 상호를 정하는 것이 중요하다. 이후 브랜드 아이덴티티를 반영한 로고와 심볼을 활용해 직접 광고의 일종인 간판을 제작해야 한다. 간판에 대한 설명은 '(6) 브랜드 이미지 극대화를 위한 인테리어 전략' 목차에서 추가로 다루겠지만, 제작 시 주변 환경, 건물 분위기, 사업장의 크기를 고려해 사이즈, 색상, 글자체 등을 결정하는 것이 좋다. 이 과정에서 창업자의 개인적인 선호도보다 고객유치를 위한 사업의 특성과 고객의 입장을 우선시하는 자세가 필요하다.

필자가 영업 컨설팅 할 때 빼놓지 않고 강조하는 것 중 하나는 매장 내 최소한의 조명과 간판 조명은 영업 종료 후에도 켜 두는 것을 추천하고 있다. 이는 무의식적으로 고객의 기억에 각인되는 효과를 가져올 수 있기 때문이다.

또한 〈그림 6-1〉과 같이 태그 마케팅을 적극적으로 활용할 것을 권한다. 상호명 상단이나 하단에 유체 흐름의 관리 및 제어 등을 총칭하는 'Fluid Control' 또는 사업장에 따라 '맛과 건강을 최우선 하는' 또는 '기술을 선도하는' 등의 문구를 추가해 브랜드 이미지를 강화할 수 있다. 모든 소모품과 포장 자재에도 상호를 표기하는 것이 중요하다. 특히 최근 포장이 늘어난 만큼 검은 비닐봉지 대신 깔끔하고 세련된 디자인의 봉투를 선택하고, 봉투에 간략한 사업체 정보와 메뉴를 인쇄하면 고객의 기억에 오래 남을 수 있다. 더불어 직원들이 통일된 유니폼을 착용하도록 하여 전문성과 신뢰성을 강조하는 것도 효과적이다.

성공적인 창업을 위해서는 외적인 요소뿐만 아니라 내적인 서비스 품질 역시 중요하다. 외적인 부분은 전문가의 도움으로 브랜드 아이덴티티와 인테리어를 잘 구축할 수 있지만, 내적인 부분은 창업자가 직접 고객과의 소통과 친절한 서비스를 기반으로 직원 교육과 마인드셋을 강화해야 한다. 시장에서는 단순한 특이함보다 차별화된 전략이 더 중요하다. 최적의 마케팅 전략, 효과적인 색상 조합, 소모품에 상호를 표기하는 세심한 접근은 고객의 재방문을 유도하고 신뢰성과 브랜드 가치를 높여 충성 고객을 확보하는 데 필요하다.

결론적으로, '고객 유치는 선택이지만, 고객 유지는 필수'라는 점을 인식해야 한다. 고객의 기대를 초과 달성하고 지속적으로 관계를 유지하는 것은 사업 성공과 장기적인 성장의 핵심 요소이다. 고객 만족과 충성도를 확보하기 위한 노력은 사업의 지속 가능성을 강화하고 경쟁력을 높이는 기반이 될 것이다.

10) 사회적 책임 및 공헌

창업자의 사회적 책임과 공헌은 기업의 지속 가능성과 긍정적인 브랜드 이미지를 구축하는 데 필수적인 요소이다. 현대 소비자들은 단순히 제품이나 서비스를 구매하는 것을 넘어 기업의 윤리적 경영과 사회적 기여를 중요하게 여긴다. 이에 따라 창업자는 사업 운영 과정에서 지역 사회와 환경에 미치는 영향을 깊이 인식하고, 이를 반영한 경영 전략을 수립해야 한다.

사회적 책임을 다하기 위해 창업자는 기업의 비전과 미션에 사회적 가치를 포함시킬 필요가 있다. 예를 들어, 친환경 제품을 개발하거나 지속 가능한 자원을 활용하여 환경 보호에 기여할 수 있다. 또한 공정 거래와 같은 윤리적 원칙을 준수함으로써 공급망의 투명성을 확보하고 노동자들의 권리를 보호하는 것도 중요하다. 이러한 접근은 고객과의 신뢰를 구축하고 기업의 사회적 책임을 실현하는 데 크게 기여한다.

더 나아가, 지역 사회와 협력하여 자원봉사 활동이나 기부 프로그램을 운영하는 것도 효과적인 사회적 책임 실천 방법이다. 창업자는 직원들이 참여할 수 있는 다양한 사회 공헌 활동을 조직함으로써 직원들이 지역 사회에 기여할 기회를 제공해야 한다. 이러한 활동은 직원들의 사기를 높이고 팀워크를 강화하는 데 긍정적인 영향을 미친다. 예를 들어, 지역 아동복지시설에 기부하거나 자원봉사 활동에 참여하는 것은 직원들에게 소속감과 사회적 기여의 보람을 느끼게 한다.

고객과의 관계에서도 사회적 책임을 강조하는 것이 필요하다. 고객에게 사회적 기여를 강조하는 마케팅 전략은 브랜드 충성도를 높이고 긍정적인 소비 경험을 제공할 수 있다. 예를 들어, 특정 제품 판매 수익의 일부를 사회적 프로젝트에 기부하는 방식은 고객에게 기업의 가치관을 전달하고 브랜드 신뢰도를 강화하는 효과적인 방법이다. 이와 같은 전략은 고객이 제품을 구매하는 과정에서 자신도 사회적 기여에 동참하고 있다는 느낌을 받을 수 있도록 하여 브랜드 충성도를 더욱 강화하는 데 기여한다.

이러한 사회적 책임과 공헌은 단순히 마케팅 전략으로 그쳐서는 안 되며 기업의 핵심 가치로 자리 잡아야 한다. 창업자가 사회적 책임을 조직 문화에 깊이 뿌리내리게 한다면, 이는 장기적으로 고객 충성도를 높이고 기업의 지속 가능한 성장에 기여할 것이다. 또한 사회적 책임을 다하는 기업은 긍정적인 이미지와 평판을 얻게 되어 새로운 고객 유치와 기존 고객의 재구매율 증가에도 도움이 된다.

결론적으로, 창업자는 기업의 사회적 책임과 공헌을 선택이 아닌 필수적인 경영 전략으로 인식해야 한다. 이를 통해 기업은 지역 사회와의 관계를 강화하고 지속 가능한 발전을 이루며 긍정적인 브랜드 이미지를 구축할 수 있을 것이다. 이러한 노력은 단순히 기업의 평판을 높이는 데 그치지 않고 장기적인 성공과 성장을 위한 탄탄한 기반을 제공할 것이다.

11) 위험관리 및 출구전략

창업자의 위험관리와 출구전략은 사업의 지속 가능성과 안정성을 확보하는 데 필수적인 요소로 기업이 직면할 수 있는 다양한 리스크를 효과적으로 관리하고 필요할 때 적절한 대책을 마련하는 것을 포함한다.

위험관리는 잠재적인 위협을 사전에 식별하고 이를 최소화하기 위한 예방 조치를 마련하는 과정이다. 이는 재무, 운영, 시장, 법률 등 다양한 분야에서 발생할 수 있는 리스크를 체계적으로 분석하여 창업자가 예상치 못한 상황에 신속하게 대응할 수 있는 기반을 마련하는 데 도움을 준다. 예를 들어, 시장 변동성이나 경쟁사의 움직임을 모니터링하고 재무 건전성을 유지하기 위해 정기적인 감사와 분석을 실시하는 것이 필요하다. 이러한 사전 대비는 기업이 위기 상황에서도 안정적으로 운영될 수 있도록 한다.

위험관리를 효과적으로 실행하기 위해 〈표 6-1〉과 같이 위험 평가 매트릭스를 활용하여 각 리스크의 발생 가능성과 영향을 평가하고, 이를 바탕으로 우선순위를 정해 대응 전략을 수립하는 것이 중요하다. 또한 직원들에게 위험 인식을 높이기 위한 교육을 제공하고 위기 발생 시 대응할 수 있는 매뉴얼을 마련해야 한다. 이를 통해 조직 전체가 위기 상황에서 적절히 대응할 수 있는 역량을 갖추게 된다.

〈표 6-1〉 위험 평가 매트릭스 예시

위험 요소	발생 가능성 (1~5점)	영향도 (1~5점)	위험 점수 (가능성 x 영향도)	대응 방안
경쟁 증가	4	5	20	차별화된 제품 개발, 마케팅 강화
자금 부족	3	5	15	투자유치, 비용 절감 전략
법적 문제	2	4	8	법률자문 확보, 규제 모니터링
제품 문제	3	4	12	기술 및 제조 검증, 테스트 강화
고객 감소	3	5	15	고객 피드백 수집, 서비스 개선
인력 이탈	4	3	12	직원 복지 향상, 조직문화 개선

위험 점수 1~5 : 총점이 낮아 큰 우려가 없으나 주기적인 확인이 필요하다.
위험 점수 6~10 : 위험 요소에 따라 주의를 요하기에 지속적인 모니터링이 필요하다.
위험 점수 11~15 : 위험 요소와 관계없이 지속적인 모니터링과 즉각적인 조치가 필요하다.
위험 점수 16~20 : 위험 요소와 관계없이 우선적으로 대응이 필요하다.
위험 점수 21~25 : 위험 요소와 관계없이 즉각적인 대응이 필요하다.

* 사업체에 따라 항목과 위험 점수표가 다를 수 있어 상기 예시를 활용 및 참조하기 바란다.

출구 전략은 사업 성장 단계에서 투자 수익을 회수하거나 향후 사업 방향성을 결정하기 위해 필요한 계획으로 다양한 옵션을 포함한다. 일반적으로 매각, 인수 합병, 상장 등의 방법이 있지만, 사업 지속 가능성이 낮다고 판단될 경우 폐업도 중요한 출구 전략의 하나로 고려해야 한다.

폐업은 창업자가 사업을 종료할 때 자산을 정리하고 손실을 최소화하는 과정이다. 이 과정에서 법적 절차와 재무 정산을 철저히 수행하여 이해관계자와의 신뢰를 유지하고 향후 재기를 위한 기반을 마련하는 것이 중요하다. 예를 들어, 자산 매각을 통해 얻은 수익을 채무 상환이나 새로운 사업 구상에 투자하는 방법이 있다. 이때 창업자는 전문가와 상담하여 법적, 재무적 측면에서 최선의 결정을 내릴 수 있어야 한다.

출구 전략을 수립할 때는 시장 동향과 기업의 성과를 지속적으로 모니터링하고, 전략을 유연하게 조정할 필요가 있다. 사업이 성장하는 단계에서는 매각이나 인수 합병과 같은 옵션을 고려할 수 있으며, 내부 문제나 시장 변화로 인해 사업의 지속 가능성이 낮아질 경우에는 폐업을 통한 자산 정리와 손실 최소화 방안을 실행할 수 있다. 이러한 전략적인 선택은 단순히 현재 상황에 대응하는 것뿐만 아니라, 창업자가 향후 새로운 기회를 모색할 수 있는 기반을 제공한다.

결론적으로, 위험 관리와 출구 전략은 창업자가 변화하는 환경 속에서도 안정적으로 사업을 운영하고, 필요 시 적절히 종료를 이끌어내는 중요한 수단이다. 이를 통해 창업자는 위기 상황에서도 기업의 가치를 보호하며 향후 재도전의 기회를 마련할 수 있다. 이러한 전략적 접근은 기업의 장기적인 생존 가능성을 높이고 창업자가 직면할 수 있는 다양한 도전에 효과적으로 대응할 수 있도록 돕는다.

2. 최적화된 마케팅 전략 및 방법

창업기업이 자원이 부족한 상황에서도 최적화된 마케팅 전략을 수립하는 것은 사업의 성공과 지속 가능성을 위해 매우 중요하기 때문이다. 이를 위해 창업자는 우선 시장 조사를 통해 이상적인 고객을 정의하고, 초기 고객의 피드백을 적극적으로 수집하여 이를 제품 개선에 반영해야 한다. 이러한 과정은 고객층을 명확히 분석하고 설정하는 데 큰 도움을 줄 수 있다.

다음으로, 차별화된 브랜딩과 가치 제안을 구축하는 것이 중요하다. 창업자는 자신의 이야기를 중심으로 독특한 브랜드 스토리를 만들어 경쟁사와의 차별점을 명확히 해야 한다. 이를 통해 고객에게 '왜 이 제품이나 서비스를 선택해야 하는가?'라는 질문에 대한 명확한 답을 전달할 수 있다. 창업자의 비전과 가치가 담긴 스토리는 고객의 공감을 이끌어내며 브랜드 충성도를 형성하는 데 중요한 역할을 한다.

또한 다양한 마케팅 채널을 효과적으로 활용해야 한다. 소셜 미디어는 브랜드 인지도를 높이고 고객과의 소통을 강화하는 데 필수적인 도구이다. 특히 사용자 생성 콘텐츠(UGC, User Generated Content)는 자연스러운 홍보 효과를 제공하며 잠재 고객에게 신뢰를 줄 수 있다. 예를 들어, 제품을 사용하는 고객의 리뷰나 사진을 공유함으로써 제품의 진정성과 가치를 효과적으로 전달할 수 있다.

이와 함께 블로그나 이메일 마케팅과 같은 콘텐츠 마케팅을 통해 고객과의 관계를 강화하고 제품에 대한 신뢰를 구축해야 한다. 블로그를 활용해 유용한 정보를 제공하면 브랜드의 전문성을 알릴 수 있으며, 이메일 마케팅은 고객에게 맞춤형 메시지를 전달하여 지속적인 관심을 유도할 수 있다. 이런 전략은 고객 충성도를 높이고 재구매를 유도하는 데 효과적이다.

이러한 창업기업의 제한된 자원을 활용해 효과적인 마케팅을 수행할 수 있는 방법들을 상세히 살펴보기로 하자

1) 타깃 고객층 분석 및 설정

창업자는 시장조사와 분석을 통해 자신의 제품이나 서비스가 어떤 시장에서 경쟁력을 가질 수 있는지를 파악해야 한다. 이를 바탕으로 목표 고객층을 정의하고, 시장의 규모와 성장 가능성을 평가해야 한다. 또한 경쟁사의 강점과 약점을 분석하여 자사와의 차별점을 찾아 경쟁 우위를 확보할 방법을 모색하는 것이 중요하다.

타깃 고객층 분석과 설정은 기업이 제품이나 서비스를 효과적으로 마케팅하기 위해 꼭 필요한 과정이다. 이 과정은 고객의 특성과 요구를 이해하고, 이를 바탕으로 맞춤형 전략을 수립하는 데 중점을 둔다. 주요 단계는 다음과 같다.

첫 번째 단계는 〈표 6-2〉와 같이 **고객 프로파일(Customer Profile)을 구축하는 것이다.** 이는 사업체가 가장 적합하다고 판단하는 고객의 특성을 정의하는 과정으로, 기본적인 인구통계학적 정보와 심리적인 요소를 포함한다. 인구통계 정보는 연령, 성별, 소득 수준, 직업, 교육 수준 등으로 구성되며, 심리적인 요소는 고객의 라이프스타일,

가치관, 소비 성향 등을 포함한다.

심리적인 요소를 파악하는 것이 특히 중요한데, 예를 들어, 일부 고객은 환경친화적인 제품을 선호할 수 있고, 다른 고객은 가격 대비 가치를 중시할 수 있다. 이러한 요소를 분석하면 기업은 어떤 고객이 자사의 제품이나 서비스에 가장 큰 가치를 느끼는지를 파악할 수 있다.

고객 프로파일 구축을 통해 특정 고객 세그먼트를 정의할 수 있는데 이를 통해 기업은 마케팅 캠페인을 효과적으로 타겟팅할 수 있다. 또한 고객의 인구통계학적 특성과 소비 성향을 분석함으로써 그들의 요구를 더 명확하게 이해할 수 있으며, 고객의 필요를 반영하여 원하는 제품이나 서비스를 개발하고 기존 제품을 개선할 수도 있다.

마케팅 예산과 인력을 가장 가치 있는 고객에게 집중하여 효율성을 높이는 것도 가능하다. 고객의 선호에 맞춘 맞춤형 경험을 제공하면 만족도를 높이고 충성도를 구축할 수 있다. 그리고 고객의 독특한 니즈를 충족시키는 제품이나 서비스를 통해 시장에서의 경쟁력을 강화할 수 있으며 고객의 기대를 초과하는 서비스를 통해 브랜드에 대한 신뢰와 충성도를 높여 장기적인 관계를 형성할 수 있다.

시장조사를 통해 목표 고객층의 규모와 성장 가능성을 평가하고, 이를 통해 시장의 기회를 파악하여 전략을 수립할 수 있다. 또한 경쟁사의 강점과 약점을 분석하여 자사와의 차별점을 찾고, 이를 바탕으로 경쟁우위를 확보할 방법을 모색해야 한다.

결론적으로, 타깃 고객층 분석과 설정은 기업이 시장에서 성공하기 위해 필수적인 전략적 과정이다. 이를 통해 기업은 고객의 니즈를 더 잘 이해하고, 경쟁사와 차별화된 경쟁력을 확보하며, 장기적인 성장 기반을 마련할 수 있다.

〈표 6-2〉 고객프로파일 예시

구분	항목	내용	
일반(인구통계)	이름	홍길동	
	연령	33세	
	성별	남성	
	소득 수준	연봉 4,500만 원 이상	
	직업	헬스 관련 프리랜서	
	교육 수준	대학교 졸업(체육학 전공)	
	거주 지역	서울, 종로구	
	가족 구성	미혼	
접촉 전략	소셜 미디어	인스타그램, 페이스북을 통해 제품 홍보 및 고객 소통	
	이메일 마케팅	건강 및 웰빙 관련 콘텐츠와 함께 정기적인 뉴스레터 발송	
	오프라인 이벤트	건강 박람회 및 커피 관련 행사에 참여하여 체험 부스 운영	
생애 주기	구매 단계	인식	소셜 미디어 광고 및 건강 관련 블로그를 통해 브랜드 인지
		고려	제품 리뷰 및 추천을 통해 제품 특성 파악
		구매	온라인 쇼핑몰에서 간편하게 주문
	사용 단계	– 제품 사용 후 효과를 경험하고, 재구매 결정을 함 – 가족 및 친구에게 추천	
구매 행위	구매 빈도	주 1회(주말에 주로 소비)	
	구매 채널	온라인	쇼핑몰
		오프라인	카페 및 헬스 매장
	구매 동기	– 건강과 웰빙을 중시하며, 유기농 제품의 안전성과 품질을 선호 – 카페인 섭취를 통해 에너지를 보충하고 집중력을 높이고자 함	

* 상기 '프리미엄 커피 웰니스'를 판매하는 회사를 위한 간단한 고객 프로파일 예시로 참조 바란다.
* 사업군과 사업체에 따라 구분과 항목이 다양 할 수 있어 상기 예시를 활용하기 바란다.

두 번째 단계는 고객 세분화이다. 고객 세분화는 전체 고객을 비슷한 특성을 가진 그룹으로 나누는 과정이다. 이를 통해 각 세그먼트의 니즈와 요구사항을 깊이 이해하고 맞춤형 마케팅 전략을 개발하는 데 도움을 준다. 고객 세분화는 인구 통계적, 심리적, 행동적, 지리적 기준을 활용하여 이루어지며, 이를 통해 더욱 정교한 이해를 이끌어낼 수 있다.

세 번째 단계는 마케팅 메시지 맞춤화이다. 마케팅 메시지 맞춤화는 고객의 행동, 관심사, 위치, 인구통계학적 정보 등을 분석하여 개개인에게 적합한 마케팅 메시지를 전달하는 전략이다. 예를 들어, '생일을 축하드립니다. 고객님을 위한 50% 할인 쿠폰을 보내 드립니다.' 등의 맞춤 메시지를 통해 고객의 관심을 끌고, 참여도를 높이며 구매 전환율과 브랜드 충성도를 강화할 수 있다.

네 번째 단계는 고객 행동 분석 및 소비 패턴 파악이다. 고객의 구매 행동, 방문 경로, 제품 사용 패턴 등을 분석하여 어떤 요소가 구매 결정을 유도하는지를 이해하는 과정이다. 데이터 분석 도구를 활용하여 웹사이트 방문자 행동, 클릭률, 전환율 등을 분석하고, 이를 통해 고객의 선호도를 파악해 마케팅 전략을 조정하는 것이 중요하다.

마지막 단계는 고객 만족도 조사 및 개선 전략 수립이다. 고객의 피드백을 정기적으로 수집하여 제품이나 서비스의 강점과 약점을 파악하는 것이 중요한데 설문 조사나 심층 인터뷰를 통해 고객의 만족도와 개선 사항을 확인하고, 이를 바탕으로 제품이나 서비스의 개선 전략을 수립하여 고객의 기대에 부응할 수 있다.

이러한 단계들을 체계적으로 진행함으로써 창업자는 타깃 고객층을 명확히 정의하고 효과적인 마케팅 전략을 수립할 수 있다. 고객의 목소리를 지속적으로 듣고, 그에 맞는 전략을 유연하게 조정하는 것이 성공의 핵심이다.

2) 차별화된 브랜딩 및 가치 제안

"돈을 버는 가장 좋은 방법은 가치를 창출하는 것이다."라는 워런 버핏의 말처럼 브랜딩과 가치 제안은 현대 마케팅 전략에서 필수 불가결한 요소로 자리 잡고 있다. 이는 기업의 경쟁력을 높이고 고객의 충성도를 구축하는 데 핵심적인 역할을 한다. 이러한 목표를 달성하기 위해서는 고객을 명확히 이해하고 그들의 요구를 파악하는 것이 필요하다. 고객의 인구통계학적 특성, 소비 행동, 필요와 욕구를 면밀히 분석하는 것은 필수적이다. 특히 고객의 숨겨진 욕구를 파악하기 위해 고객 인터뷰, 설문 조사, 소셜 미디어 분석 등 다양한 방법을 활용해야 한다. 이를 통해 고객의 진정한 필요를 이해하고 적합한 솔루션을 제공함으로써 고객과의 관계를 더욱 깊이 있게 만들어야 한다.

경쟁사와의 차별화도 성공적인 브랜딩에서 중요한 요소이다. 경쟁사를 철저히 분석하여 그들이 제공하지 못하는 가치를 찾아내고, 이를 기반으로 독특한 제품이나 서비스를 개발해야 한다. 고객이 품질,

지속 가능성, 고객 서비스를 중시한다면, 이러한 요소를 강조한 제품이나 서비스를 통해 효과적으로 차별화를 꾀할 수 있다. 이는 고객에게 더 나은 가치를 제공하는 동시에 브랜드의 정체성을 확립하는 데에도 중요하다.

브랜드 스토리를 구축하는 것도 매우 중요하다. 브랜드 스토리는 고객과 감정적으로 연결될 수 있는 강력한 도구로 브랜드의 가치, 미션, 비전을 효과적으로 전달할 수 있는 수단이다. 고객이 브랜드에 공감하도록 스토리를 구성하고, 이 스토리가 고객의 경험과 연결될 수 있도록 해야 한다. 예를 들어, 유기농 제품을 판매하는 브랜드는 자연과의 조화를 강조하는 스토리를 통해 고객의 관심을 끌고 충성도를 높일 수 있다.

브랜드 메시지 전달은 고객에게 전달하고자 하는 핵심 가치를 간결하고 명확하게 표현하는 과정이다. 이 메시지는 브랜드의 모든 커뮤니케이션 채널을 통해 일관되게 전달되어야 하며 고객이 브랜드를 인식하는 데 중요한 역할을 한다. 일관된 메시지는 고객에게 신뢰를 주고 브랜드에 대한 긍정적인 이미지를 형성하는 데 필수적이다.

브랜드 스토리텔링과 고객 참여 유도도 중요한 전략이다. 고객이 브랜드의 이야기에 참여하도록 유도하고 그들의 경험을 공유하도록 장려하는 방법이 필요하다. 고객이 자신의 경험을 소셜 미디어에 공유하도록 독려하는 캠페인이나 고객의 의견을 반영하여 제품 개발에 참여하게 하는 방안이 효과적이다. 이러한 참여는 고객과 브랜드 간의 관계를 강화하고 고객이 브랜드에 대한 소속감을 느끼게 한다.

마지막으로, **브랜드 이미지 관리와 브랜드 평판 구축이 필요하다.** 브랜드 이미지 관리는 브랜드의 인식과 평판을 지속적으로 관리하는 과정으로 고객의 피드백을 적극적으로 수집하고 부정적인 리뷰에 대해 적절히 대응하여 신뢰도를 높이는 노력이 요구된다. 긍정적인 고객 경험을 강조하여 브랜드의 좋은 이미지를 구축하는 것도 중요하다. 이는 고객이 브랜드에 대해 긍정적인 인식을 가지도록 하고 장기적인 충성도를 유도하는 데 큰 역할을 한다.

이러한 차별화된 브랜딩과 가치 제안은 고객의 숨겨진 욕구를 충족시키고 경쟁사와의 차별화를 통해 고객 충성도를 높이는 데 중점을 두어야 한다. 그래서 나만의 브랜드 스토리를 구축하고 일관된 브랜드 메시지를 전달하며 고객 참여를 유도하는 전략을 통해 브랜드 이미지를 관리하고 평판을 구축하는 것이 중요하다. 이러한 접근은 고객에게 가치를 창출하고 브랜드의 지속 가능한 성장을 이끌어낼 수 있는 기반이 된다. 고객의 기대를 초과하는 경험을 제공함으로써 브랜드는 시장에서 두각을 나타내고 고객의 마음속에 오랫동안 기억될 수 있는 강력한 존재로 자리 잡을 수 있을 것이다.

3) 다양한 마케팅 채널 활용 및 전략

(1) 제로 클릭 검색 시대의 실전 마케팅 전략

최근 온라인 소비자의 검색 행태가 빠르게 변하고 있다. 특히 구글,

네이버, 카카오 등 주요 검색 플랫폼에서는 사용자가 클릭하지 않고도 필요한 정보를 바로 얻는 '제로 클릭(Zero-Click) 검색'이 크게 증가했다. 이는 기존의 '검색 → 클릭 → 상세 페이지 확인'이라는 흐름이 '검색 → 인지 → 선택' 구조로 바뀌고 있다는 뜻이다. 따라서 단순히 클릭을 유도하는 방식만으로는 더 이상 높은 마케팅 성과를 기대하기 어렵다. 제로 클릭 환경에서는 검색 결과 첫 화면에서 브랜드를 어떻게 보여 줄지가 핵심 경쟁력이다. 예를 들어, 네이버에서 브랜드명이나 업종명을 검색하면 자동완성 키워드, 플레이스 카드, 리뷰 요약, 블로그 요약 등 다양한 형태로 정보가 노출된다. 사용자는 이 짧은 정보만 보고도 방문 여부를 결정하기 때문에, 노출 정보의 질과 구성은 매출과 직결된다.

이 변화에 대응하려면 첫째, 짧고 직관적인 문구 설계가 필요하다. 핵심 키워드를 문장 앞에 배치 하고, 숫자와 성과 중심의 표현을 활용하면 시선을 끌 수 있다. 예를 들어, '혼밥 OK, 10분 완성 점심 맛집'과 같은 문구는 클릭 없이도 브랜드 인식을 높인다. 이러한 문구는 네이버 플레이스 소개글, 블로그 제목, 리뷰 응답 등에 일관성 있게 사용해야 한다.

둘째, 네이버 플레이스와 로컬 검색 최적화가 중요하다. 플레이스 등록 시 업종·지역 키워드를 명확히 설정하고, 최신 사진과 메뉴, 가격 정보를 꾸준히 업데이트해야 한다. 또한 자주 묻는 질문(FAQ)을 등록하면, 검색 화면에서 브랜드에 대한 핵심 정보가 바로 노출되어 클릭 없이도 신뢰를 줄 수 있다.

셋째, 사용자 리뷰 관리가 필수이다. 제로 클릭 검색에서는 리뷰 요약과 별점이 검색 화면에 바로 표시된다. 리뷰는 단순히 점수 관리가 아니라, 소비자가 자주 언급하는 장점과 불만을 분석해 개선하는 도구로 활용해야 한다. 특히 긍정적인 리뷰는 추가 댓글로 감사 인사를 남기고, 부정적인 리뷰에는 빠른 피드백과 해결책을 제시함으로써 잠재 고객의 신뢰를 얻을 수 있다.

넷째, 콘텐츠 다양화와 키워드 전략을 병행해야 한다. 블로그, 인스타그램, 유튜브 등 다양한 채널에서 업종 관련 키워드를 중심으로 콘텐츠를 제작하면, 검색 엔진이 브랜드를 다방면에서 인식하게 된다. 이때 모든 채널의 정보는 브랜드 콘셉트와 문구를 통일해 사용해야 한다.

마지막으로, 제로 클릭 시대에는 검색 화면 자체를 하나의 '마케팅 전시장'으로 생각해야 한다. 사용자가 클릭하지 않아도 브랜드의 강점과 차별성을 전달할 수 있도록, 한 화면 안에 메시지·이미지·평판이 균형 있게 배치되어야 한다. 이를 위해 정기적으로 검색 결과를 직접 점검하고, 노출되는 정보가 최신이며 전략적으로 구성되어 있는지 확인하는 습관이 필요하다. 결국, 제로 클릭 검색 시대의 마케팅은 단순 노출 경쟁이 아니라, 노출된 순간의 인식 경쟁이다. 창업자와 자영업자는 클릭을 기다리는 대신, 첫 화면에서 브랜드를 각인시키는 전략을 실행해야 한다. 이것이 변화된 검색 환경에서 살아남고 성장하는 핵심 열쇠이다. 제로 클릭 환경에서 브랜드의 첫인상을 강화하는 전략은 온라인·오프라인 모든 채널에서 유기적으로 실행될 때 시너지 효과가 극대화된다.

다음 절에서는 온라인 마케팅 전략과 네이버 플레이스 상위 노출 기법을 시작으로, 오프라인 채널, 브랜드 마케팅, 인테리어 전략, 상품 진열 기법까지 단계별로 살펴보자.

(2) 온라인 마케팅 전략

창업자의 온라인 마케팅 전략 수립은 비즈니스 성공의 핵심 요소로 고객과의 신뢰를 구축하고 지속적인 관계를 형성하는 데 중점을 두어야 한다. 효과적인 온라인 마케팅은 웹사이트, 검색 엔진 최적화(SEO), 소셜 미디어, 콘텐츠 마케팅, 이메일 마케팅 등을 포함한 다양한 전략을 체계적으로 적용함으로써 가능하다.

웹사이트 최적화는 온라인 비즈니스의 중심이며 사용자 친화적이고 직관적인 디자인을 갖추는 것이 중요하다. 특히 모바일 기기에서도 최적의 경험을 제공하기 위해 반응형 디자인을 적용해야 하며 페이지 로딩 속도를 개선하여 사용자가 불편함 없이 탐색할 수 있도록 해야 한다. 방문자가 원하는 행동을 쉽게 수행할 수 있도록 '지금 구매하기'나 '뉴스레터 구독하기'와 같은 명확한 콜 투 액션(Call to Action) 버튼을 배치하는 것도 필요하다.

검색 엔진 최적화(SEO)는 웹사이트의 가시성을 높이고 유기적인 트래픽을 증대시키는 중요한 전략이다. 고객이 검색할 가능성이 높은 키워드를 파악하고 이를 웹사이트 콘텐츠에 자연스럽게 포함시키는 것이 필요하다. 제목 태그, 메타 설명, 헤더 태그 등 주요 페이지 요소에 키워드를 적절히 배치하고 신뢰성 있는 사이트와 협력하여 백링크를 구축하면 검색 엔진에서의 순위를 더욱 높일 수 있다.

소셜 미디어 활용은 고객과의 소통을 강화하고 브랜드 인지도를 높이는 효과적인 플랫폼의 사용을 말한다. 이때 타깃 고객이 주로 사용하는 플랫폼을 선정하는 것이 중요한데, 예를 들어 젊은 소비자를 대상으로 한다면 인스타그램이나 틱톡을 활용하는 것이 적합하다. 또한 정기적으로 브랜드 가치를 반영한 콘텐츠를 게시하고, 고객의 참여를 유도하며, 신속하게 응답함으로써 고객 충성도를 강화할 수 있다.

콘텐츠 마케팅은 고객에게 유용한 정보를 제공하여 신뢰를 구축하고 브랜드 인지도를 높이는 전략이다. 이를테면 블로그를 운영하며 고객의 관심사와 관련된 유익한 정보를 제공하거나 제품 사용법과 후기, 브랜드 스토리를 담은 비디오를 제작하여 공유할 수 있다. 인포그래픽과 같은 시각적인 콘텐츠는 복잡한 정보를 쉽게 전달하며 고객의 흥미를 유도할 수 있다.

이메일 마케팅은 고객과의 관계를 유지하고 재구매를 유도하는 데 효과적이다. 뉴스레터 구독 옵션을 통해 이메일 리스트를 구축하고 구매 이력이나 관심사에 기반한 개인화된 이메일을 발송해야 한다. 정기적인 소식지를 통해 새로운 제품, 할인 정보, 유용한 콘텐츠를 제공하여 고객의 관심을 지속적으로 끌 수 있다.

이러한 전략을 종합적으로 활용하면 창업자는 브랜드 인지도를 높이고 고객과의 관계를 강화하며 매출을 증대시킬 수 있다. 각 전략의 효과를 분석하고 지속적으로 개선하는 것이 중요한데 고객의 피드백을 적극적으로 반영하여 마케팅 전략을 조정해 나가야 한다. 특히 웹사이트, 검색 엔진 최적화, 소셜 미디어, 콘텐츠 마케팅, 이메일 마케팅을 유기적으로 연결하여 시너지를 창출하는 것이 중요하다. 예를 들어, 블로그에 작성한 유용한 정보를 소셜 미디어에 공유하여 트래픽을 유도하고, 이를 통해 웹사이트 방문자가 증가하면 이메일 구독자 또한 자연스럽게 늘어날 수 있다. 이러한 상호작용은 브랜드의 일관된 메시지를 전달하며 고객과의 신뢰를 쌓는 데 큰 역할을 한다.

또한 데이터에 기반한 의사결정이 중요하다. 웹사이트 분석 도구인 구글 애널리틱스(Google Analytics)를 활용하여 방문자 행동 패턴, 페이지 뷰, 이탈률 등을 분석하고, 이를 기반으로 효과적인 콘텐츠와 채널을 파악하여 전략을 정교하게 다듬어야 한다.

고객과의 관계를 강화하는 데 있어 고객 서비스와 지원 또한 중요하다. 고객이 궁금증이나 문제를 제기할 때 신속하고 친절하게 대응함으로써 만족도를 높이고 소셜 미디어와 이메일을 통해 고객과 적극적으로 소통하면 충성도를 강화할 수 있다.

그리고 브랜드 가치를 지속적으로 전달하는 것이 필요하다. 브랜드의 미션과 비전을 명확히 전달하고, 이를 바탕으로 마케팅 활동을 전개해야 한다. 소비자들은 제품뿐 아니라 브랜드가 지향하는 가치에 공감하며 그 일원이 되고자 한다. 따라서 브랜드 스토리와 가치 제안을 명확히 하고 모든 마케팅 채널에서 이를 일관되게 전달하는 것이 중요하다.

창업자가 성공적인 온라인 마케팅 전략을 실행하려면 웹사이트 최적화, 검색엔진 최적화, 소셜 미디어 활용, 콘텐츠 마케팅, 이메일 마케팅을 통합적으로 활용하고 데이터를 기반으로 한 지속적인 개선 작업을 진행해야 한다. 고객의 기대를 초과하는 경험을 제공함으로써 브랜드는 시장에서 두각을 나타내고 고객의 마음속에 강력한 존재로 자리 잡을 수 있다. 특히 네이버 플레이스 상위 노출 전략은 로컬 검색엔진 최적화를 강화하는 핵심 요소로 상세하고 정확한 비즈니스 정보를 입력하고 꾸준한 리뷰 관리를 통해 신뢰도를 높이는 것이 중요하다.

(3) 네이버 플레이스 상위 노출 전략

지금까지 설명했던 온·오프라인 마케팅 전략 중 네이버 플레이스 상위 노출은 개인적으로 가장 효과적이면서 유용한 도구라 감히 이야기할 수 있다. 네이버에서 검색 상위에 노출되기 위해 가장 먼저 해야 할 일은 스마트플레이스의 기본 정보를 정확하고 꼼꼼하게 세팅하는 것이다. 상호명, 카테고리, 주소, 영업시간, 휴무일, 전화번호, 사진 등을 빠짐없이 등록하고, 특히 카테고리는 제공하는 서비스와 최대한 일치해야 검색 알고리즘에 잘 반영된다.

사진은 내부, 외부, 메뉴, 시술, 비포 & 애프터 등 고품질 이미지로 20장 이상 등록하는 것이 좋다. 사진을 많이 올리는 것만으로도 상위 노출에 긍정적인 영향을 준다.

두 번째 핵심은 리뷰이다. 네이버는 사용자 리뷰의 수와 질을 매우 중요하게 평가한다. 리뷰 수가 많고 그 안에 사진과 키워드가 포함되어 있다면, 노출 순위가 빠르게 올라간다. 리뷰를 자연스럽게 유도하려면, 시술 후 간단한 멘트로 리뷰 작성을 부탁하고 사진을 첨부한 리뷰에 소정의 혜택을 제공하는 방식도 효과적이다. 리뷰 수가 30개를 넘기 시작하면 검색 결과에서 눈에 띄게 변화가 나타난다.

세 번째로 네이버 예약과 톡톡 기능도 중요한 포인트이다. 네이버는 자사 플랫폼 내에서 예약과 소통이 이뤄지는 가게를 신뢰도 높은 곳으로 인식한다. 예약 시스템을 연동하면 노출 가산점을 받을 수 있고, 톡톡 응대율이 높으면 사용자 만족도 역시 올라간다. 실제 예약전환율도 높아져 매출 증대에 도움이 된다.

네 번째로 콘텐츠 업로드도 상위 노출에 필수적이다. 플레이스 내 '소식' 탭을 활용해 신제품, 이벤트, 후기 등을 주기적으로 올리면 검색 노출 지수가 높아진다. 블로그나 인스타그램 같은 외부 채널과도 연계하면 브랜드 신뢰도를 강화할 수 있다. 특히 블로그는 지역 키워드와 서비스 키워드를 조합한 제목으로 포스팅을 작성하는 것이 효과적이다. 필자가 컨설팅한 일산 지역 발관리 숍의 예를 들자면 '일산 내 성발톱 교정 잘하는 곳', '일산 문제성 발톱 관리 후기' 같은 제목을 활용해 검색 시 연관 키워드로 잘 연결되게 했던 사례가 있다.

마지막으로 중요한 건 키워드 전략이다. 사용자들이 자주 검색할 만한 지역명과 서비스명을 조합해 상호명, 소개글, 리뷰, 사진 설명 등에 자연스럽게 녹여 넣는 것이 좋다. '일산 내성발톱', '일산 네일숍', '문제성 발톱 제거' 같은 키워드는 플레이스 상위 노출의 핵심 요소이다.

정리하자면, 정확한 정보 입력, 리뷰 확보, 예약 및 톡톡 기능의 활용, 꾸준한 콘텐츠 업로드, 키워드 전략의 다섯 가지가 네이버 플레이스 상위 노출을 위한 기본이자 핵심이다. 이러한 요소를 지속해서 관리하고 고객의 반응을 자연스럽게 유도하는 구조를 구축하면, 광고 없이도 충분히 검색 상위에 노출될 수 있다.

(4) 오프라인 마케팅 전략

창업자의 오프라인 마케팅 전략은 브랜드 인지도를 높이고 고객과의 신뢰를 구축하는 데 필수적이다. 창업자는 자사의 브랜드 가치를 높이고 고객과의 관계를 강화하기 위해 다양하고 효과적인 방식으로 시장에 접근해야 한다. 이를 위한 오프라인 마케팅 전략들을 함께 살펴보자.

전시회 참가는 특정 산업 내에서 브랜드를 홍보하고 새로운 고객을 유치하는 데 매우 유용한 기회이다. 전시회에서는 매력적인 부스를 디자인하여 사람들의 관심을 끌어야 하며 브랜드 로고와 제품을 잘 보여줄 수 있는 공간을 마련해야 한다. 부스의 디자인은 브랜드 아이덴티티를 반영해야 하며 색상, 레이아웃, 조명 등을 통해 방문객의 시선을 사로잡는 것이 중요하다. 제품이나 서비스를 직접 시연하여 고객이 실제로 사용하는 모습을 보여주는 것도 좋다. 이는 고객의 신뢰를 높이고 제품에 대한 이해도를 증진하는 데 큰 도움이 된다. 브로슈어와 전단지 같은 홍보 자료를 준비하여 부스를 방문한 고객에게 배포하고 브랜드의 가치 제안과 제품의 특징을 명확히 전달해야 한다. 이러한 직접적인 소통은 고객의 궁금증을 해소하고 제품에 대한 신뢰를 구축하는 데 중요한 역할을 한다.

이벤트 및 체험 마케팅을 위한 홍보 행사는 고객과의 직접적인 소통을 통해 브랜드 인지도를 높일 수 있는 좋은 기회이다. 새로운 제품이나 서비스를 출시할 때 론칭 이벤트를 개최하여 고객을 초대하고, 이 자리에서 제품을 직접 체험할 수 있도록 하면 구전 마케팅(WOMM, Word-of-Mouth Marketing)을 활성화할 수 있는 좋은 기회가 된다. 이런 방식은 고객이 제품에 대한 실질적인 경험을 쌓을 수 있게 하여 제품 구매로 이어지는 가능성을 높일 수 있다.

전문적인 지식을 공유하는 세미나나 워크숍을 개최하여 고객에게 가치를 제공하고 브랜드의 전문성을 강조하는 것도 효과적이다. 세미나에서 고객은 제품에 대한 깊은 이해를 얻고 브랜드에 대한 긍정적인 인식을 갖게 된다. 고객이 참여할 수 있는 경품 행사를 마련하여 브랜드에 대한 관심을 유도하고 참여자에게 소정의 경품이나 할인 쿠폰을 제공함으로써 재방문을 유도하는 전략도 고려해야 한다. 이러한 이벤트는 고객의 참여를 유도하고 자연스럽게 브랜드에 대한 긍정적인 인식을 심어줄 수 있다.

　네트워킹과 협업은 다른 기업 및 업계 전문가와의 관계를 구축하는 데 매우 중요하다. 관련 업계의 세미나, 포럼, 비즈니스 미팅 등에 참석하여 다른 기업과의 관계를 구축하고 새로운 비즈니스 기회를 모색할 수 있다. 네트워킹을 통해 얻은 정보와 관계는 사업 운영에 큰 도움이 될 수 있으며 협력의 기회를 창출하는 데에도 중요한 역할을 한다. 다른 소상공인이나 자영업자와의 협업을 통해 공동 마케팅 활동을 진행하면 서로의 고객층을 활용할 수 있는 기회를 창출할 수 있다. 비슷한 타깃 고객을 가진 사업체와의 협업은 서로의 브랜드 가치를 상호 보완하고 더 많은 고객에게 접근할 수 있는 기회를 제공해 줄 수 있다. 경험이 풍부한 사업가나 전문가와의 멘토링 관계를 구축하여 사업 운영에 대한 조언을 받는 것도 큰 도움이 될 것이다. 멘토의 경험과 지식은 창업자가 새로운 전략을 개발하고 시행하는 데 중요한 자원이 될 수 있다.

　직접 판매는 고객과의 신뢰를 구축하고 제품을 직접 체험하게 하여 판매를 촉진할 수 있는 좋은 방법이다. 팝업스토어를 운영하여 특정 기간 동안 임시 매장을 열어 제품을 직접 판매하고 고객이 직접 체험할 수 있는 기회를 제공하는 것이 중요하다. 팝업스토어는 고객에게 신선한 경험을 제공하며 브랜드에 대한 관심을 유도하는 효과적인 방법이다.

지역 사회의 다양한 행사나 마켓에 참여하여 제품을 직접 판매하고 고객과의 소통을 강화하는 것도 효과적이다. 이러한 활동은 고객과의 관계를 더욱 깊게 하고 브랜드 충성도를 높이는 데 기여할 수 있다. 고객이 제품에 대해 궁금한 점을 해결할 수 있도록 전문가상담서비스를 제공하는 것도 좋은 접근법이다. 고객은 전문가와의 직접적인 소통을 통해 제품에 대한 신뢰를 쌓고 자신의 필요에 맞는 정보를 얻을 수 있다. 이는 고객이 제품을 구매하는 데 있어 큰 도움이 되며 브랜드에 대한 긍정적인 인식을 강화하는 데 좋은 방법이다.

아울러 브로슈어, 전단지, 포스터 등의 홍보 자료를 제작하여 배포하는 것이 필요하다. 이 자료는 브랜드의 가치 제안과 제품의 특징을 명확히 담고 있어야 하며 시각적으로 매력적이어서 고객의 관심을 끌 수 있어야 한다. 지역 신문, 잡지, 라디오 방송 등에 광고를 게재하여 지역 사회 내에서 브랜드 인지도를 높이는 것도 중요하다. 타깃 고객이 주로 소비하는 매체를 선택하여 광고를 진행하는 것이 효과적인데 특정 연령대 또는 취향에 맞는 매체를 선택하여 광고를 게재하면 더욱 효과적인 결과를 얻을 수 있다.

지역 축제에 협찬하거나 커뮤니티 활동에 스폰서로 참여하여 브랜드의 노출을 증가시키는 방법도 고려할 수 있다. 지역스포츠팀의 스폰서가 되거나 지역 축제에 협찬하여 브랜드의 지역 사회 내 입지를 강화하고 고객과의 관계를 더 돈독히 만드는 데 기여할 수 있다. 이벤트에 참여하는 고객에게 브랜드의 제품이나 서비스를 직접 체험할 수 있는 기회를 제공함으로써 고객의 긍정적인 브랜드 경험을 유도할 수 있다.

(5) 로고와 심벌을 통한 효과적인 브랜드 마케팅 전략

회사의 핵심 가치와 비전을 상징하는 로고와 심벌 마케팅 전략은 브랜드 인식과 고객 유치에 매우 중요한 요소이다. 회사의 로고와 심벌의 핵심인 상호는 비즈니스의 성격과 비전을 담아 고객의 기억에 잘 남는 이름으로 짓는 것이 중요하다. 예를 들어, 단순하고 발음하기 쉬운 이름을 선택하거나 브랜드의 주요 특성을 반영한 독창적인 단어를 조합하는 방식이 효과적일 수 있다. 또한 타깃 고객층이 공감할 수 있는 문화적인 요소를 포함하거나 긍정적인 감정을 사용하는 단어를 사용하는 것도 좋은 전략이다. 현존하는 상호 중에서 기업과 상품의 정체성, 즉 브랜드 아이덴티티를 잘 표현한 사례로는 은행, 병원, 교회, 학교 등이 있을 수 있다고 본다. 은행은 신뢰와 안정성을 강조하는 이름을 사용하며, 병원은 전문성과 안전성을 반영한 상호를 선택하는 경향이 있다. 이처럼 각 분야에서 상호가 해당 기관의 정체성을 효과적으로 나타내고 있다는 점이 주목할 만하다.

독자의 이해를 돕기 위해 필자가 창업했던 '아토즈엔지니어링 주식회사(ATOZ Engineering Co., Ltd.)'라는 회사의 로고와 심벌 마케팅 전략에 대해 살펴보기로 하자.

펌프와 시스템을 생산·공급하는 '아토즈엔지니어링㈜'의 로고 디자인 전략은 브랜드 아이덴티티 확립에 중점을 두어야 했는데, 이는 고객이 브랜드를 처음 접했을 때 기업의 전문성과 신뢰성을 즉각적으로 인식할 수 있도록 돕는 것을 목표로 했기 때문이다. 구체적으로, 로고는 회사의 주요 제품과 연관된 시각적 요소를 활용하거나 산업 내에서 차별화된 이미지를 형성할 수 있는 디자인으로 제작하려 했다. 이 회사의 로고는 〈그림 6-1〉과 같이 회사명을 그대로 활용하되 유량 흐름이나 기계적 요소를 사용하여 디자인했으며, 유체기계의 기술적 이미지를 함축적으로 전달해야 했다. 또한 색상 선택에서도 신뢰성과 전문성 및 안정성을 상징하는 블루와 그레이 톤을 사용하여 고객에게 안정감을 주는 느낌을 부여했다. 이러한 색상 조합은 브랜드가 추구하는 가치와 잘 연결된다고 보았다.

〈그림 6-1〉과 같이 회사 로고는 간결하고 기억에 남도록 설계하고, 복잡함을 피하고 직관적인 형태를 선택함으로써 소비자들이 쉽게 기억할 수 있도록 했다. 예를 들어, 글자들은 미세한 곡선을 살리되 직선 및 각진 형태를 활용하여 강한 인상을 남기는 데 중점을 둔 데 반해, 여기에 간결한 디자인을 접목해 소비자의 시선을 끌고 브랜드 인지도 향상에 크게 기여할 수 있도록 했다. 그리고 고객의 니즈나 기술

〈그림 6-1〉 아토즈엔지니어링 주식회사 로고 예시

적인 사항을 처음부터 끝까지, 즉 A부터 Z까지 모든 것을 포괄한다는 의미로 상호를 'ATOZ'로 결정했던 것을 활용해 이를 회사 로고의 메인으로 가져가면서 색상은 신뢰감을 주는 청색 계통으로 했으며, 유체와 기계적인 특징을 감안해 알파벳 'O'를 핵심포인트로 강조하고, 색상은 전문성 및 안정성을 주는 회색 바탕으로 정해서 만들었다.

회사 로고의 메인 'ATOZ'의 가운데는 기계적인 형태와 함께, 유체가 흐르는 선과 맥동을 표현하기 위해 'O' 중심부에 파형 곡선을 배치하여 유체의 움직임을 시각화했다. 이를 통해 강인함과 기술적 전문성이 함께 드러나는 디자인 방식으로 브랜드의 독창성을 강조하고자 했다. 회사 로고 하단에는 유체 흐름의 관리 및 제어를 의미하는 'Fluid Control'이라는 태그라인을 배치하고, 고급스러움을 강조하기 위해 검은 색상으로 표현하여, 브랜드 인식과 노출 효과를 높이는 태그마케팅 전략에 활용했다.

회사 로고와 별도로 회사의 심벌 개발 전략은 브랜드의 핵심 가치를 표현하는 데 중점을 두어야 한다. '아토즈엔지니어링㈜'의 심벌은 아직 검토 중에 있으나 '혁신'과 '기술적 안정성'을 상징적으로 나타내기 위해 귀엽게 펌프의 동작을 표현하거나 회전 심벌로 유체회전과 같은 요소를 활용하는 것을 검토 중이다. 이러한 상징적인 요소는 소비자에게 시각적인 메시지를 전달하여 브랜드의 정체성을 강화하는 역할을 한다. 로고와 심벌은 서로 조화롭게 디자인되어 브랜드 메시지를 통합적으로 전달하며, 이를 통해 브랜드의 일관성을 높이는 효과를 가져와야 한다. 이 심벌은 웹사이트, 명함, 광고물 등 다양한 플랫폼에서 활용할 수 있도록 구성되어야 한다.

브랜드 스토리텔링은 '아토즈엔지니어링㈜'의 비전과 미션을 소비자에게 전달하는 중요한 기법이다. 예를 들어, '아토즈엔지니어링㈜'은 기술 혁신을 통해 유체 솔루션 분야에서 최상의 제품을 제작하고 공급하는 회사로, 이 과정을 고객의 일상생활을 개선하는 이야기로 풀어낼 수 있다. 이를 구현하는 방법으로는 기업의 창업 과정과 가치 실현 사례를 담은 동영상 제작, 실제 고객의 성공 사례를 공유하는 캠페인, 또는 브랜드의 기술 혁신이 사회에 긍정적인 영향을 미쳤던 사례를 뉴스레터로 전달하는 방식 등이 있다. 이러한 접근은 브랜드에 대한 신뢰와 감정적 연결을 동시에 강화할 수 있다. 로고와 심벌을 통해 '기술 혁신을 통해 유체 솔루션 분야에서 최상의 제품 제작 및 공급 회사'라는 고유 가치 제안 메시지를 효과적으로 전달하는 것이 중요하다. 이러한 비전은 소비자가 '아토즈'와 연결될 수 있는 기회를 제공하며 브랜드에 대한 긍정적인 감정을 유발할 수 있게 한다. 고객이 브랜드와 공감할 수 있도록 스토리를 구성하고 브랜드의 가치와 고객 경험이 얽히도록 노력해야 한다.

(6) 브랜드 이미지 극대화를 위한 인테리어 전략

브랜드 이미지를 극대화하기 위해서는 우선 고객이 쉽게 기억할 수 있고 사업과 관련성이 높은 상호를 정해야 한다. 상호 결정 후에는 회사 로고와 심벌을 제작하고, 이를 기반으로 간판을 제작하는 것이 필요하다. 간판 제작 시에는 주변 환경, 건물 분위기, 사업장의 크기를 고려하여 사이즈, 색상, 글꼴 등을 결정해야 한다. 이 과정에서 창업자의 개인적인 선호도보다는 사업의 특성과 고객의 입장을 우선시하는 자세가 중요하다.

색상은 브랜드 이미지와 소비자 인식에 중요한 영향을 미친다. 색상은 구매를 유도하고 음식의 맛에 대한 기대감을 형성하는 등 소비자 심리에 큰 영향을 미친다. 예를 들어, 파란색은 신뢰감을 주고 빨간색은 긴급성과 에너지를 전달하여 소비자의 감정을 자극한다. 이는 제품 선택과 구매로 이어질 수 있다. 특히 음식 관련 업종에서는 색상이 시각적 즐거움을 제공하고 맛에 대한 기대감을 형성하는 데 중요한 역할을 한다. 신선한 녹색은 건강함과 자연의 신선함을 연상시키며, 따뜻한 오렌지색은 풍부한 맛과 따뜻함을 느끼게 한다. 빨간색은 강렬하고 신선한 맛을 암시하며 소비자에게 강한 호소력을 발휘한다. 따라서 색상 선택은 중요한 마케팅 전략으로 업종에 맞는 색상 조합을 고려해야 한다. 예를 들어, 간판 제작 시 빨강과 흰색, 파랑과 흰색, 노랑과 흰색의 조합은 단순하면서도 강렬한 인상을 남길 수 있어 개인적으로 선호하는 조합이다.

사업장의 인테리어는 브랜드 이미지와 고객 경험을 극대화하는 핵심 요소이다. 인테리어는 고객 만족도와 재방문율에 직접적인 영향을 미치므로 신중하게 설계해야 한다.

가상의 '웰니스 커피'라는 카페를 사례로 들어보자. 카페의 인테리어에는 브랜드 아이덴티티를 반영해야 하며 로고 색상과 동일하거나 조화로운 색상을 벽면, 가구, 소품 등에 활용해 일관된 이미지를 유지해야 한다. 예를 들어, 로고 색상이 따뜻한 브라운과 크림색이라면 이를 벽면과 가구에 적용해 고객에게 친숙하고 신뢰감을 주는 공간을 만들어야 한다. 자연 친화적인 콘셉트를 설정한다면 나무와 식물을 활용한 인테리어로 편안함과 안정감을 줄 수 있다.

색상 전략은 이미지, 심리적 효과, 조화를 이해하는 데에서 시작된다. 일반적으로 70% 기조색, 25% 보조색, 5% 강조색의 비율을 활용하는 것이 효과적이다. 기조색으로 따뜻한 베이지색을 사용해 벽면, 바닥, 주요 가구에 적용하면 아늑하고 편안한 분위기를 조성할 수 있다. 보조색으로 다크 그린을 사용해 의자, 테이블, 식물 화분 등에 적용하면 자연스러움을 더할 수 있다. 강조색으로 밝은 노란색을 사용해 특정 장식물이나 아트워크에 포인트를 주면 공간에 활기를 더할 수 있다.

조명도 매우 중요한 요소이다. 통상적으로 3,500K의 따뜻한 조명을 사용하면 아늑하고 편안한 분위기를 조성할 수 있다. 기본 조명으로 전체 공간을 밝히고 포인트조명으로 특정 상품이나 공간을 강조하면 고객의 시선을 끌 수 있다. 예를 들어, 다크 그린 색상의 공간에 스포트라이트를 설치해 특정 테이블이나 상품 진열대를 강조하는 방법이 효과적이다.

효율적인 동선설계와 공간배치 역시 고객 경험에 큰 영향을 미친다.

고객이 자연스럽게 이동할 수 있도록 동선을 계획하고 입구에서 카운터, 상품 진열대까지의 경로를 직관적으로 설계해야 한다. 대기공간, 구매공간, 휴식공간을 명확히 나누어 배치하면 고객이 필요한 서비스를 쉽게 찾을 수 있다. 대기 공간에는 편안한 소파와 작은 테이블을 배치해 고객이 기다리는 동안 편안함을 느낄 수 있도록 한다.

편의성도 중요하다. 주문구역과 수령구역을 분리해 혼잡을 줄이고 명확한 안내 표지를 통해 고객이 원하는 구역이나 서비스를 쉽게 찾을 수 있도록 해야 한다. 메뉴판은 눈에 잘 띄는 곳에 배치해 고객이 쉽게 확인할 수 있도록 한다.

고객 참여를 유도하기 위한 요소도 필요하다. 고객이 제품을 직접 체험할 수 있는 공간을 마련하거나 바리스타가 커피를 만드는 과정을 볼 수 있는 오픈키친을 설치하면 고객의 관심을 끌 수 있다. 또한 소셜 미디어에서 공유할 수 있는 포토존을 마련하면 고객 참여를 더욱 유도할 수 있다. 독특한 조명이나 아트워크가 있는 공간은 고객들이 사진을 찍고 공유하고 싶어 하게 만든다.

지속 가능성을 고려한 인테리어도 중요하다. 친환경자재를 사용하고 재활용 가능한 소재로 제작된 가구를 선택해야 한다. 에너지 효율이 높은 LED 조명과 기기를 사용해 운영비용을 절감하고 물절약형 설비를 설치해 자원 낭비를 줄일 수 있다.

지역사회 중심의 접근도 중요하다. 카페는 지역사회의 중심 역할을 할 수 있는 공간으로 설계해야 한다. 작은 공연이나 전시회를 열 수 있는 공간을 마련하거나 지역 예술가의 작품을 전시해 고객에게 문화적 경험을 제공하는 것이 좋다. 또한 음료와 음식에 대한 교육적 요소를 추가해 고객의 흥미를 유도할 수 있다. 예를 들어, 바리스타가 커피 종류나 추출 방법에 대해 설명하는 워크숍을 열거나 고객이 직접 음료를 만들어 볼 수 있는 체험 프로그램을 운영할 수 있다.

마지막으로, 간판과 매장 내부 조명은 영업 종료 후에도 최소한으로 켜두는 것이 좋다. 이는 무의식적으로 고객의 기억에 각인되는 효과를 가져올 수 있기 때문이다.

(7) '편의점 사례'를 통한 효과적인 상품 진열 전략

사업장마다 상품 진열 전략은 고객의 구매 결정을 유도하고 매장 내 효율성을 극대화하는 데 중요한 역할을 한다. 상품 진열 시 가장 먼저 고려해야 할 것은 고객의 편의를 도모하면서 최대한 많은 제품을 판매하는 것이다. 이를 위해 우리 일상에서 쉽게 접할 수 있는 편의점 사례를 활용해 살펴보자.

판매 촉진을 위해 우선적으로 진열할 상품은 판매량이 많은 상품, 이익이 큰 상품, 판매 금액이 높은 상품 그리고 최근 인기 있는 독특한 상품들이다. 이러한 상품들은 고객의 시선을 끌기 위해 진열대의 가장 상단 왼쪽에서부터 배치해야 하며, 이를 통해 고객의 구매 결정을 효과적으로 유도할 수 있다.

상품을 진열할 때는 먼저 카테고리별로 분류하는 것이 중요하다.

잡화, 식품, 음료, 주류, 냉장 및 냉동 식품 등 각각의 카테고리로 나누어 진열하면 고객이 원하는 상품을 쉽게 찾을 수 있다. 각 카테고리 내에서도 용량, 부피, 크기별로 배열하는 것이 좋다. 작은 상품에서 큰 상품 순으로 진열할 때는 진열대의 왼쪽에서 오른쪽으로 배열하고, 부피가 작은 상품에서 큰 상품으로는 상단에서 하단으로 배치하여 안정감을 주는 피라미드 구조를 만들 수 있다. 이러한 배열은 고객이 상품을 쉽게 인지하도록 돕고 구매욕구를 자극하는 효과가 있다.

상품을 모음진열하여 맛별이나 브랜드별로 함께 배치하면 고객의 선택 폭을 넓힐 수 있다. 행사 상품이나 할인 상품은 연계진열을 통해 고객이 쉽게 이해하고 확인할 수 있도록 해야 한다. 특히 충동구매를 유도하기 위해 출입문 근처의 상품진열장 앞에서 고객의 눈높이 약 15도 아래와 손으로 집기 쉬운 위치인 120~160cm 부근의 골든 존(Golden Zone)에 상품을 배치하여 고객의 시선을 끌도록 한다. 목적구매 상품은 매장의 안쪽에 배치하여 고객이 매장을 둘러보는 동안 다양한 상품을 발견할 기회를 제공해야 한다. 이를 통해 추가 구매 가능성을 높일 수 있다.

진열의 형태로는 전진입체진열을 적용하여 진열대의 맨 앞 상품을 밀어 넣고 상품 간의 틈이 없도록 배치해 상품이 풍부하게 보이도록 한다. 진열 시 상품명이 잘 보이도록 항상 페이스업(Face-up) 상태를 유지해야 한다. 모든 상품의 가격표는 정중앙에 부착해 고객이 가격을 쉽게 확인할 수 있도록 해야 한다. 이러한 세심한 배치는 고객에게 편리함을 제공하고 매장 내 쇼핑 경험을 더욱 쾌적하게 만들어 준다.

마지막으로, 가장 중요한 점은 고객이 어느 시간대에 편의점을 방문하더라도 동일한 진열이미지를 유지하여 고객에게 신뢰감을 주는 것이다. 이를 통해 고객은 편의점에 대해 긍정적인 인식을 가지게 되며 재방문의사를 높일 수 있다. 이러한 전략은 고객의 쇼핑 경험을 향상시키고 편의점의 매출을 극대화하는 데 기여할 것이다. 고객 만족과 편의성을 최우선으로 하여 진열 전략을 지속적으로 개선하고 발전시키는 노력이 필요하다.

3. 효과적인 영업과 고객관리 비법

1) 효과적인 영업 비법

(1) 고객 니즈 파악

고객관리(CRM) 등 다양한 직·간접적인 방법을 통해 고객을 파악하는 것은 효과적인 영업 향상에 매우 중요하다. 고객의 요구와 바람을 이해하는 것은 단순히 판매를 증가시키는 데 그치지 않고 장기적인 관계를 형성하는 데에도 필수적이다. 이를 위해 몇 가지 구체적인 방법을 살펴보자.

설문 조사와 인터뷰를 통해 고객의 직접적인 의견을 들을 수 있는 기회를 마련해야 한다. 간단한 설문 조사를 실시하거나 식당의 경우 손님을 상대하며 음식의 가치를 설명하고 일대일인터뷰를 통해 고객이 원하는 제품이나 서비스에 대한 정보를 수집할 수 있다. 설문 조사는 특정 질문을 통해 고객의 선호도를 구체적으로 조사할 수 있으며, 인터뷰는 더욱 심층적인 의견을 확인할 수 있는 기회를 제공한다. 이러한 방법은 고객의 선호도를 직접적으로 파악하는 데 도움이 되며, 고객의 목소리를 경청하는 과정에서 신뢰를 쌓을 수 있는 기회를 제공한다.

자주 묻는 질문(FAQ, Frequently Asked Questions) 분석을 통해 고객의 관심사와 불만 사항을 이해할 수 있다. 고객들이 자주 묻는 질문을 분석하면 어떤 주제에 대한 궁금증이나 문제점이 있는지를 파악할 수 있다. 만약 특정 제품에 대한 사용방법이나 서비스의 처리 과정에 대한 질문이 많다면, 이는 고객이 해당 제품이나 서비스에 대해 더 많은 정보가 필요하다는 신호일 수 있다. 이는 고객의 요구를 충족시키기 위한 기초자료로 활용될 수 있으며, 고객의 불만을 해소하는 데 중요한 역할을 한다.

구매데이터 분석도 중요하다. 고객관리를 활용한 판매 데이터를 통해 인기 있는 상품이나 서비스의 트렌드를 구체적으로 분석하고 고객의 구매 패턴을 이해함으로써 맞춤형 제안을 할 수 있다. 예를 들어, 특정 계절이나 이벤트에 따라 판매가 증가하는 제품을 분석하여, 이를 기반으로 한 프로모션전략을 세울 수 있다. 이 과정은 고객이 선호하는 제품을 선별하고, 이에 따라 마케팅전략을 세우는 데 큰 기여를 한다. 이러한 데이터 분석을 통해 고객의 행동을 예측하고 고객이 필요로 하는 시점에 적절한 제안을 할 수 있다.

소셜미디어 모니터링도 반드시 필요하다. 현대 사회에서 소셜미디어는 고객들이 자신의 의견을 표현하는 주요 플랫폼 중 하나이다. 소셜 미디어에서 고객들의 반응과 의견을 실시간으로 확인하여 제품이나 서비스에 대한 고객의 감정과 피드백을 분석할 수 있다. 이러한 정보는 고객 요구에 신속하게 대응하고, 브랜드 이미지를 적극적으로 관리하는 데 활용될 수 있다. 예를 들어, 부정적인 피드백이 다수 발생할 경우 신속한 대응을 통해 고객 신뢰를 회복할 수 있으며, 긍정적인 반응은 마케팅자료로 활용 가능하다.

이와 같은 다양한 방법을 통해 고객의 실제 니즈를 구체적으로 이해하고, 이를 영업 전략에 반영함으로써 고객 만족도를 높이고 매출 성장을 유도할 수 있다. 고객의 목소리에 귀 기울이는 노력이 지속적으로 필요하며, 이를 통해 기업은 고객과의 신뢰 관계를 더욱 견고히 할 수 있다. 지속적인 니즈 파악과 피드백 반영은 고객과의 장기적인 관계구축에 핵심적인 역할을 한다.

(2) 효과적인 영업 전략

효과적인 영업 전략은 고객의 관심을 끌고 매출을 증대시키는 데 핵심적인 역할을 한다. 고객과의 관계를 강화하고 브랜드가치를 높이는 데에도 중요하다. 이를 위해서는 고객 중심의 접근과 다양한 마케팅 기법을 유기적으로 활용하는 것이 필요하다.

영업은 크게 아웃바운드(Outbound) 영업과 인바운드(Inbound) 영업 방식으로 나눌 수 있다. 아웃바운드 영업은 영업 전문가가 직접 고객을 찾아가 제품이나 서비스를 소개하는 방식이다. 반면, 인바운드 영업은 마케팅을 통해 고객이 자발적으로 사업장을 방문하거나 서비스를 이용하도록 유도하는 전략으로 콘텐츠마케팅, 검색엔진최적화(SEO), 소셜미디어 활용 등이 포함된다.

아웃바운드 영업은 필자가 《현장실무자를 위한 영업관리 및 기술영업 비법》이라는 책에서 상세히 다루면서 최고의 영업비법은 '기본에 충실하면서 노력하는 것'뿐이라고 강조한 바 있다. 이 책에서는 자영업자들이 효과적으로 적용할 수 있는 인바운드 영업전략에 중점을 두고 다음과 같이 살펴보기로 하자.

고유 가치 제안 정의가 필요하다. 고유 가치 제안(UVP, Unique Value Proposition)은 가치 제안 3요소인 고객, 혜택, 가격을 바탕으로 경쟁업체와 차별화되는 고유한 판매가치를 설정한다. 이 가치를 FAB(Feature, Advantage, Benefit) 구조 화법을 활용해 효과적으로 고객에게 가치를 명확히 전달하는 것도 중요한데, 이는 고객이 '왜 이 브랜드를 선택해야 하는가?'에 대해 명확한 답을 제시하는 도구이다. 예를 들어, 애플은 고품질 제품과 혁신적인 지문인식 방식인 터치ID와 얼굴인식 방식인 페이스ID 기능을 채택하고 우수한 고객 서비스를 통해 차별화된 가치를 제공했다면, 테슬라는 뛰어난 전기차 성능과 자율주행 기술뿐만 아니라 지속적인 소프트웨어 업데이트로 고객 만족도를 높였으며, 넷플릭스는 고품질 콘텐츠와 맞춤형 추천 그리고 24시간 고객 지원으로 사용자 경험을 극대화한 고유 가치 제안 사례를 찾아볼 수 있다. 이러한 사례는 기업이 경쟁사와의 차별화를 통해 고객의 신뢰를 얻고 브랜드를 각인시키는 데 효과적이라는 점을 보여준다.

고객 유치 전략이 필요하다. 새로운 고객을 유치하기 위해 매력적인 고유 가치 제안과 효과적인 마케팅캠페인을 실행해야 한다. 소셜미디어 광고, 검색엔진최적화, 콘텐츠마케팅 등 다양한 채널을 활용하여 브랜드인지도를 높이고 잠재고객에게 접근한다. 첫 구매 할인혜택 제공, 추천프로그램 운영 등도 효과적인 방법이다. 고객 유치 비용을 관리하고 최적화하여 수익성을 높이는 것도 중요하다.

정기적인 프로모션이 필요하다. 할인행사나 패키지상품 제공은 고객구매를 유도하는 데 효과적이다. 한정된 기간 동안의 프로모션은 새로운 고객을 유치하고 구매를 촉진할 수 있다. 계절세일이나 기념일 이벤트를 활용하여 고객에게 특별한 혜택을 제공하면 브랜드에 대한 긍정적인 인식을 형성할 수 있다.

고객 맞춤형 서비스가 필요하다. 고객의 요구와 선호를 반영한 맞춤형 서비스는 고객 만족도를 높이는 데 매우 중요하다. 예를 들어, 충성고객에게 특별혜택이나 개인화된 서비스를 제공하거나 고객의 구매 이력을 분석해 맞춤형 추천을 제공하는 방법이 있다. 이는 고객과 장기적인 관계를 구축하고 브랜드 신뢰를 강화하는 데 유용하다.

네트워킹과 커뮤니티연계가 필요하다. 지역커뮤니티와의 연계를 통해 브랜드를 알리고 신뢰를 높일 수 있다. 지역이벤트에 참여하거나 후원하는 방식으로 브랜드인지도를 확대하고 자선활동이나 지역지원 프로그램에 기여하면 고객의 긍정적인 반응을 얻을 수 있다.

판매교육과 기술향상이 필요하다. 직원들에게 판매기술과 고객서비스 능력을 향상시킬 수 있는 교육기회를 제공하는 것은 매우 중요하다. 고객의 요구에 신속히 대응하고 긍정적인 경험을 제공함으로써 만족도와 구매율을 높일 수 있다. 정기적인 워크숍과 교육프로그램은 직원의 전문성을 강화하고 기업의 신뢰도를 높이는 데 도움을 준다.

이와 같은 전략들은 서로 보완하며 함께 실행될 때 더욱 큰 효과를 발휘한다. 고객의 목소리에 귀 기울이고 다양한 전략을 유기적으로 활용함으로써 영업성과를 극대화하고 지속 가능한 성장기반을 마련할 수 있다. 이처럼 고객의 기대를 초과하는 경험을 제공해야 장기적인 성공으로 이어질 것이다.

(3) 지속적인 피드백 및 개선

영업 향상을 위해 지속적으로 피드백을 수집하고 개선하는 것은 고객 요구의 변화와 시장 경쟁에 효과적으로 대응하기 위한 필수적인 전략적 접근법이다. 이는 기업이 지속 가능한 성장과 경쟁 우위를 확보하기 위한 핵심요소로 모든 조직이 주목해야 할 과제이다. 특히 고객의 니즈와 시장 환경이 빠르게 변화하는 현대 비즈니스 환경에서는 이를 간과할 수 없다. 따라서 영업성과를 주기적으로 분석하고 고객의 목소리를 반영하는 체계를 마련하는 것이 필수적이다.

성과분석을 통해 자신의 영업성과를 명확히 이해해야 한다. 정기적으로 매출 결과와 고객 반응을 분석하면 어떤 부분이 잘 작동하고 있는지 파악할 수 있다. 예를 들어, 데이터분석도구인 구글 애널리틱스나 CRM시스템을 활용해 매출 데이터를 시각화하거나 고객피드백을 분류하여 주요 문제점을 도출하는 방법을 사용할 수 있다. 특정 제품의 판매가 증가하거나 고객만족도가 높아진다면, 그 원인을 분석하여 해당 전략을 강화해야 한다. 반면, 매출이 감소하거나 고객 불만이 증가하는 경우 문제의 원인을 진단하고 이에 따른 적절한 조치를 신속히 취해야 한다. 이를 통해 영업목표를 명확히 수립하고 목표 달성을 위한 개선방안을 도출할 수 있다.

고객의 의견을 듣는 것도 매우 중요한 요소이다. 고객 설문 조사는 물론 소셜미디어 의견 모니터링, 고객리뷰분석 그리고 고객서비스센터의 문의 내용 검토 등 다양한 방법을 통해 의견을 수집할 수 있다. 또한 심층적인 고객 인터뷰나 포커스 그룹을 통해 고객의 숨겨진 니즈를 파악하는 것도 효과적이다. 정기적인 고객 설문 조사를 통해 고객의 의견을 수집하고 이를 기반으로 서비스개선사항을 도출해야 한다.

고객의 목소리는 제품이나 서비스의 품질을 향상시키고 고객 충성도를 높이는 데 핵심적인 역할을 한다. 고객이 제기한 불만이나 요청 사항을 면밀히 분석하여 개선방안을 마련함으로써 고객이 진정으로 원하는 서비스를 제공할 수 있도록 해야 한다.

그리고 **고객의 피드백을 신속히 반영할 수 있는 시스템을 구축하는 것이 필요하다.** 예를 들어, 실시간 채팅 및 피드백플랫폼, 고객불만관리소프트웨어, 또는 자동알림기능이 포함된 CRM시스템 등을 활용하면 고객의 요구를 빠르게 처리하고 문제를 조기에 해결할 수 있다. 즉각적인 피드백시스템은 고객이 불만을 제기할 수 있는 경로를 제공하고 담당자가 이를 신속히 처리할 수 있도록 돕는다. 이를 통해 고객의 피드백을 실시간으로 수집하고 분석함으로써 문제를 조기에 발견하고 빠르게 대응할 수 있으며 결과적으로 고객만족도를 크게 향상시킬 수 있다.

이 모든 과정은 조직구성원들의 협력으로 이루어져야 한다. 현장에서 판매하는 담당자뿐만 아니라 창업자를 비롯한 모든 구성원이 지속적인 학습과 개선을 장려하며 워크숍, 정기적인 회의 그리고 내부평가세션 등을 통해 서로의 경험과 피드백을 공유하는 문화를 조성해야 한다. 예를 들어, 성공 사례를 공유하거나 문제해결 아이디어를 논의하는 세션을 정기적으로 운영하면 조직 전체의 역량을 강화할 수 있다. 이러한 환경은 성공과 실패에서 배우며 함께 성장할 수 있는 기반을 마련할 수 있다.

영업향상을 위한 지속적인 피드백과 개선 노력은 고객만족도와 영업성과를 동시에 높이는 데 크게 기여할 것이다. 고객의 의견을 적극적으로 반영하고, 성과를 주기적으로 점검하며 변화에 유연하게 대응함으로써 비즈니스는 끊임없이 발전하고 지속적으로 성장할 수 있을 것이다.

2) 고객 관계 관리 비법

(1) 고객 관계 관리 방법

모든 인생사가 사람으로 시작해 사람으로 귀결되듯이 기업 활동 역시 고객의 중요성을 간과할 수 없다. 최근 많은 기업이 재무제표뿐만 아니라 '고객제표'의 중요성을 강조하고 있다. '고객제표'는 고객의 정보와 거래 내역을 체계적으로 정리해 고객을 이해하고 파악할 수 있게 하며, 이를 바탕으로 맞춤형 서비스와 마케팅전략을 수립할 수 있는 도구이다. 이는 고객관계를 강화하고 판매를 증대시키는 데 중요한 역할을 한다.

CRM은 고객의 니즈를 파악하고 충성 고객을 확보하기 위한 필수 도구이다. 이는 단순히 고객을 거래 대상으로 보는 것이 아니라, 지속적인 관계를 맺는 파트너로 바라보는 접근이다. 고객관계 관리와 고객충성도 유지는 기업에게 중요한 경쟁력을 제공하며 고객의 목소리에 귀 기울이고 데이터를 체계적으로 분석해 맞춤형 전략을 실행하는 것이 핵심이다. 이를 통해 고객신뢰를 구축하고 비즈니스성장을 도모할 수 있다.

CRM전략에서 **첫 단계**는 고객데이터를 체계적으로 수집하고 관리하는 것이다. 구매 이력, 선호도, 피드백 등 다양한 데이터를 기록하고 분석함으로써 고객의 행동패턴을 이해해야 한다. 이러한 데이터는 맞춤형 서비스와 개인화된 마케팅전략을 수립하는 데 활용된다. 예를 들어, 고객의 선호 상품에 기반해 추천상품을 제안하면 구매확률을 높일 수 있다.

두 번째 단계는 효율적인 고객관리와 데이터분석을 위해 CRM시스템을 도입하는 것이 중요하다. CRM시스템은 무료 솔루션 또는 월 구독형 또는 저비용부터 고비용 솔루션까지 다양하게 있으므로 업종과 고객관리목표에 따라 선택하면 될 듯하다. 현대 CRM소프트웨어는 고객 정보를 중앙집중화해 관리할 수 있도록 돕고 이메일마케팅, 판매관리, 고객지원 등 다양한 기능을 제공한다. 이를 통해 기업은 고객과의 소통을 원활하게 하고 비즈니스운영의 효율성을 높일 수 있다. 또한 CRM시스템은 고객이탈을 방지하고 재구매를 유도하는 데 필요한 정보를 제공해 더욱 효과적인 고객관리를 가능하게 한다.

세 번째 단계는 고객을 세분화해 각 그룹의 특성에 맞는 서비스를 제공하는 것도 필요하다. 구매 빈도, 금액, 선호 상품 등에 따라 고객을 나누고 각 그룹에 적합한 프로모션이나 혜택을 제공함으로써 효과적인 마케팅을 실현할 수 있다. 예를 들어, VIP고객에게는 특별할인 및 전용서비스를 제공함으로써 그들의 가치를 인정하고 충성도를 강화할 수 있다.

네 번째 단계로 고객과의 지속적인 소통은 CRM의 핵심 요소이다. 정기적인 뉴스레터발송, 소셜미디어 활동, 맞춤형 이메일캠페인을 통해 고객과의 관계를 강화할 수 있다. 특히 고객의 생일이나 기념일에 특별한 혜택을 제공하면 브랜드에 대한 긍정적인 인식을 높이고 충성도를 강화할 수 있다. 이러한 배려는 고객에게 특별한 경험을 제공하는 데 큰 도움이 된다.

다섯 번째 단계로 고객피드백은 기업에게 귀중한 자산이다. 정기적으로 고객만족도 조사를 실시하고, 고객의 의견을 적극 반영해 서비스를 개선해야 한다. 고객만족도지표(CSAT, Customer Satisfaction Score)나 순고객추천지수(NPS, Net Promoter Score) 등을 활용해 고객의 경험과 만족도를 평가하고, 이를 바탕으로 개선사항을 도출하는 것이 중요하다. 고객이 자신의 의견이 존중받고 있다고 느낄 때 브랜드에 대한 신뢰와 충성도는 더욱 강화된다.

여섯 번째 단계로 CRM전략의 성공을 위해서는 직원 참여와 교육이 필수적이다. 고객과 직접 소통하는 직원이 CRM시스템을 효과적으로 활용할 수 있도록 교육하고 고객 관계의 중요성을 강조하는 노력이 필요하다. 직원이 고객에 대한 이해가 깊을수록 보다 나은 서비스를 제공할 수 있으며, 이는 고객만족도를 높이고 비즈니스성과로 이어질 수 있다.

이러한 CRM전략을 통해 기업은 고객과의 관계를 강화하고 장기적인 성공을 이끌어낼 수 있다. 고객신뢰와 충성도는 결국 비즈니스성장으로 이어진다. 고객과의 관계를 소중히 여기고, 이를 지속적으로 개선하는 것은 성공적인 비즈니스의 필수 요소이다. 고객 유치, 유지, 관계 강화를 통해 기업은 지속 가능한 성장을 이룰 수 있다.

(2) 충성고객 확보 및 유지

고객 충성도는 비즈니스의 지속 가능한 성장에 필수적이다. 고객과의 관계를 강화하고 브랜드에 대한 신뢰를 구축하기 위해 다양한 전략이 필요하다.

우선 품질보장이 핵심이다. 고객이 기대하는 품질을 충족하거나 초과하는 제품이나 서비스를 제공하는 것은 고객만족의 기본이다. 품질이 뛰어나면 고객의 신뢰가 높아지고, 이는 자연스럽게 충성도로 이어진다. 따라서 기업은 시장 변화와 고객 요구에 맞춰 제품과 서비스를 지속적으로 개선해야 하며 고객피드백을 반영해 품질을 향상시키는 노력을 기울여야 한다. 일관된 품질 유지는 고객의 신뢰를 얻는 데 필수적이며 품질관리시스템을 강화하고 지속적인 개선전략을 마련하는 것이 중요하다.

CRM을 활용한 개인화된 경험 제공도 중요하다. 고객의 선호도와 구매 이력을 기반으로 맞춤형 추천시스템이나 개인화된 이메일 또는 문자마케팅을 통해 고객의 관심을 끌고 재구매를 유도할 수 있다. 고객이 자신에게 맞는 서비스를 받는다고 느끼면 브랜드에 대한 충성도가 높아진다.

충성도프로그램은 고객 충성도를 높이는 효과적인 방법이다. 포인트적립시스템, 할인혜택, VIP프로그램 등을 통해 고객이 브랜드와 지속적으로 관계를 유지하도록 유도할 수 있다. 이러한 프로그램은 고객에게 실질적인 혜택을 제공하는 것이 되고 브랜드에 대한 충성도를 강화하는 데 큰 도움을 준다. 이때 고객은 자신이 소중한 존재로 대우받고 있다고 느끼며 자연스럽게 브랜드에 대한 충성도가 높아진다.

우수한 고객서비스 제공도 충성도 유지의 핵심이다. 고객의 질문이나 불만에 신속하고 친절하게 대응하면, 고객은 브랜드에 대한 신뢰를 쌓게 된다. 문제해결을 하는 과정에서 고객이 특별한 대우를 받는다고 느낄 때 브랜드에 대한 충성도는 더욱 높아진다. 고객서비스는 단순히 문제해결을 넘어 고객과의 관계를 강화하는 중요한 요소로 작용한다.

정기적인 소통은 고객과의 관계를 강화하는 데 필수적이다. 뉴스레터, 소셜미디어, 고객 맞춤형 이메일 등을 통해 유용한 정보와 혜택을 제공하면 고객의 지속적인 관심을 유지할 수 있다. 중요한 소식이나 이벤트에 대해 미리 알리는 것도 고객과의 유대감을 높이는 데 효과적이다. 고객이 브랜드와의 소통에서 가치를 느낄 때 충성도는 강화된다.

고객피드백을 반영하는 것도 중요한 전략이다. 고객 의견을 적극적으로 수렴하고 이를 서비스개선에 반영하면 고객은 자신의 의견이 존중받고 있다고 느낀다. 이를 통해 브랜드에 대한 신뢰와 충성도가 높아진다. 정기적인 만족도조사를 실시하고 이를 기반으로 개선점을 찾아내야 한다. 고객이 브랜드에 대한 신뢰를 느낄 때 장기적인 충성 고객이 될 가능성이 높아진다.

특별한 이벤트나 혜택제공도 효과적이다. 고객의 생일이나 기념일에 맞춰 특별할인이나 선물을 제공하면 고객은 특별한 대우를 받는다고 느낀다. 이러한 작은 배려가 고객 충성도를 강화하는 데 큰 역할을 하며, 고객은 브랜드에 대해 긍정적인 감정을 갖게 된다.

고객 충성도 확보는 단기 판매보다 더 큰 가치를 창출하는 전략이다. 이를 위해 품질보장, 개인화된 경험 제공, 충성도프로그램 운영, 우수한 고객서비스, 정기적인 소통, 고객피드백 반영, 특별한 혜택 제공 등의 다양한 접근이 요구된다. 이러한 노력을 통해 고객 신뢰를 얻고 장기적인 관계를 구축할 수 있으며, 이는 결과적으로 지속가능한 비즈니스성장을 가능하게 한다.

맺음말

창업 준비와 성공 비법을 넘어
창업 이후의 현실적인 어려움을 극복할 수 있는
지식과 전략을 제공하는 가이드로 자리 잡기를…

"철저한 계획과 지속적인 실행력을 통해서만 창업의 성공 가능성을 높여야 하며, 소상공인과 자영업자의 위기를 해결하기 위한 체계적인 지원과 구조조정이 필요한 때이다."

이 책은 창업을 준비하거나 이미 창업의 길에 들어선 이들에게 창업의 본질과 현실적인 도전에 대해 다시 한번 생각해 보게 하는 데 초점을 두고 있다. 창업은 단순히 새로운 기회를 만드는 과정이 아니라, 지속 가능한 경영과 성장을 위해 치열한 준비와 노력이 필요한 복합적인 여정이다. 그 과정에서 열정과 아이디어만으로는 극복할 수 없는 다양한 문제를 만나게 되며, 창업의 성공 가능성은 철저한 계획과 지속적인 실행력을 통해서만 높일 수 있다.

창업은 사업 아이템을 구상하고 시장의 요구를 분석하며, 자금을 조달하고 사업모델을 구체화하는 단계에서부터 치밀한 준비가 필요하다. 단순히 창업을 시작하는 것만으로는 성공을 보장할 수 없다. 지속적으로 변화하는 시장환경에서 경쟁력을 유지하고 성장을 이루기 위해서는 끊임없는 학습과 혁신 그리고 현실적인 판단이 필요하다. 이 책은 창업의 각 단계에서 필요한 창업 준비 및 체크리스트, 사업계획 수립과 사업계획서 작성, 창업자금 조달, 창업 실현과 운영, 창업 과정에서 발생하는 문제 및 해결 방안 그리고 성공적인 창업을 위한 제안 등 구체적이고 실질적인 가이드를 제공하고자 했다.

이 책의 집필은 예비창업자들에게 도움을 주고자 시작된 순수한 시도였으나 현재 소상공인과 자영업자들이 처한 어려운 현실을 깊이 들여다보며, 이 책을 쓸 자격과 능력에 대한 회의감이 들면서 필요성과 방향성에 대해 깊이 고민했음을 고백한다. 다행히 이들의 문제를 개인의 실패가 아닌 사회·경제적 문제로 바라봐야 한다는 점을 깨닫게 되었다. 많은 소상공인과 자영업자들이 치열한 경쟁과 경제적 압박 속에서 어려움을 겪고 있으며, 이는 비자발적 창업이나 준비되지 않은 창업에서 비롯된 경우가 많다는 것이다. 이는 단순히 개인의 문제를 넘어 지역 경제와 사회 안정성, 국가의 성장 동력에까지 영향을 미치는 중요한 사안이다.

우리나라에서 자영업자의 비중이 여전히 높은 이유는 다양한 사회·경제적 요인이 복합적으로 작용한 결과다. 고용 시장의 불안정, 실업에 따른 생계형 창업 그리고 초기 진입장벽이 낮은 업종에 편중된 창업이 이러한 상황을 초래했다. 특히 최근 들어 인구 고령화와 함께 은퇴 후 창업이 늘어나면서 자영업자의 고령화 문제가 심화되고 있다. 이는 단순한 생계 문제를 넘어 국가 경제와 사회 안정성에 영향을 미치는 중대한 과제이다.

정부와 관련 기관은 소상공인과 자영업자들의 위기를 해결하기 위한 체계적인 지원과 구조조정을 통해 경쟁력을 강화하고, 규모의 경제를 실현할 수 있는 방안을 마련하는 것이 중요하다. 특히 자영업자들을 위한 실질적인 정책과 지원 방안을 통해 이러한 문제를 해결해야 한다. 다행히 최근에는 재창업 및 재취업을 지원하는 정책이 포함되며 단순히 금융 지원과 세제 혜택을 넘어선 접근이 시작되었다. 그러나 이러한 정책이 실질적인 효과를 거두기 위해서는 꾸준한 실행과 보완이 필요하다.

자영업자들의 구조조정은 단순히 영세한 사업장의 폐업을 유도하는 것이 아니라, 혁신과 교육을 통해 경쟁력 있는 사업으로 재도약할 수 있도록 돕는 데 초점을 맞춰야 한다. 이를 위해서는 대규모 자본과 충분한 시간 그리고 다양한 이해관계의 조정이 필요하다. 또한 기존 자영업자들이 대규모 자본이나 체계적인 지원을 통해 규모화를 이룰 수 있는 방안을 모색해야 한다. 체인화와 같은 방식으로 자영업자들이 대기업과 협력하거나 연합회를 통해 시너지 효과를 낼 수 있는 기회를 제공해야 한다.

창업을 준비하는 이들에게 이 책은 단순히 성공 비법을 알려주는 책이 아니라, 창업 이후의 현실적인 어려움을 극복할 수 있는 지식과 전략을 제공하는 가이드로 자리 잡기를 바란다. 독자들이 창업의 본질을 이해하고 철저한 준비와 계획을 통해 성공적으로 도전하기를 기대한다. 또한 현재 어려운 상황 속에서 고군분투하고 있는 소상공인과 자영업자들에게도 이 책이 새로운 기회를 모색하고 재도약할 수 있는 작은 도움이 되기를 희망한다.

끝으로, 이 책을 읽는 독자들에게 창업은 단순히 새로운 사업을 시작하는 데 그치지 않고 자신의 비전과 목표를 실현하고, 더 나아가 지역 경제와 사회의 성장을 도모하는 중요한 도전이라 강조하고 싶다. 독자들이 이 책을 통해 창업과 경영에 필요한 실질적인 도움과 영감을 얻길 바라며, 여러분들의 도전이 성공과 성취로 이어지기를 진심으로 기원한다. 책을 끝까지 읽어준 모든 분들께 진심으로 감사드리며, 여러분의 앞날에 무한한 가능성과 번영이 함께하길 바란다.

[참고 도서]

《신상품마케팅》, Glen L. Urban 지음, 이유재·박찬수 편역, 스그마프레스, 1995

《핸디캡마케팅》, 강시철·김대규·김승헌·이용규 지음, 지식공감, 2014

《바로 매출이 오르는 판매마케팅 법칙》, 전준혁 지음, 2021

《왜 사업하는가》, 이나모르 가즈오 지음, 김지영 옮김, 다산북스, 2022

《사장학개론》, 김승호 지음, 스노우폭스북스, 2023

《사업을 한다는 것》, 레이 크락 지음, 이영래 옮김, ㈜센시오, 2022

《창업과 경영 31가지 이야기》, 이상훈 지음, 상상, 2022

《회계와 사회》, 김혁·백원서·박태영 지음, 신영사, 2010

《좋아 보이는 것들의 비밀》, 이랑주 지음, 지와인, 2022

《작은 가게가 돈 버는 기술》, 가야노 가쓰미 지음, 김현영 옮김, 리더스북, 2017

《주말창업》, 후이지 고이치 지음, 김근수 감수, 신현호 옮김, 북플래너, 2003

《가게 이렇게 하면 성공한다》, 도미타 히데히로 지음, 심상훈 감수, 이후희 옮김, 토트, 2009

《제로창업》, 요시에 마사루·기타노 데쓰마사 지음, 김광섭 옮김, 이노다임북스, 2015

《리더의 조건》, 존 맥스웰 지음, 전형철 옮김, 비즈니스북스, 2021

《잘되는 가게의 영업비밀》, 남현우·김민회 지음, ㈜도서출판 길벗, 2018

《유비처럼 경영하고 제갈량처럼 마케팅하라》, 청쥔이 지음, 박미경 옮김, 랜덤하우스중중, 2025

《돈 안 드는 마케팅》, 셸 호로위치 지음, 정영문 옮김, 매일경제신문사, 1995

《게으르지만 콘텐츠로 돈은 잘 법니다.》 신태순 지음, 나비의 활주로, 2022

《비즈니스 모델의 탄생》, 알렉산더 오스터왈더·예스 피그누어 지음, 유효상 옮김, 비즈니스북스, 2021

《매출 때문에 고민입니다》, 지현 지음, ㈜라온아시아, 2020

《이 책은 돈 버는 법에 관한 이야기》, 고명환 지음, 라곰, 2022

'성공 창업을 위한 시장조사 및 시장분석', 구일호 저술, 한국과학기술정보연구원(KISTI), 2016

'자영업자의 삶의 만족도 실태와 제고 방안', 주원·장후석·백홍기 편집위원, 현대경제연구원, 13-28 [통권 538호], 2013. 08. 29.

'자영업자 관련 4가지 궁금증 분석', 〈이슈 리포트〉 44호, 2019년 5월 20일

'비임금근로자의 고용구조 분석과 정책적 시사점', 유진성 저술, 한국경제연구원(KERI)의 보고서(2016년 12월 2일)

[시사이슈 찬반토론] '과도한 자영업자 비중 이대로 괜찮을까요?', 허원순 〈한국경제신문〉 논설위원, 〈생글생글〉 537호, 2016. 11. 25.

[참고 블로그]

https://brunch.co.kr/@money-economy/3 … '자영업으로 성공하는 방법'

https://brunch.co.kr/@money-economy/10 … '자영업 창업, 반드시 이런 사람만 해라'

https://brunch.co.kr/@socialmkt/34 … '유용한 시장조사 사이트 총정리!'

https://www.tosspayments.com/blog/articles/semo-102 … '개인사업자 vs 법인사업자?'

https://m.edaily.co.kr/News/Read?newsId=02004086596417184&mediaCodeNo=257 … '자영업자 공화국' 코리아, 왜 유독 많을까?

https://news.kbs.co.kr/news/pc/view/view.do?ncd=3128036 … '한국 GDP 대비 사업체 수 OECD 회원국 중 1위… 자영업 범람 영향'

https://m.eye.seoul.co.kr/news/2024/10/01/20241001014002 … '장사 힘들어… 취업자 중 자영업 비중 첫 20% 붕괴'

https://www.tableau.com/ko-kr/learn/articles/root-cause-analysi … '근본 원인 분석, 예제 및 방법을 사용한 설명'

https://vivahkt.tistory.com/10 … '문제해결_의사결정, 5WHY 기법'

https://ko.surveymonkey.com/learn/market-research/ … '시장조사; 정의, 중요성 및 시작하는 방법'

https://publy.co/content/6180 … '1시간 만에 끝! 딱 5단계로 끝내는 시장조사 하는 법'

https://blog.naver.com/snsnip2001/220513011368 … '창업-철저한 계획 수립부터'

https://changupcommander.tistory.com/13 … '2020년 예비창업패키지 사업계획서 작성법'

https://blog.naver.com/PostPrint.naver?blogId=mentor0517&logNo=223462393697 … '아이템선정의 최종단계 총정리; 본 사업 타당성 분석의 중요성, 기본체계 및 주요항목별 검토 포인트'

https://www.codestates.com/blog/content/ … '비즈니스 모델 캔버스'

https://kmong.com/article/71 … '블로그 마케팅으로 고객 참여 유도하는 방법'

https://brunch.co.kr/@an11778/17 … '블로그 글쓰기 및 마케팅 어떻게 해야 할까?'

https://magazine.contenta.co/2019/10 … '온라인 마케팅의 5가지 핵심 전략'

https://seo.tbwakorea.com/blog/all-about-digital-marketing/ ··· '디지털 마케팅이란? - 전략, 종류, 트렌드'

https://ko.wix.com/blog/post/marketing-strategies ··· '비즈니스 성장을 위한 마케팅 전략 10가지(사례 포함)'

https://blog.naver.com/sigmagil/221468786080 ··· '마케팅 전략(3) - 마케팅 전략 수립'

https://blog.naver.com/koreashconsulting/223339482032 ··· '스타트업의 자금조달'

https://brunch.co.kr/@khorikim/1021 ··· '사업을 만드는 사람들을 위한 제안'

https://m.blog.naver.com/seek316/222148002609 ··· '고객 관계 관리(Customer Relationship Management, CRM)란?'

https://acquiredentrepreneur.tistory.com/137 ··· '고객에게 전달할 매력적인 고객가치제안 디자인'

개인사업자등록 신청서 양식

법인사업자등록 신청서 양식

신규사업자가 알아두면 유익한 세금정보

국세청 자료 인용

개인사업자등록 신청서 양식

뒷면 날짜+이름+서명+과세유형체크   대리신청 시 뒷면 위임장 작성

사업자등록 신청서(개인사업자용)
(법인이 아닌 단체의 고유번호 신청서)

※ 사업자등록의 신청 내용은 영구히 관리되며, 납세 성실도를 검증하는 기초자료로 활용됩니다.
   아래 해당 사항을 사실대로 작성하시기 바라며, 신청서에 본인이 자필로 서명해 주시기 바랍니다.
※ [ ]에는 해당하는 곳에 √표를 합니다.

(앞쪽)

접수번호		처리기간	**2일**(보정 기간은 **불산입**)

1. 인적사항

상호(단체명)	ex) 웰니스 커피	연락처	(사업장 전화번호)
성명(대표자)	이 창 영		(주소지 전화번호)
주민등록번호	500101 - 1234567		(휴대전화번호) 010 - 1234 - 5678
(단체)부동산등기용등록번호			(FAX 번호)
사업장(단체) 소재지	ㅇㅇ도 ㅇㅇ시 ㅇㅇㅇ로 123		1 층 101 호

사업장 주소지인 경우 주소지 이전 시 사업장 소재지 자동 정정 신청   ([ ]여, [ ]부)

2. 사업장 현황

(예시) 음식점, 소매, 도매, 서비스, 부동산, 건설, 운수, 숙박, 서비스, 제조, 정보통신

부업종 여러개인 경우 빈공간에 추가기재

업종	주업태	주종목	주생산 요소	주업종 코드	개업일	종업원 수
	부업태	부종목	부생산 요소	부업종 코드	2024. 11. 8.	

연, 월, 일 구체적으로 기재

사이버몰 명칭		사이버몰 도메인	

사업장이 다른사람 소유인 경우 ①~⑥ 모두 기재

사업장 구분	자가 면적	타가 면적	**사업장을 빌려준 사람** **(임대인=건물 소유주)**			임대차 명세		
			성 명 (법인명)	사업자 등록번호	주민(법인) 등록번호	임대차 계약기간	(전세) 보증금	월세(차임)
	① m²	② m²	③	④	⑤		⑤ 원	⑥ 원

허가 등 사업 여부	[ ]신고 [ ]등록 [ ]허가 [ ]해당 없음	주류면허	면허번호	면허신청 [V]여 [ ]부

개별소비세 해당 여부	[ ]제조 [ ]판매 [ ]입장 [ ]유흥	사업자 단위 과세 적용 신고 여부	[ ]여 [ ]부

주류판매시 체크 (편의점, 음식점 등)

사업자금 명세 (전세보증금 포함)	자기자금 원	타인자금	원

간이과세 적용 신고 여부	[ ]여 [ ]부	간이과세 포기 신고 여부	[ ]여 [ ]부

전자우편주소		국세청이 제공하는 국세정보 수신동의	[ ]문자(SMS) 수신에 동의함(선택) [ ]전자우편 수신에 동의함(선택)

확정일자 동시신청시 체크

그 밖의 신청사항	확정일자 신청 여부	공동사업자 신청 여부	사업장소 외 송달장소 신청 여부	양도자의 사업자등록번호 (사업양수의 경우에만 해당함)
	[V]여 [ ]부	[V]여 [ ]부	[ ]여 [ ]부	

공동사업자 신청시 체크 및 공동사업자 명세, 동업계약서 작성

신탁재산 여부	[ ]여 [ ]부	신탁재산의 등기부상 소재지 또는 등록부상 등록지	

210mm×297mm[백상지(80g/m²) 또는 중질지(80g/m²)]

3. 사업자등록 신청 및 사업 시 유의사항 (아래 사항을 반드시 읽고 확인하시기 바랍니다)

가. 다른 사람에게 사업명의를 빌려주는 경우 사업과 관련된 각종 세금이 명의를 빌려준 사람에게 나오게 되어 다음과 같은 불이익이 있을 수 있습니다.
  1) 조세의 회피 및 강제집행의 면탈을 목적으로 자신의 성명을 사용하여 타인에게 사업자등록을 할 것을 허락하거나 자신 명의의 사업자등록을 타인이 이용하여 사업을 영위하도록 한 자는 「조세범 처벌법」 제11조제2항에 따라 1년 이하의 징역 또는 1천만원 이하의 벌금에 처해집니다.
  2) 소득이 늘어나 국민연금과 건강보험료를 더 낼 수 있습니다.
  3) 명의를 빌려간 사람이 세금을 못 내게 되면 체납자가 되어 소유재산의 압류·공매처분, 체납명세의 금융회사 등 통보, 출국규제 등의 불이익을 받을 수 있습니다.

나. 다른 사람의 명의로 사업자등록을 하고 실제 사업을 하는 것으로 확인되는 경우 다음과 같은 불이익이 있을 수 있습니다.
  1) 조세의 회피 또는 강제집행의 면탈을 목적으로 타인의 성명을 사용하여 사업자등록을 하거나 타인 명의의 사업자등록을 이용하여 사업을 영위한 자는 「조세범 처벌법」 제11조제1항에 따라 2년 이하의 징역 또는 2천만원 이하의 벌금에 처해집니다.
  2) 「부가가치세법」 제60조제1항제2호에 따라 사업 개시일부터 실제 사업을 하는 것으로 확인되는 날의 직전일까지의 공급가액 합계액의 1%에 해당하는 금액을 납부세액에 더하여 납부해야 합니다.
  3) 「주민등록법」 제37조제10호에 따라 다른 사람의 주민등록번호를 부정하게 사용한 자는 3년 이하의 징역 또는 3천만원 이하의 벌금에 처해집니다.

다. 귀하가 재화 또는 용역을 공급하지 않거나 공급받지 않고 세금계산서 또는 계산서를 발급하거나 발급받은 경우 또는 이와 같은 행위를 알선·중개한 경우에는 「조세범 처벌법」 제10조제3항 또는 제4항에 따라 3년 이하의 징역 또는 공급가액에 부가가치세의 세율을 적용하여 계산한 세액의 3배 이하에 상당하는 벌금에 처해집니다.

라. 신용카드 가맹 및 이용은 반드시 사업자 본인 명의로 해야 하며 사업상 결제목적 외의 용도로 신용카드를 이용할 경우「여신전문금융업법」 제70조제3항제2호부터 제6호까지의 규정에 따라 3년 이하의 징역 또는 2천만원 이하의 벌금에 처해집니다.

창업자 멘토링 서비스	신청 여부	[ ]여 [ ]부

※ 세무대리인을 선임하지 못한 경우 신청 가능하며, 서비스 제공 요건을 충족하지 못한 경우 서비스가 제공되지 않을 수 있음

대리인이 사업자등록신청을 하는 경우에는 아래의 위임장을 작성하시기 바랍니다.

위 임 장	본인은 사업자등록 신청과 관련한 모든 사항을 아래의 대리인에게 위임합니다.			
	본 인:			(서명 또는 인)
대리인 인적사항	성명	주민등록번호	전화번호	신청인과의 관계

위에서 작성한 내용과 실제 사업자 및 사업내용 등이 일치함을 확인하며, 「부가가치세법」 제8조제1항·제3항, 제61조제3항, 같은 법 시행령 제11조제1항·제2항, 제109조제4항, 같은 법 시행규칙 제9조제1항·제2항 및 「상가건물 임대차보호법」 제5조제2항에 따라 사업자등록([ ]일반과세자[ ]간이과세자[ ]면세사업자[ ]그 밖의 단체) 및 확정일자를 신청합니다.

년 월 일

신청인: (서명 또는 인)
위 대리인: (서명 또는 인)

세무서장 귀하

신고인 제출서류	1. 사업허가증 사본, 사업등록증 사본 또는 신고확인증 사본 중 1부(법령에 따라 허가를 받거나 등록 또는 신고를 해야 하는 사업의 경우에만 제출합니다) 2. 임대차계약서 사본 1부(사업장을 임차한 경우에만 제출합니다) 3. 「상가건물 임대차보호법」이 적용되는 상가건물의 일부분을 임차한 경우에는 해당 부분의 도면 1부 4. 자금출처명세서 1부(금지금 도매·소매업, 과세유흥장소에서의 영업, 액체연료 및 관련제품 도매업, 기체연료 및 관련제품 도매업, 차량용 주유소 운영업, 차량용 가스 충전업, 가정용 액체연료 소매업, 가정용 가스연료 소매업, 재생용 재료 수집 및 판매업을 하려는 경우에만 제출합니다) 5. 신탁계약서 1부 6. 주택임대사업을 하려는 경우 「소득세법 시행규칙」 별지 제106호서식의 임대주택 명세서 1부 또는 임대주택 명세서를 갈음하여 「민간임대주택에 관한 특별법 시행령」 제4조제6항에 따른 임대사업자 등록증 사본 1부	수수료 없음

유의사항
사업자등록을 신청할 때 다음 각 호의 사유에 해당하는 경우에는 붙임의 서식 부표에 추가로 적습니다.
 1. 공동사업자가 있는 경우
 2. 사업장 외의 장소에서 서류를 송달받으려는 경우
 3. 사업자 단위 과세 적용을 신청하려는 경우(2010년 이후부터 적용)

210mm×297mm[백상지(80g/㎡) 또는 중질지(80g/㎡)]

법인사업자등록 신청서 양식

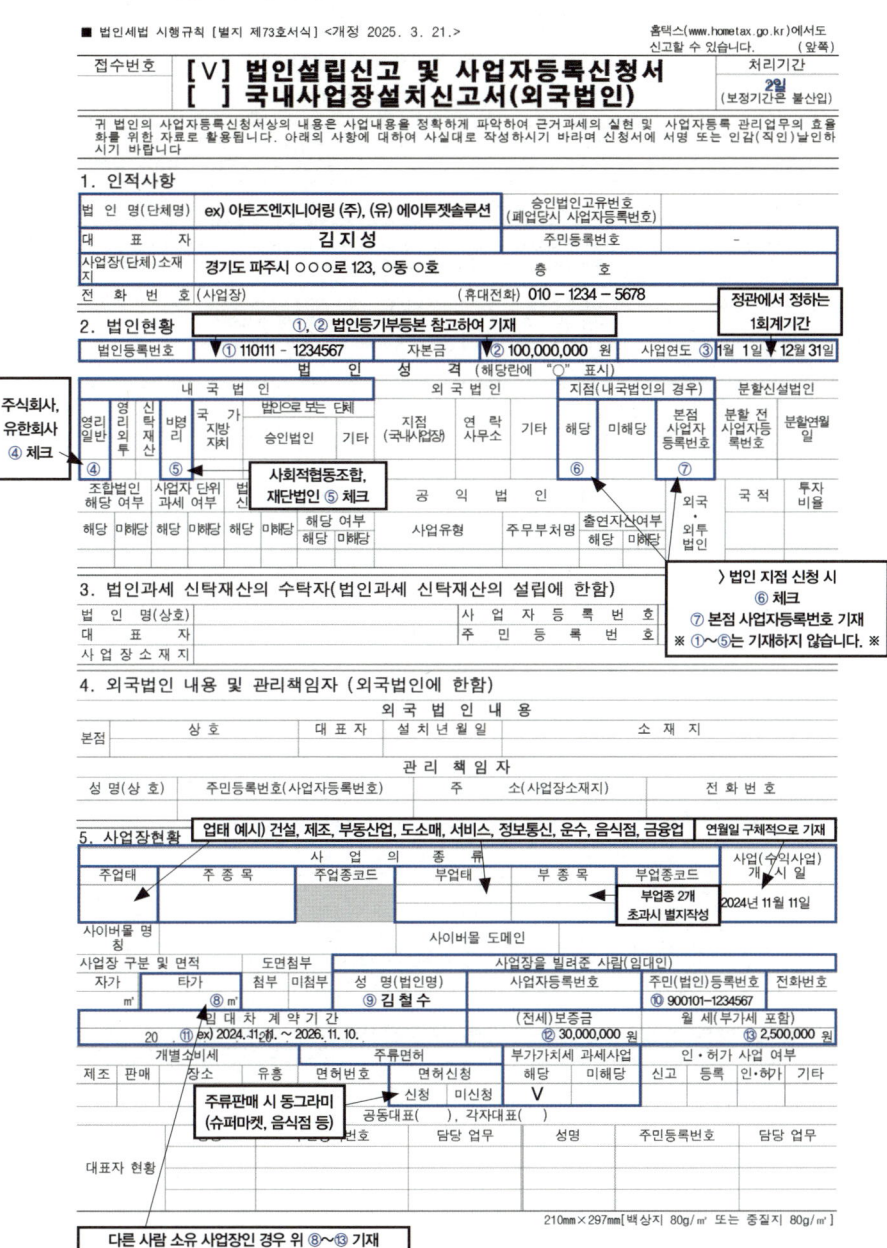

(뒤쪽)

설립등기일 현재 기본 재무상황 등

자산 계	유동자산	비유동자산	부채 계	유동부채	비유동부채	종업원 수
천원	천원	천원	천원	천원	천원	명

전자우편주소		국세청이 제공하는 국세정보 수신동의 여부	[ ] 문자(SMS) 수신에 동의함(선택) [ ] 이메일 수신에 동의함(선택)

6. 사업자등록신청 및 사업 시 유의사항(아래 사항을 반드시 읽고 확인하시기 바랍니다)

가. 사업자등록 명의를 빌려주는 경우 해당 법인에게 부과되는 각종 세금과 과세자료에 대하여 소명 등을 해야 하며, 부과된 세금의 체납 시 소유재산의 **압류·공매처분**, **체납내역 금융회사 통보**, **여권발급제한**, **출국규제** 등의 불이익을 받을 수 있습니다.

나. 내국법인은 주주(사원)명부를 작성하여 비치해야 합니다. 주주(사원)명부는 사업자등록신청 및 법인세 신고 시 제출되어 지속적으로 관리되므로 사실대로 작성해야 하며, 주주명의를 대여하는 경우에는 **양도소득세** 또는 **증여세**가 과세될 수 있습니다.

다. 사업자등록 후 정당한 사유 없이 6개월이 경과할 때까지 사업을 개시하지 않은 경우, 부가가치세 및 법인세를 신고하지 않거나 사업장을 무단으로 이전하여 실제 사업영위 여부의 확인이 어려울 경우에는 사업자등록이 직권으로 말소될 수 있습니다.

라. 실물거래 없이 세금계산서 또는 계산서를 발급하거나 수취하는 경우 「조세범처벌법」 제10조제3항 또는 제4항에 따라 해당 법인 및 대표자 또는 관련인은 3년 이하의 징역 또는 공급가액에 부가가치세의 세율을 적용하여 계산한 세액의 3배 이하에 상당하는 벌금에 처하는 처벌을 받을 수 있습니다.

마. 신용카드 가맹 및 이용은 반드시 사업자 본인 명의로 해야 하며 **사업상 결제목적 이외의 용도로 신용카드를 이용할 경우** 「여신전문금융업법」 제70조제3항에 따라 3년 이하의 징역 또는 2천만원 이하의 벌금에 처하는 처벌을 받을 수 있습니다.

바. 공익법인의 경우 공익법인에 해당하게 된 날부터 3개월 이내에 **전용계좌**를 개설하여 신고해야 하며, **공익목적사업과 관련한 수입과 지출금액**은 반드시 신고한 **전용계좌**를 사용해야 합니다.(미이행시 가산세가 부과될 수 있습니다)

사. 「정보통신망 이용촉진 및 정보보호 등에 관한 법률」 제2조제1항제1호에 따른 정보통신망을 이용하여 가상의 업무공간에서 사업을 수행하는 사업자의 경우 그 법인의 등기부에 따른 본점이나 주사무소의 소재지(국내에 본점 또는 주사무소가 있지 않은 경우에는 사업을 실질적으로 관리하는 장소의 소재지)를 "사업장(단체)소재지"란에 적을 수 있습니다.

신청인의 위임을 받아 대리인이 사업자등록신청을 하는 경우 아래 사항을 적어 주시기 바랍니다.

대 리 인 인적사항	성 명		주민등록번호	
	주 소 지			
	전화 번호		신청인과의 관계	

신청 구분	[ ] 사업자등록만 신청 [ ] 사업자등록신청과 확정일자를 동시에 신청 [ ] 확정일자를 이미 받은 자로서 사업자등록신청(확정일자 번호:)

신청서에 적은 내용과 실제 사업내용이 일치함을 확인하고, 「법인세법」 제75조의12제3항·제109조·제111조, 같은 법 시행령 제152조부터 제154조까지, 같은 법 시행규칙 제82조제7항제11호 및 「상가건물 임대차보호법」 제5조제2항에 따라 법인설립 및 국내사업장설치 신고와 사업자등록 및 확정일자를 신청합니다.

년   월   일

신청인   (서명 또는 인)

위 대리인   (서명 또는 인)

세무서장 귀하

첨부 서류	1. 정관(외국법인만 해당합니다) 1부 2. 임대차계약서 또는 전대차계약서 사본(사업장을 임차하거나 전차(轉借)한 경우에만 첨부합니다) 1부 3. 「상가건물 임대차보호법」의 적용을 받는 상가건물의 일부를 임차한 경우에는 해당 부분의 도면 1부 4. 주주 또는 출자자명세서 1부 5. 사업허가증·사업등록증·신고확인증 사본(해당 법인만 첨부합니다) 또는 설립허가증사본(비영리법인만 첨부합니다) 1부 6. 현물출자명세서(현물출자법인인 경우에만 첨부합니다) 1부 7. 자금출처명세서(금지금 도·소매업, 액체·기체연료 도·소매업, 재생용 재료 수집 및 판매업, 과세유흥장소에서 영업을 하려는 경우에만 제출합니다) 1부 8. 본점 등의 등기에 관한 서류(외국법인만 해당합니다) 1부 9. 국내사업장의 사업영위내용을 입증할 수 있는 서류(외국법인만 해당하며, 담당 공무원 확인사항에 의하여 확인할 수 없는 경우만 해당합니다) 1부 10. 신탁 계약서(법인과세 신탁재산의 경우만 해당합니다) 1부 11. 사업자단위과세 적용 신고자의 종된 사업장 명세서(법인사업자용)(사업자단위과세 적용을 신청한 경우만 해당합니다) 1부

작성방법

사업장을 임차한 경우 「상가건물 임대차보호법」의 적용을 받기 위해서는 사업장 소재지를 임대차계약서 및 건축물관리대장 등 공부상의 소재지와 일치하도록 구체적으로 적어야 합니다.

(작성 예) ○○동 ○○○○번지 ○○호 ○○상가(빌딩) ○○동 ○○층 ○○○○호

210mm×297mm[백상지 80g/㎡ 또는 중질지 80g/㎡]

세금정보

신규사업자가 알아두면 유익한

신규사업자가 알아두면 유익한

세금정보

Contents

01 납세자권리헌장 03
02 국세행정서비스헌장 04
03 사업자등록 05
04 차명계좌 사용에 따른 불이익 07
05 홈택스 이용 방법 08
06 편리한 국세증명 발급방법 09
07 현금영수증 가맹점 가입 및 발급 의무 10
08 부가가치세 12
08-1 부가가치세에서 유의할 사항 14
09 종합소득세 16
09-1 기준(단순)경비율 제도 19
10 사업장현황신고 21
11 주택임대소득 22
12 원천징수 및 지급명세서 제출 23
13 모범납세자 제도 24
14 세금포인트 제도 25
15 영세납세자지원단 운영 26
16 권리보호요청 제도 27
17 납세자보호위원회 운영 28
18 납세자권익24 29
19 불복청구 절차 30
20 국선대리인 제도 운영 31
21 근로·자녀장려금 제도 32
22 국세납부 36
23 전자고지 신청 37
24 그 밖에 사업자가 알아 둘 사항 38
25 세무상담 안내 40

이 책자의 내용은 **국세청 홈페이지**(www.nts.go.kr)에서 볼 수 있습니다.
국세청 홈페이지 ▶ 국세정책/제도 ▶ 통합자료실 ▶ 국세청 발간 책자 ▶ 세금안내책자

01 납세자권리헌장

납세자권리헌장

납세자의 권리는 헌법과 법률에 따라 존중되고 보장됩니다.

납세자는 신고 등의 협력의무를 이행하지 않았거나 구체적인 조세탈루 혐의가 없는 한 성실하다고 추정되고 법령에 의해서만 세무조사 대상으로 선정되며, 공정한 과세에 필요한 최소한의 기간과 범위에서 조사받을 권리가 있습니다.

납세자는 증거인멸의 우려 등이 없는 한 세무조사 기간과 사유를 사전에 통지받으며, 사업의 어려움으로 불가피한 때에는 조사의 연기를 요구하여 그 결과를 통지받을 권리가 있습니다.

납세자는 세무대리인의 조력을 받을 수 있고 명백한 조세탈루혐의 등이 없는 한 중복조사를 받지 아니하며, 장부·서류는 탈루혐의가 있는 경우로서 납세자의 동의가 있어야 세무관서에 일시 보관될 수 있습니다.

납세자는 세무조사 기간이 연장 또는 중지되거나 조사범위가 확대될 때, 그리고 조사가 끝났을 때 그 사유와 결과를 서면으로 통지받을 권리가 있습니다.

납세자는 위법·부당한 처분 또는 절차로 권익을 침해당하거나 침해당할 우려가 있을 때 그 처분의 적법성에 대하여 불복을 제기하여 구제받을 수 있으며, 납세자보호담당관과 보호위원회를 통하여 정당한 권익을 보호받을 수 있습니다.

납세자는 자신의 과세정보에 대해 비밀을 보호받고 권리행사에 필요한 정보를 신속하게 제공받을 수 있으며, 국세공무원으로부터 언제나 공정한 대우를 받을 권리가 있습니다.

국세청장

02 국세행정서비스헌장

✓ 국세행정서비스헌장이란?

- **(정의)** 국세청이 제공하는 국세행정서비스의 기준과 내용 등을 구체적으로 정해 공표하고 실천을 국민에게 약속하는 것입니다.
- **(제정·공표)** 1999년 제정 이후 변경된 법령·제도 내용을 반영하고 국민이 만족하는 국세행정 서비스를 제공하기 위해 2019년 8월 12일 개정·공표하였습니다.
- **(개정의의)** 전문 개정을 통해 국세청이 국민에게 봉사하는 납세서비스기관임을 대내외에 공표하였으며, 납세자의 권리를 보호하기 위해 납세자의 의견을 적극 수렴하고 성실납세 지원 강화와 함께 지속적인 서비스 개선 의지를 표명하였습니다.

국세행정서비스헌장

국세청은 국민에게 봉사하는 납세서비스기관으로서, 납세자가 공감하고 신뢰하는 국세행정을 구현하기 위해 우리 직원 모두는 최선을 다하여 다음과 같이 실천하겠습니다.

1. 납세자의 권리보호가 우리의 임무임을 명심하고 납세자의 권익이 침해되지 않도록 업무를 세심하게 수행하겠습니다.
1. 새로운 제도나 절차를 만들고 시행할 때는 납세자의 의견을 폭넓게 수렴하여 공정하게 운영하겠습니다.
1. 끊임없는 변화와 혁신으로 납세자의 입장에서 국세행정서비스를 지속적으로 개선하겠습니다.
1. 세금에 대한 궁금한 사항을 신속히 해결하여 납세자의 자발적 성실납세를 최대한 지원하겠습니다.
1. 국세행정의 집행과정과 내용을 납세자에게 투명하게 공개하고 필요한 행정정보를 신속하게 제공하겠습니다.
1. 모든 납세자에게 친절하고 정확한 서비스를 제공하고 잘못된 서비스로 인한 불편을 적극적으로 시정하겠습니다.

위와 같은 우리의 약속을 실천하기 위하여 구체적인 서비스 이행표준을 설정·공표하고 이를 성실히 이행하겠습니다.

국세청장

03 / 사업자등록

✅ 사업자등록이란?

- 모든 사업자는 사업을 시작할 때 반드시 사업자등록을 하여야 합니다.
- 사업자등록은 사업장마다 하여야 하며 사업 개시일로부터 20일 이내에 다음의 구비서류를 갖추어 사업장 관할 세무서장에게 신청하면 됩니다.

> - 사업자등록 신청서 1부
> - 사업허가증·등록증 또는 신고필증 사본 1부
>   (허가를 받거나 등록 또는 신고를 하여야 하는 사업의 경우)
> - 사업허가(허가, 신고) 신청서 사본 또는 사업계획서 1부 (허가 전에 등록하고자 하는 경우)
> - 임대차계약서 사본 1부
>   (사업장을 임차한 경우)
> - 2인 이상 공동으로 사업을 하는 경우 동업계약서 등 공동사업을 증명할 수 있는 서류
>   (사업자등록은 공동사업자 중 1인을 대표로 하여 신청)
> - 도면 1부
>   (상가건물임대차보호법이 적용되는 건물의 일부를 임차한 경우)
> - 자금출처 명세서 1부
>   (금지금 도소매업, 과세유흥장소 영위자, 연료판매업, 재생용 재료 수집 및 판매업의 경우)
> - 신탁 계약서 1부
>   (부가세법 제8조에 따른 신탁재산 사업자등록의 경우)
> - 임대주택 명세서 1부
>   (소득세법 시행규칙 별지 제106호서식, 주택임대사업을 하려는 경우)

- 사업자등록증 발급 기간
  - 2일 이내(토요일·공휴일·근로자의 날은 산정 제외)
    단, 세무서에서 사업장을 확인해야 하는 경우는 7일 이내

✅ 사업자등록 신청 전에 허가, 신고, 등록 대상 업종 여부 확인

- 관할관청의 허가, 신고, 등록 대상 업종인 경우에는 사업자등록 신청 시 허가(신고, 등록)증 사본을 제출하여야 합니다.

  단, 허가(신고, 등록) 전에 사업자등록 신청을 하는 경우에는 허가(신고, 등록) 신청서 사본 또는 사업계획서를 제출하고 추후 허가(신고, 등록)증 등의 사본을 제출할 수 있습니다.

✅ 사업을 시작하기 전에도 사업자등록 가능

- 사업을 시작하기 전에 상품이나 시설 자재 등을 구입하는 경우
  - 예외적으로 사업 개시 전 사업자등록을 하여 세금계산서를 교부받을 수 있습니다. 이 때에는 사업을 개시할 것이 객관적으로 확인되어야 합니다.

03 / 사업자등록

✅ 사업자등록을 하지 않은 경우의 불이익

- 공급가액의 1%를 가산세로 부과합니다.

  ※ 공급가액이란 부가가치세(10%)가 포함된 매출액에서 부가가치세를 제외한 금액을 의미합니다. 즉 부가가치세가 포함된 매출액이 11,000,000원인 경우 공급가액은 10,000,000원이고, 부가가치세가 포함된 11,000,000원을 공급대가라고 합니다.

- 매입세액을 공제받을 수 없습니다.
  - 사업자등록을 하지 않으면 세금계산서를 교부받을 수 없어 상품을 구입할 때 부담한 부가가치세를 공제받지 못하게 됩니다.

✅ 사업자등록 신청 시 과세유형 선택

- 부가가치세가 과세되는 사업의 과세유형에는 일반과세자와 간이과세자가 있으며 사업자등록 신청을 할 때 둘 중 하나를 선택해야 합니다.

  ※ 일반과세자와 간이과세자는 세금 계산 방법 및 세금계산서 발행 가능 여부 등의 차이가 있으므로 어느 유형이 자기의 사업에 적합한지 살펴본 후 사업자등록을 해야 합니다.

  - 간이과세가 적용되지 아니하는 다른 사업장을 보유하고 있거나 연간 매출액이 8,000만원 이상(부동산임대업, 과세유흥장소는 4,800만원)일 것으로 예상되거나, 간이과세자로 사업자등록을 할 수 없는 업종 또는 지역에서 사업을 하고자 하는 경우에는 반드시 일반과세자로 사업자등록을 하여야 합니다.

- 반드시 일반과세자로 사업자등록을 하여야 하는 사업자 이외의 사업자는 일반과세자 또는 간이과세자로 사업자등록을 했다고 하여 그 유형이 변하지 않고 계속 적용되는 것이 아니며, 사업자등록을 한 해의 부가가치세 신고 실적 및 간이과세 배제기준 등으로 과세유형을 다시 판정합니다.

편리한 세무를 위해 꼭 가입, 신청할 사항

- 🔍 **(민원봉사실 접수)** 사업용 계좌(전문직 사업자 및 복식부기 의무자), 홈택스 회원가입
- 🔍 **(부가가치세과 방문)** 전자(세금)계산서 보안카드, 사업자용 현금영수증 전용카드

  ※ 사업자등록증 발급받을 때 함께 신청하시면 편리합니다.

04 / 차명계좌 사용에 따른 불이익

✓ 차명계좌란?

- 거래자 본인이 아닌 타인의 명의로 개설된 계좌로서 사업자가 그의 가족, 종업원, 법인대표자 등 타인명의 계좌로 거래대금을 수령하는 행위는 모두 차명계좌* 사용에 해당됩니다.

  * 1993년 8월 금융실명제가 도입된 이후 차명계좌의 개설 및 사용은 불법임

✓ 사업자가 사용해야 하는 계좌는?

- 사업자는 사업과 관련한 거래대금 결제 시 반드시 사업자 본인명의의 계좌를 사용하여야 합니다.

  ※ 법인은 반드시 법인명의 계좌를 사용해야 함(법인 대표자 명의 계좌가 사업상 거래에 이용되었다면 차명계좌임)

  ※ 복식부기의무가 있는 개인 사업자는 본인명의의 계좌 중에서도 사업에 관련된 용도로만 사용하는 사업용 계좌를 사용해야 함

✓ 차명계좌 사용시 발생하는 불이익은?

- 차명계좌 신고가 접수될 경우 세무조사 대상이 될 수 있습니다.

- 수입금액 등을 탈루한 사실이 적발된 경우에는 추가 납부할 세액에 더해 고액의 가산세가 부과됩니다.

- 경우에 따라서는 차명계좌 사용을 이유로 수사기관에 고발될 수 있습니다.

 차명계좌를 사용하지 않는 것이 최선의 절세방법입니다.
자세한 사항은 국세상담센터 **국번 없이** ☎ **126** 으로 문의하세요.

05 / 홈택스 이용 방법

✅ 홈택스란?

- 인터넷으로 세금 신고·납부, 증명 발급 등을 이용할 수 있는 국세 종합서비스입니다.
- 회원 가입
  ① 홈택스 홈페이지(www.hometax.go.kr) 또는 모바일 홈택스(손택스)를 통해 회원 가입
  ※ 공동·금융인증서, 휴대전화, 신용카드를 통한 본인인증 필요
  ② 세무서 방문 가입: 「홈택스 이용신청서」 1부와 신청자(대표자)의 신분증 제출
  ※ 대리인 신청 시 필요 서류: 위임장, 위임자의 신분증(법인은 법인인감증명서), 위임받은 자의 신분증

✅ 홈택스를 통한 세금 신고

- 인터넷으로 국세*에 대한 세금신고서를 작성하여 제출합니다.
  * 종합소득세, 양도소득세, 부가가치세, 법인세, 상속세, 증여세, 종합부동산세, 개별소비세, 원천세, 교육세, 인지세, 주세, 증권거래세, 교통·에너지·환경세
- 전자신고 시 다음 금액이 납부세액에서 공제됩니다.
  (부가가치세 1만원, 종합소득세·법인세·양도소득세 2만원)

✅ 홈택스를 통한 세금 납부

- 은행 방문 없이 계좌이체, 신용카드, 간편결제 방식으로 세금을 납부합니다.
- 홈택스로 세금신고를 한 납세자 또는 납부고지서를 받은 경우 납부 관련 정보를 확인하여 은행 계좌번호, 카드번호 입력, 앱 카드 등으로 간편하게 납부 가능합니다.

✅ My홈택스

- 세금신고·납부 내역, 민원처리 결과, 우편물 발송내역, 원천징수영수증 등 국세관련 정보를 한 곳에서 통합 조회할 수 있는 서비스입니다.
  ※ 이용안내: 홈택스(www.hometax.go.kr) → My홈택스(화면 우측 상단에 위치)

✅ 모바일 홈택스(손택스) 민원분야 서비스

즉시발급 증명 민원	사업자등록증명, 납세증명서 등 즉시발급 국세증명(18종)
사실증명신청	사실증명(12유형) 발급 신청 ※ 신청 후 3근무시간 내 처리(사실 여부 검토 필요)
민원신청 조회·팩스전송·전자문서 지갑	홈택스 또는 모바일로 신청한 사무 모두 조회 증명민원을 팩스로 전송하거나, 전자문서지갑을 통해 모바일 기기에 저장 가능
민원서류발급제한(해지) 신청	타인이 부당 발급받을 가능성을 차단 신청하는 서비스
민원증명 원본확인(수요처 조회)	발급번호 혹은 바코드로 원본 확인
민원실 대기인원 조회	별도 로그인 없이 실시간 대기인원 조회
민원증명 발급예약(방문수령)	민원증명을 예약신청하고 편리한 시간에 방문 수령 ※ 평일 09:00~18:00, 수령 가능
사업자등록 신청·정정	사업자등록(개인·법인) 신청 또는 정정신고 서비스
휴·폐업 신고	휴·폐업 신고하는 서비스
재개업 신고	휴업 중인 사업자가 사업 재개 신고
일반신청 민원	신고 기한연장, 징수유예, 송달장소 신고 등 135종 민원 신청
불복청구	이의신청, 심사청구, 과세전적부 신청 등 불복청구 관련 30종

06 / 편리한 국세증명 발급방법

www.nts.go.kr

국세증명	홈택스(모바일)발급시간(연중무휴)	발급 창구					
		홈택스	모바일 홈택스(손택스)	무인민원발급기	정부24	민원우편	어디서나민원
①사업자등록증명 ②휴업사실증명 ③폐업사실증명	24시간						
④납세증명서 ⑤납부내역증명 ⑥소득금액증명	06:00~22:00			○	○	○	○
⑦부가가치세과세표준증명 ⑧부가가치세면세사업자수입금액증명	24시간						
⑨ 소득확인증명서 개인종합자산관리계좌가입용 ⑩ 청년우대형주택청약종합저축가입용 ⑪ 청년형집합투자증권저축가입용 ⑫ 청년희망적금가입용 ⑬ 청년도약계좌가입용	06:00~22:00	○	○	X (⑩,⑪) (⑫,⑬,⑭)	X (⑫,⑬)	X (⑫,⑬)	X (⑫,⑬)
⑭표준재무제표증명	24시간						
⑮연금보험료 등 소득·세액공제확인서	06:00~22:00						
⑯모범납세자증명 ⑰사업자단위과세 적용 종된사업장 증명 ⑱근로(자녀)장려금 수급사실 증명	24시간			○	○	○	○
⑲ 사실증명 유형					○	○	○
(1)신고사실 없음	(신청)24시간(발급) 신청후 3시간내(근무시간)	○	○	X	X (3)~(12)	X (3)~(12)	X (3)~(12)
(2)사업자등록사실여부							
(3)체납내역							
(4)주택자금 등 소득공제사실여부							
(5)사업자등록변경내역							
(6)대표자등록내역							
(7)공동사업자내역							
(8)사업자단위과세 승인시 지정사업자등록번호 직권말소 내역							
(9)전용계좌개설여부							
(10)폐업자에 대한 업종 등의 정보내역							
(11)개별소비세(교통·에너지·환경세) 환급사실여부							
(12)총사업자등록내역							

※ 영문증명은 ①~⑧, ⑭, ⑰ 가능 (방문, 홈택스, 어디서나 민원, 모바일에서 신청·발급)
 - 영문사실증명은 (2), (5), (6), (7) 가능 (방문, 홈택스, 모바일에서 신청·발급)

발급창구	이용 방법
홈택스	「홈택스(www.hometax.go.kr) 〉 국세증명」에서 신청
모바일 홈택스(손택스)	「모바일 홈택스(손택스) 〉 민원증명」에서 신청
무인민원발급기	무인민원발급기의「발급서비스 〉 국세증명」에서 주민등록번호 입력 및 지문 인식 후 신청
정부24	「정부24(www.gov.kr) 〉 민원서비스 〉 민원 신청·안내」에서 신청
민원우편	가까운 우체국에서 신청(우편요금 발생)
어디서나민원	지방자치단체(시·군·구, 읍·면·동 행정복지센터) 민원실에서 신청

①~④, ⑩는 공인인증서 없이 회원로그인으로 발급 가능

부록 297

07 / 현금영수증 가맹점 가입 및 발급 의무

✓ 현금영수증가맹점 가입 의무

가입 의무 대상자

- ▶ 소비자상대업종(소득세법 시행령 별표3의2) 사업자 중 직전 과세기간 수입금액 2천4백만원 이상 개인사업자
- ▶ 소비자상대업종을 영위하는 법인사업자
- ▶ 의사·약사 등 의료보건 용역 제공 사업자
- ▶ 변호사·변리사·공인회계사 등 부가가치세 간이과세 배제 전문직 사업자
- ▶ 소득세법 시행령 별표3의3에 따른 현금영수증 의무발행업종 사업자

가입 기한

개인 사업자	소비자상대업종(의무발행업종 제외)	수입금액이 2천4백만원 이상 되는 해의 다음 연도 3.31.
	의무발행업종	사업개시일, 업종 정정일 등 요건 해당일로부터 60일 이내
법인사업자		개업일 등이 속하는 달의 말일부터 3개월 이내

※ 미가맹 시 미가입기간의 소비자상대업종 수입금액의 1%를 가산세로 부과합니다.

✓ 현금영수증 발급 의무

- 소비자상대업종(소득세법 시행령 별표 3의2)을 영위하는 현금영수증가맹점이 재화 또는 용역을 공급하고 그 대금을 현금으로 받은 경우 거래상대방이 현금영수증을 요구하면 발급을 거부하거나 사실과 다르게 발급해서는 안됩니다.

  특히, 현금영수증 의무발행업종 사업자는 건당 10만원(2014.6.30. 이전 30만원)이상의 현금 거래 시 소비자가 발급을 요청하지 않아도 반드시 현금영수증을 의무 발급하여야 합니다.

※ 소비자가 현금영수증 발급을 요청하지 않았거나 인적사항을 모르는 경우에 현금을 받은 날로부터 5일 이내 국세청 지정코드(010-000-1234)로 발급해야 합니다.

<현금영수증 의무발행업종(소득세법 시행령 별표 3의(3))>

1.사업서비스업	변호사업, 공인회계사업, 세무사업, 변리사업, 건축사업, 법무사업, 심판변론인업, 경영지도사업, 기술지도사업, 감정평가사업, 손해사정인업, 통관업, 기술사업, 측량사업, 공인노무사업, 행정사
2.보건업	종합병원, 일반병원, 치과병원, 한방병원, 요양병원, 일반의원(일반과, 내과, 소아청소년과, 일반외과, 정형외과, 신경과, 정신건강의학과, 피부과, 비뇨기학과, 안과, 이비인후과, 산부인과, 방사선과 및 성형외과), 기타의원(마취통증의학과, 결핵과, 가정의학과, 재활의학과 등 달리 분류되지 아니한 병原), 치과의원, 한의원, 수의업
3.숙박 및 음식점업	일반유흥 주점업("식품위생법 시행령」제21조제8호다목에 따른 단란주점영업을 포함한다), 무도유흥 주점업, 일반 및 생활 숙박시설운영업, 출장 음식 서비스업, 고시원 운영업, 숙박공유업
4.교육 서비스업	일반 교습 학원, 예술 학원, 외국어학원 및 기타 교습학원, 운전학원, 태권도 및 무술 교육기관, 기타 스포츠 교육기관, 기타 교육지원 서비스업, 청소년 수련시설 운영업(교육목적용으로 한정한다), 기술 및 직업훈련학원, 컴퓨터학원, 기타교육업
5.그 밖의 업종	가전제품 소매업, 골프장 운영업, 골프연습장 운영업, 장례식장 및 장의관련 서비스업, 예식장업, 부동산 중개 및 대리업, 부동산 투자 자문업, 산후조리원, 시계 및 귀금속 소매업, 피부미용업, 손·발톱 관리 미용업 등 기타 미용업, 비만 관리 센터 등 기타 신체 관리 서비스업, 마사지업(발 마사지업 및 스포츠 마사지업으로 한정한다), 실내건축 및 건축마무리 공사업(도배업만 영위하는 경우는 제외한다), 인물사진 및 행사용 영상 촬영업, 결혼 상담 및 준비 서비스업, 의류 임대업, 의약품 및 의료용품 소매업, 화물자동차 운수사업법 시행령 제9조제1호에 따른 이사화물운송주선사업(포장이사운송업으로 한정한다), 자동차 부품 및 내장품 판매업, 자동차 종합 수리업, 자동차 전문 수리업, 전세버스 운송업, 가구 소매업, 전기용품 및 조명장치 소매업, 의료용 기구 소매업, 페인트·창호 및 기타 건설자재 소매업, 안경 및 렌즈 소매업, 운동 및 경기용품 소매업, 예술품 및 골동품 소매업, 중고자동차 소매업 및 중개업, 악기소매업, 자전거 및 기타 운송장비 소매업, 체력단련시설 운영업, 묘지분양 및 관리업, 장의차량 운영업, 독서실 운영업, 두발 미용업, 철물 및 난방용구 소매업, 신발 소매업, 애완용 동물 및 관련용품 소매업, 의복 소매업, 컴퓨터 및 주변장치·소프트웨어 소매업, 통신기기 소매업, 건강보조식품 소매업, 자동차 세차업, 벽지·마루 덮개 및 장판류 소매업, 공구 소매업, 가방 및 기타 가죽제품 소매업, 중고가구 소매업, 사진기 및 사진용품 소매업, 모터사이클 수리업, 주방용품 및 가정용 유리·요업제품 소매업*, 가전제품 수리업, 가정용 직물제품 소매업, 가죽·가방 및 신발 수리업, 게임용구·인형 및 장난감 소매업, 구두류 제조업, 남자용 겉옷 제조업, 여자용 겉옷 제조업, 모터사이클 및 부품 소매업(부품에 한정), 시계·귀금속 및 악기 수리업, 운송장비용 주유소 운영업, 의복 및 기타가정용 제품 수리업, 중고가전제품 및 통신장비 소매업 * 거울·액자(내용물 없는 것)·주방용 유리 제품·관상용 어항 소매업은 '16.7.1부터 의무발행업종이며, 그 외 제품은 '23.1.1.거래분부터 의무발행업종임
6.통신판매업*	전자상거래 소매업, 전자상거래 소매 중개업, 기타 통신판매업 * 제1호부터 제5호까지의 규정에 따른 업종에서 사업자가 공급하는 재화 또는 용역을 온라인 통신망을 통하여 소매하는 경우에 한정한다)

* 밑줄 친 업종은 2023. 1. 1. 거래분부터 현금영수증 발급 의무 시행

- 현금영수증을 가공·위장으로 발급하거나 발급받는 경우 해당 공급가액의 3%(가공), 2%(위장)를 가산세로 부과합니다.
- 소비자상대업종 사업자가 현금영수증 발급을 거부하는 경우 해당 금액의 5%를 가산세로 부과하며, 재차 거부 시 20% 과태료를 별도 부과합니다.
- 2019.1.1.부터 현금영수증 의무발행업종 사업자가 10만원이상의 현금거래에 대해 현금영수증을 발급하지 아니한 경우 해당 금액의 20%를 미발급 가산세로 부과합니다. (2018.12.31. 이전 발급의무 위반분은 해당금액의 50%를 과태료로 부과)

  ※ 착오나 누락으로 거래대금을 받은 날로부터 10일 이내에 관할 세무서에 자진 신고하거나 현금영수증을 자진 발급한 경우 가산세(과태료) 50%가 감면됩니다.

✅ 가맹점 스티커 부착 의무

- 현금영수증가맹점은 가맹점을 나타내는 스티커를 아래의 장소에 부착하여야 하며, 스티커는 관할 세무서를 통해 받을 수 있습니다.

  ▶ **계산대가 있는 사업장**: 계산대나 계산대 근처의 벽·천정(천정걸이 사용) 등 소비자가 잘 볼 수 있는 곳
  ▶ **계산대가 없는 사업장**: 사업장 출입문 입구나 내부에 소비자가 잘 볼 수 있는 곳

  ※ 현금영수증 의무발행업종 가맹점(직전 과세기간 수입금액 24백만원 미만 개인사업자 제외)이 스티커를 부착하지 않을 경우 50만원의 과태료가 부과됩니다.

✅ 현금영수증 발급 등에 따른 혜택

- 부가가치세 신고 시 현금영수증 발급금액의 일정 비율을 세액공제 받을 수 있습니다.

  ※ 신용카드 등의 사용에 따른 세액공제율(부가가치세법 제46조)

구분	음식·숙박업 간이사업자	그 외 사업자
'21.1.1.~'21.6.30.	2.6%	1.3%
'21.7.1.~'23.12.31.	1.3%	1.3%
'24.1.1.~	1%	1%

  ※ 연간 공제한도는 1천만원이며, 법인사업자 및 직전 연도 재화 또는 용역의 공급가액 합계액이 10억원을 초과하는 개인사업자는 세액공제 제외됩니다.

- 개인사업자가 전화망을 이용하여 5천원 미만 거래금액에 대해 현금영수증 발급 시 발급 건당 20원의 소득세 세액공제를 받을 수 있습니다.(소득세 산출세액 한도)
- 사업과 관련하여 현금(지출증빙)이 기재된 현금영수증을 받은 경우, 부가가치세 매입세액 공제를 받을 수 있으며, 필요경비로 인정받을 수 있습니다.

  ※ 건당 3만원 초과 현금 지급 시 현금영수증을 수취해야 지출증빙으로 인정

✅ 신고포상금 제도 운영

- 현금영수증을 발급받지 못한 사실을 신고한 제보자에게 신고포상금 지급

구분	지급 사유	포상금 지급액
미발급	현금영수증 의무발행업종 사업자가 10만원(2014. 6. 30. 이전은 30만원) 이상 현금거래 시 현금영수증 미발급	해당 금액의 20% (한도:건당 50만원, 연간 200만원)
발급 거부	의무발행업종 외 소비자상대업종 영위 현금영수증가맹점이 소비자 발급 요청 시 발급 거부(사실과 다른 발급 포함)	

 자세한 사항은 국세상담센터 **국번 없이** ☎ **126**으로 문의하세요.

08 / 부가가치세

✓ 부가가치세란?

- 상품을 판매하거나 서비스를 제공할 때 거래금액에 일정 금액의 부가가치세를 징수하여 납부해야 합니다.

> 부가가치세 = 매출세액 - 매입세액

- 물건값에 부가가치세가 포함되기 때문에 이 세금은 최종소비자가 부담하게 됩니다.

- 다음과 같이 일부 생활필수품을 판매하거나 의료·교육 관련 용역의 공급은 부가가치세가 면제됩니다.

▪ 곡물, 과실, 채소, 육류, 생선 등 가공되지 아니한 식료품의 판매	▪ 연탄, 무연탄, 복권의 판매
▪ 허가 또는 인가 등을 받은 학원, 강습소, 교습소 등 교육용역업 (무도학원은 2011.7.1.부터, 자동차운전학원은 2012.7.1.부터 과세)	▪ 병·의원 등 의료보건 용역 (성형수술 등 일부 용역은 과세)
▪ 도서, 신문, 잡지(광고 제외)	

- 부가가치세 면세사업자는 부가가치세를 신고할 의무가 없으나 사업장현황신고는 하여야 합니다.
  - 1년간의 매출액과 매출·매입처별 계산서 합계표 등을 다음 해 1.1.부터 2.10.까지 사업장 관할 세무서에 신고하여야 합니다.

✓ 일반과세자·간이과세자의 구분

구 분	일반과세자	간이과세자
	1년간 매출액 8,000만원[1] 이상이거나 간이과세 배제되는 업종·지역인 경우[2]	1년간 매출액 8,000만원[1] 미만이고 간이과세 배제되는 업종·지역이 아닌 경우[2]
매출세액	공급가액×10%	공급대가×업종별 부가가치율×10%
세금계산서 발급	발급 의무 있음	직전연도 공급대가 합계액 4,800만원 이상[3]
매입세액 공제	전액 공제	세금계산서 등을 발급받은 매입액(공급대가)×0.5%
의제매입세액 공제	모든 업종에 적용	적용 배제

1) 부동산임대업, 과세유흥장소의 경우 4,800만원
2) 광업·제조업·도매업 및 상품중개업·부동산매매업, 전기·가스, 증기 및 수도 사업, 건설업, 전문·과학·기술서비스업, 사업시설 관리·사업지원 및 임대 서비스업, 전문직 사업자·다른 일반과세 사업장을 이미 보유한 사업자·간이과세 배제기준(종목·부동산 매매업·과세 유흥장소·지역)에 해당하는 사업자 등은 간이과세 적용이 배제됩니다.
  - 간이과세자로서 당해 과세기간(1.1.~12.31.) 공급대가(매출액)가 4,800만원 미만인 경우 부가가치세 신고는 하되, 세금 납부는 면제됩니다. (단, 당해 과세기간에 신규로 사업을 개시한 사업자는 그 사업 개시일부터 과세기간 종료일까지의 공급대가 합계액을 1년으로 환산한 금액이 4,800만원 미만인 경우 세금 납부가 면제됩니다.)
3) 2021.7.1. 이후 재화 또는 용역을 공급하는 분부터 적용

✅ 신고·납부 방법

- 부가가치세는 아래 과세기간으로 하여 확정신고·납부하여야 합니다.

사업자	과세기간	확정신고 대상	확정신고·납부기한
일반과세자	(제1기) 1.1.~6.30.	1.1.~6.30. 까지 사업 실적	7.1.~7.25.
	(제2기) 7.1.~12.31.	7.1.~12.31. 까지 사업 실적	다음 해 1.1.~1.25.
간이과세자	1.1.~12.31.	1.1.~12.31. 까지 사업 실적	다음 해 1.1.~1.25.

- 일반과세자는 4월과 10월에 세무서장이 직전 과세기간의 납부세액을 기준으로 1/2에 해당하는 세액을 예정고지하고, 간이과세자는 7월에 세무서장이 직전 과세기간의 납부세액을 기준으로 1/2에 해당하는 세액을 예정부과(직전연도 공급대가 합계액이 4,800만원 이상인 간이과세자가 세금계산서 발급한 경우 제외)하며, 당해 예정고지·부과세액은 다음 확정신고 납부 시에 공제됩니다. 단, 아래의 경우는 사업자가 예정신고를 선택할 수 있습니다.

- 부가가치세 예정신고를 할 수 있는 개인사업자

	사업자 형태 및 요건	예정신고 대상	예정신고·납부기간
일반	휴업 또는 사업 부진 등으로 예정신고기간의 공급가액 또는 납부세액이 직전 과세기간의 공급가액 또는 납부세액의 3분의 1에 미달하거나 조기 환급을 받고자 하는 경우	제1기 예정신고(1.1.~3.31. 실적)	4.1.~4.25.
		제2기 예정신고(7.1.~9.30. 실적)	10.1.~10.25.
간이	휴업 또는 사업 부진 등으로 예정부과기간의 공급대가 또는 납부세액이 직전 과세기간의 공급대가 또는 납부세액의 3분의 1에 미달하거나 세금계산서 교부의무가 있는 간이과세자가 세금계산서를 발급한 경우(신고의무 부여)	예정부과기간(1.1.~6.30. 실적)	7.1.~7.25.

※ 법인사업자는 예정신고·납부(4월, 10월), 확정신고·납부(7월, 다음 해 1월)를 모두 하여야 합니다.
(직전 과세기간 공급가액의 합계액이 1억 5천만원 미만인 경우 직전 과세기간 납부세액의 50% 예정고지)

- 신고를 하지 않는 경우 관할 세무서에서 납부세액을 결정하여 고지하며, 이때 신고불성실가산세와 납부지연가산세를 추가로 부담하게 됩니다.

※ 부가가치세 신고·납부 상세 정보는 : 국세청 홈페이지(www.nts.go.kr) → 국세신고안내 → 부가가치세

✅ 세액계산 방법

- 일반과세자의 부가가치세는 매출세액에서 매입세액을 차감하여 계산합니다.

> 납부세액 = 매출세액 (매출액×10%) - 매입세액

- 간이과세자의 부가가치세는 업종별 부가가치율을 적용한 매출세액에서 세금계산서 등을 발급받은 매입금액(공급대가)의 0.5%를 적용한 공제세액을 차감하여 계산합니다.

> 납부세액 = 매출액×부가가치율×10% - 공제세액 (세금계산서상 매입금액(공급대가)×0.5%)

- 간이과세자 적용 업종별 부가가치율 ('21.7.1.이후 재화 또는 용역을 공급하는 분부터 적용)

업종	부가가치율	업종	부가가치율
소매업, 재생용 재료수집 및 판매업, 음식점업	15%	제조업, 농·임·어업, 소화물 전문 운송업	20%
숙박업	25%	건설업, 운수 및 창고업[1],정보통신업	30%
금융 및 보험 관련 서비스업, 전문·과학 및 기술서비스업[2]·사업시설관리·사업지원 및 임대서비스업, 부동산 관련 서비스업, 부동산임대업	40%	그 밖의 서비스업	30%

1) 소화물 전문 운송업 제외 2) 인물 사진 및 행사용 영상 촬영업 제외

2023 하반기 신규사업자가 알아두면 유익한 **세금정보**

09 / 종합소득세

✅ 종합소득세란?

- 종합소득세는 개인이 지난해 1년간의 경제활동으로 얻은 소득에 대하여 납부하는 세금으로서 모든 과세대상 소득을 합산하여 계산하고, 다음 해 5월 1일부터 5월 31일(성실신고확인대상사업자는 6월 30일)까지 주소지 관할 세무서에 신고·납부하여야 합니다.

- 종합소득세 과세대상 소득은 사업소득, 이자·배당소득, 근로소득, 기타소득, 연금소득이 있습니다.
  ※ 분리과세되는 이자·배당소득, 분리과세를 선택한 연 300만원 이하의 기타소득 등과 양도소득, 퇴직소득은 종합소득세 합산신고 대상에서 제외

- 매년 11월에 소득세 중간예납세액을 납부하여야 하고, 다음 해 5월 확정신고 시 기납부세액으로 공제합니다.

- 연도 중에 폐업하였거나 사업에서 손실이 발생하여 납부할 세액이 없는 경우에도 종합소득세를 신고하여야 합니다.

- 신고를 하지 않는 경우의 불이익은 다음과 같습니다.

> 1. 각종 세액공제 및 감면을 받을 수 없습니다.
> 2. 무신고가산세와 납부지연가산세를 추가로 부담하게 됩니다.
>   ※ 종합소득세 신고·납부 상세 정보 : 국세청홈페이지(www.nts.go.kr) → 국세신고안내 → 종합소득세

✅ 소득금액의 계산 방법

- 장부를 비치·기장한 사업자의 소득금액은 다음과 같이 계산합니다.

> 소득금액 = 총수입금액 - 필요경비

- 장부를 비치·기장하지 않은 사업자의 소득금액은 다음과 같이 계산합니다.

> ▶ 기준경비율 적용대상자 소득금액 = 수입금액 - 주요경비* - (수입금액×기준경비율)
> ▶ 단순경비율 적용대상자 소득금액 = 수입금액 - (수입금액×단순경비율)
>   * 매입비용, 임차료, 인건비

www.nts.go.kr

✓ 종합소득세 산출세액의 계산

- 종합소득세 산출세액은 다음과 같이 계산합니다.

> **종합소득세 산출세액 = (과세표준 × 세율) - 누진공제**

▶ 종합소득세 기본세율 (2022년 귀속 소득기준)

과세표준(= 종합소득금액 – 소득공제)	세율	누진공제
1,200만원 이하	6%	-
1,200만원 초과 ~ 4,600만원 이하	15%	108만원
4,600만원 초과 ~ 8,800만원 이하	24%	522만원
8,800만원 초과 ~ 1억5천만원 이하	35%	1,490만원
1억5천만원 초과 ~ 3억원 이하	38%	1,940만원
3억원 초과 ~ 5억원 이하	40%	2,540만원
5억원 초과 ~ 10억원 이하	42%	3,540만원
10억원 초과	45%	6,540만원

✓ 장부의 비치 · 기장

- 사업자는 사업과 관련된 모든 거래 사실을 복식부기 또는 간편장부에 의하여 기록·비치하고 관련 증빙서류 등과 함께 5년간* 보관하여야 합니다.

  * 다만, 각 과세기간의 개시일 5년 전에 발생한 결손금을 공제받은 자는 해당 결손금이 발생한 과세기간의 증명서류를 공제받은 과세기간의 다음다음 연도 5월 31일까지 보관

복식부기의무자	직전 연도 수입금액이 일정 금액 이상인 사업자와 전문직사업자
간편장부대상자	당해 연도에 신규로 사업을 개시하였거나 직전 연도 수입금액이 일정 금액 미만인 사업자(전문직사업자는 제외)

- 복식부기의무자와 간편장부대상자 판정 기준 수입금액

업종 구분	직전 연도 수입금액
가. 농업·임업 및 어업, 광업, 도매 및 소매업(상품중개업 제외), 부동산매매업, 그 밖에 나목 및 다목에 해당하지 아니하는 사업	3억원
나. 제조업, 숙박 및 음식점업, 전기·가스·증기 및 공기조절 공급업, 수도·하수·폐기물처리·원료재생업, 건설업(비주거용 건물 건설업 제외), 부동산 개발 및 공급업(주거용 건물 개발 및 공급업 한정), 운수업 및 창고업, 정보통신업, 금융 및 보험업, 상품중개업, 욕탕업	1억5천만원
다. 부동산 임대업, 부동산업(부동산매매업 제외), 서비스업(전문·과학·기술·사업시설관리·사업지원 및 임대, 교육), 보건업 및 사회복지서비스업, 예술·스포츠 및 여가 관련 서비스업, 협회 및 단체, 수리 및 기타 개인서비스업(욕탕업 제외), 가구내 고용활동	7천5백만원

※ 전문직사업자는 수입금액에 관계없이 복식부기의무가 부여됨
※ 기준수입금액에는 사업용 유형자산을 양도함으로써 발생하는 수입금액은 제외

09 종합소득세

- 장부를 기장하는 경우의 혜택은 다음과 같습니다.
  ▶ 스스로 기장한 실제 소득에 따라 소득세를 계산하므로 적자(결손)가 발생한 경우 15년간 소득금액에서 공제받을 수 있습니다.
    ※ 2008년 이전 발생 결손금은 5년간 공제, 2009~2019년 10년, 2020년 이후 발생 결손금은 15년간 공제
  ▶ 간편장부대상자가 단순경비율·기준경비율에 의해 소득금액을 계산하는 경우보다 소득세 부담을 줄일 수 있습니다.
    ※ 100만원 한도로 기장세액공제(복식부기 시에 한함 20%) 적용, 장부의 기록·보관 불성실 가산세(20%) 적용 배제
- 전문직사업자의 범위, 간편장부대상자에 대한 간편장부 작성 요령 및 업종별 작성 사례, 서식 등이 국세청 홈페이지에 상세히 게시되어 있으니 참고하시기 바랍니다.
  ※ www.nts.go.kr → 국세신고안내 → 개인신고안내 → 종합소득세 → 장부기장의무 안내 → 간편장부 안내

✅ 적자난 사실을 인정받으려면 기장을 해야 합니다.

- 세무서를 방문한 납세자들은 대부분 "장사가 안된다", "거래처가 부도나서 손해를 봤는데 왜 소득세를 내야 하느냐"라며 불평합니다.
- 소득세는 자기가 실제로 번만큼의 소득에 대해서 내는 세금이므로 이익이 났으면 그에 대한 세금을 내야 하고, 손해를 봤다면 원칙적으로 낼 세금이 없습니다.
- 그렇다고 납세자의 말만 듣고 손해 난 사실을 인정해 줄 수는 없습니다. 세금은 장부와 증빙에 의하여 어떤 사실이 객관적으로 입증되어야만 그 사실을 인정받을 수 있습니다. 그러므로 적자 난 사실을 인정받으려면, 장부와 관련 증빙자료에 의하여 그 사실이 확인되어야 합니다.

✅ 사업용계좌 제도

- 복식부기의무자(업종별 기준금액 이상인 개인사업자 및 전문직사업자)는 거래대금·인건비·임차료를 지급하거나 받는 경우 가계용과 분리된 별도의 사업용계좌를 사용하여야 하며, 해당 기한 이내에 관할 세무서장에게 신고하여야 합니다.

신고 기한	사업용계좌 미신고시 불이익

- 신규 : 1.1. ~ 6.30.
- 변경·추가 : 확정신고 기한까지
	① 가산세
	  - 미사용 가산세 : 사용하지 아니한 금액의 0.2%
	  - 미신고 가산세 : MAX(㉠, ㉡)
	    ㉠ 신고하지 아니한 기간의 수입금액의 0.2%
	    ㉡ 거래대금·인건비·임차료 합계액의 0.2%
	② 중소기업특별세액 등 감면 혜택 배제
	  (조세특례제한법 §128④)

09-1 기준(단순)경비율 제도

✓ 기준(단순)경비율 제도란?

- 장부를 기록하지 않았을 경우 소득금액을 계산하는 제도로 기준경비율 적용대상 사업자와 단순경비율 적용대상 사업자로 구분됩니다.
  ※ 업종별 기준경비율·단순경비율 조회 : 홈택스(www.hometax.go.kr) → 세금신고 → 종합소득세 신고 → 신고도움자료 조회 → 기준·단순경비율(업종코드) 조회

✓ 경비율의 적용 방법

- 기준경비율이 적용되는 사업자의 경우 주요경비는 증빙에 의하여 지출이 확인되는 매입비용, 임차료, 인건비이며, 그 외의 경비는 국세청장이 고시한 기준경비율로 필요경비를 인정하여 소득금액을 계산합니다. 다만, 2024년 귀속분까지는 기준경비율에 의한 소득금액이 단순경비율에 의한 소득금액에 기획재정부장관이 정하는 배율을 곱한 금액보다 큰 경우 단순경비율에 의한 소득금액에 기획재정부장관이 정하는 배율을 곱한 금액으로 할 수 있습니다.

  - 소득금액 = 수입금액 - 주요경비-(수입금액×기준경비율)[1]··· ①
  - 소득금액 = {수입금액-(수입금액×단순경비율)}×배율[2] ··· ②

  → ①, ② 중 적은 금액으로 선택 가능

  1) 복식부기의무자의 경우에는 수입금액에 기준경비율의 1/2을 곱하여 계산한 금액
  2) 2022년 귀속의 경우 간편장부대상자 2.8배, 복식부기의무자 3.4배(소득세법시행규칙 제67조)

- 단순경비율이 적용되는 사업자는 국세청장이 고시한 단순경비율로 필요경비를 인정하여 다음과 같이 소득금액을 계산합니다.

  소득금액 = (수입금액 - 일자리안정자금) × (1 - 단순경비율)

✓ 기준경비율 적용대상 사업자

- 장부를 기록하지 않는 사업자 중 직전 연도(신규사업자는 당해 연도) 수입금액이 아래 기준금액 이상이거나 당해 연도 수입금액이 아래 기준금액 이상인 사업자가 해당됩니다.

업종 구분	직전 연도 수입금액	당해 연도 수입금액
가. 농업·임업 및 어업, 광업, 도매 및 소매업(상품중개업 제외), 부동산매매업, 그 밖에 나목 및 다목에 해당되지 아니하는 사업	6천만원	3억원
나. 제조업, 숙박 및 음식점업, 전기·가스·증기 및 공기조절 공급업, 수도·하수·폐기물 처리·원료재생업, 건설업(비주거용 건물 건설업은 제외하고 주거용 건물 개발 및 공급업을 포함한다), 운수업 및 창고업, 정보통신업, 금융 및 보험업, 상품중개업	3천6백만원	1억 5천만원
다. 부동산 임대업, 부동산업(부동산매매업 제외), 전문·과학 및 기술서비스업, 사업시설관리·사업 지원 및 임대서비스업, 교육서비스업, 보건업 및 사회복지 서비스업, 예술·스포츠 및 여가 관련 서비스업, 협회 및 단체, 수리 및 기타 개인서비스업, 가구 내 고용활동 * 수리 및 기타 개인서비스업 중 부가가치세가 면제되는 인적용역은 '23년 귀속부터 기준수입금액이 직전연도 수입금액 3천6백만원으로 상향됨	2천4백만원	7천 5백만원

※ 적용례: 음식점을 운영하는 사업자의 2021년 귀속 수입금액이 5천만원인 경우, 2023년 5월(2022년 귀속) 신고 시, 직전연도(2021년 귀속)의 수입금액이 기준금액(3천6백만원) 이상이므로 기준경비율 적용 대상임

09-1 기준(단순)경비율 제도

✅ 단순경비율 적용대상 사업자

- 장부를 기록하지 않는 사업자 중 직전 연도 수입금액이 기준금액(19p 참조)에 미달하거나 당해 연도 수입금액이 기준금액(복식부기의무자 기준금액, 19p 참조)에 미달한 신규사업자가 해당됩니다.
  - 단, 당해 연도의 수입금액이 복식부기의무자 기준금액이상인 사업자는 기준경비율 대상입니다. (소득세법시행령 제143조 제4항)
  - 약사, (수)의사, 변호사, 변리사 등 전문직사업자와 현금영수증 미가맹점 등은 직전 연도 수입금액 및 신규사업자 여부에 상관없이 기준경비율 대상자입니다. (소득세법시행령 제143조 제7항)

✅ 주요경비의 범위

매입비용 (사업용 유형자산 및 무형자산의 매입은 제외)	재화의 매입(상품·제품·원료·소모품 등 유형적 물건과 동력·열 등 관리할 수 있는 자연력의 매입)과 외주가공비 및 운송업의 운반비
임차료	사업에 직접 사용하는 건축물 및 기계장치 등 유형자산 및 무형자산에 대한 임차료
인건비	종업원의 급여와 임금 및 퇴직급여

✅ 증빙서류의 종류

- 매입비용 및 임차료는 세금계산서, 계산서, 신용카드 매출전표, 현금영수증 등 정규 증빙서류를 받아야 하며, 일반영수증이나 간이세금계산서 등을 받은 경우에는 '주요경비 지출명세서'를 제출하여야 합니다.
- 인건비는 관련 원천징수 영수증 또는 지급명세서를 관할 세무서에 제출하여야 합니다. 제출할 수 없는 부득이한 사유가 있는 경우에는 지급 관련 증빙서류를 비치·보관합니다.

10 사업장현황신고

◉ 사업장현황신고란?

- 사업장현황신고는 부가가치세가 면제되는 개인사업자(해당 과세기간 중 사업을 폐업 또는 휴업한 사업자를 포함)가 지난 1년간의 수입금액과 사업장 현황을 다음 연도 2월 10일까지 사업장소재지 관할 세무서장에게 신고하는 것입니다.

◉ 신고대상

- 신고 대상은 병·의원, 학원, 농·축·수산물 판매업, 대부업, 주택임대업 등 부가가치세 면세사업자입니다. 따라서 부가가치세 과세사업자 또는 법인사업자는 사업장현황신고 의무가 없습니다. 다만, 다음 중 어느 하나에 해당하는 경우에는 사업장현황신고를 한 것으로 봅니다.
    1. 사업자가 사망하거나 출국함에 따라 과세표준 확정신고 특례(소득세법 제74조)가 적용되는 경우
    2. 사업자가 「부가가치세법」상 과세사업과 면세사업 등을 겸영(兼營)하여 면세사업 수입금액 등을 신고하는 경우
    * 아래 가산세 대상 겸영사업자가 부가가치세 신고 시 면세수입금액을 과소 신고한 경우 사업장현황신고불성실가산세 적용

◉ 제출서류

- 다음의 사항이 포함된 신고서와 업종별 수입금액 검토표 및 (세금)계산서 합계표를 제출하여야 합니다.
    ① 사업자 인적사항
    ② 업종별 수입금액 명세
    ③ 수입금액의 결제 수단별 내역
    ④ 계산서·세금계산서·신용카드매출전표 및 현금영수증 수취 내역

◉ 사업장현황신고 불성실 가산세

적용 대상	① 의료법에 따른 의료업 ② 수의사법에 따른 수의업 ③ 약사법에 따른 약국을 개설하여 약사에 관한 업을 행하는 사업자 * 약사업은 대부분 부가가치세법상 겸영사업자로 부가가치세 신고 시 면세수입금액을 신고한 경우에는 별도로 사업장현황신고를 하지 않음 (부가가치세 면세사업자만 사업장현황신고 가능)
가산세액	무신고(과소신고) 수입금액 × 0.5%

11 / 주택임대소득

✓ 주택임대소득 과세 연혁

- '13년 이전에는 전부 과세하였으며, '14~'18년에는 총수입금액 2천만원 이하분에 대해 한시적으로 비과세하였습니다. '19년 귀속('20년 신고)부터 상가임대업 등 다른 업종과의 형평성 및 '소득 있는 곳에 세금이 있다'는 과세원칙에 따라 총수입금액 2천만원 이하 주택임대소득도 소득세가 과세됩니다.

✓ 과세기준

- 보유 주택수별
  1. **(1주택)** 국외소재 주택 또는 기준시가가 12억원이 넘는 국내소재 주택으로부터 월세 수입이 있는 경우(보증금은 과세 안함)
  2. **(2주택)** 월세 수입이 있는 경우(보증금은 과세 안함)
  3. **(3주택 이상)** 월세 수입이 있거나 보증금* 합계가 3억원을 넘는 경우

     * 소형주택(주거전용면적 40㎡ 이하이면서 기준시가 2억원 이하)은 보증금 과세대상 주택에서 제외(2023년까지)

- 임대유형별
  1. **(월세)** 기준시가가 12억원이 넘는 국내소재 1주택 보유자, 국외소재 1주택 보유자, 2주택 이상 보유자
  2. **(보증금)** 보증금* 합계가 3억원을 넘는 3주택 이상 보유자

     * 소형주택(주거전용면적 40㎡ 이하이면서 기준시가 2억원 이하)은 보증금 과세대상 주택에서 제외(2023년까지)

✓ 사업자등록

- 임대사업 시작일로부터 20일 이내에 사업장 관할 세무서에 사업자등록을 하여야 하며, 2020년 귀속(2021년 신고)부터 사업자 미등록 가산세*가 부과됩니다.

   * 사업개시일부터 등록을 신청한 날의 직전일까지의 주택임대수입금액의 0.2%

✓ 소득세 신고방법

- 주택임대 총수입금액이 2천만원 이하인 경우에는 종합과세(세율: 6~45%)와 분리과세(세율: 14%) 중 선택하여 신고할 수 있으며, 2천만원을 초과하는 경우에는 다른 종합과세 대상 소득과 합산(세율: 6~45%)하여 신고해야 합니다.

12 / 원천징수 및 지급명세서 제출

✓ 원천징수란?

- 사업자가 종업원 등 소득자에게 각종 소득(급여, 사업·기타소득 등)을 지급할 때에 소득자가 납부하여야 할 세금을 미리 징수하여 국가에 대신 납부하는 제도입니다.

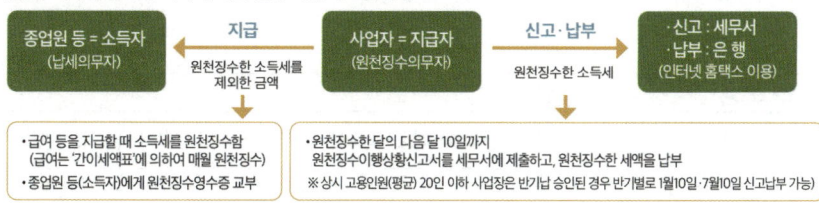

- 급여 등을 지급할 때 소득세를 원천징수함
  (급여는 「간이세액표」에 의하여 매월 원천징수)
- 종업원 등(소득자)에게 원천징수영수증 교부
- 원천징수한 달의 다음 달 10일까지
  원천징수이행상황신고서를 세무서에 제출하고, 원천징수한 세액을 납부
  ※ 상시 고용인원(평균) 20인 이하 사업장은 반기납 승인된 경우 반기별로 1월10일·7월10일 신고납부 가능

원천징수 대상 소득 : 근로·퇴직·사업·기타·연금·이자·배당소득 등

✓ 지급명세서의 작성·교부 및 제출

- 지급명세서란 소득자(종업원 등)의 인적사항, 지급액, 원천징수세액 등을 기재한 자료로 각 소득별, 지급명세서 별로 정해진 기한내에 관할 세무서에 제출합니다.

소득 구분	지급명세서 제출
상용근로소득	• (간이지급명세서) 지급일이 속하는 반기의 마지막 달의 다음 달 말일('24.1월 지급분부터 지급일이 속하는 달의 다음 달 말일로 변경) • (지급명세서) 다음 연도 3월 10일
일용근로소득	• 지급일이 속하는 달의 다음 달 말일
사업소득(봉사료 포함)	• (간이지급명세서) 지급일이 속하는 달의 다음달 말일 • (지급명세서) 다음 연도 3월 10일
퇴직·종교인소득	• 다음 연도 3월 10일
기타·연금·이자·배당소득	• 다음 연도 2월 말일

- 인적용역 사업소득*을 지급하는 원천징수의무자(사업자)는 간이지급명세서(거주자의 사업소득)를 지급일이 속하는 달의 다음달 말일까지 제출해야 합니다.
  *물적시설 없이 독립된 자격으로 용역을 공급하고 대가를 받는 인적용역 소득 (예시) 보험설계사, 학습지 방문강사, 방문판매원 등

- 지급명세서의 제출 방법
  ▸ 인터넷에서 홈택스를 이용하여 지급명세서를 작성하여 제출할 수 있습니다.
  ▸ 지급명세서 서식을 이용하여 직접 작성하여 제출할 수 있습니다.
    ※ 국세청 홈페이지(www.nts.go.kr)에서 「지급명세서」서식 출력 가능
  ▸ 납부세액이 없는 상용·일용근로자는 현금영수증 단말기에 귀속연도, 근로자의 주민등록번호, 급여액, 소득세를 입력하면 지급명세서를 제출한 것으로 봅니다.
    ※ 지급명세서(일용지급명세서 제외)를 미제출 시 미제출금액의 1%를 가산세로 부과 [제출기한 경과 후 3개월 이내 제출 시 미제출 금액의 0.5%를 가산세로 부과]
    ※ (일용근로소득 지급명세서) 미제출(불분명 등) 0.25%, 1개월 이내 지연제출시 0.125%
    ※ (간이지급명세서) 미제출(불분명 등) 0.25%, (사업소득) 1개월 이내 지연제출 0.125%, (근로소득) 3개월 이내 지연제출 0.125%('24.1월 지급분부터 1개월 이내로 변경)

- 용역제공자의 과세자료 제출
  ▸ 대리운전, 퀵서비스, 캐디 등 용역제공자*에게 용역제공과 관련된 사업장을 제공하거나 그 용역을 알선·중개한 자는 소득금액이 발생하는 달의 다음 달 말일까지 「사업장 제공자 등의 과세자료 제출명세서」를 제출하여야 합니다.
    * '24년부터 스포츠강사 및 트레이너 업종 추가
    ※ 과세자료 미제출, 허위제출시 과태료 부과 (미제출) 건별 20만원, (허위제출, 일부미제출) 건별 10만원

13 / 모범납세자 제도

✅ 모범납세자란?

- 납세의무를 성실히 이행하여 선진납세문화 정착과 국가재정에 크게 기여하는 등 타의 모범이 되는 자로서 규정에 따라 선정된 납세자를 말합니다.

✅ 모범납세자 추천 방법

- 추천 후보자 서류를 준비하여 인터넷 추천(신청) 시 첨부하거나 세무서에 우편으로 발송합니다.

구분	
인터넷	홈택스(www.hometax.go.kr) → 상담·불복·고충·제보·기타 → 고충·권리보호 민원(납세자보호) → 모범납세자 추천
우편	서류 작성 후 가까운 세무서에 우편 발송

✅ 모범납세자 선정 유형

구분	선정 유형
성실납세사업자	세법 등 관련 법령에 따라 자기 몫의 세금을 성실히 신고하고 납부를 이행하여 타의 모범이 되는 자
사회공헌납세자	성실납세와 더불어 기부, 봉사, 지역사회 공헌, 고용 확대, 협력업체 상생, 투명경영 등을 통해 나눔과 상생의 문화 확산에 기여한 자

※ 국세 체납 등의 사유로 추천 제한될 수 있으며 자세한 사항은 국세청 홈페이지 공지사항에서 확인 가능합니다.

✅ 모범납세자 우대 혜택

구분	우대 혜택	
세정상 우대혜택	① 세무조사 유예 ③ 납세담보 제공 면제 ⑤ 모범납세자 증명 발급 ⑥ 국세공무원교육원 시설 이용	② 순환조사 대상 법인 조사 시기 선택 ④ 인천공항「모범납세자 전용 비즈니스센터」이용
사회적 우대혜택	① 철도 운임 할인 ③ 공항 출입국 우대 ⑤ 콘도 요금 할인 ⑦ 금융 우대 ⑨ 적격심사 시 가점 부여	② 무역보험료 할인 및 가입 한도 우대 ④ 공영주차장 무료 이용 ⑥ 의료비 할인 ⑧ 전용 신용카드 발급

※ 훈격과 협약기관 별 우대혜택 기간과 내용이 상이할 수 있으며 자세한 내용은「납세자권익 24」에서 확인할 수 있습니다.

14 / 세금포인트 제도

◉ 세금포인트 제도란?

- 세금납부에 대한 보람과 자긍심을 고취하기 위해 개인 또는 법인(중소기업)이 납부한 세금(소득세·법인세)에 따라 포인트를 부여하고, 세금포인트를 사용하여 다양한 혜택을 받을 수 있는 제도입니다.

구 분	내 용	사용방법
① 납부기한 등의 연장 시 납세담보 면제 (개인·법인 이용)	• 납세유예 신청 시 최대 5억원까지 납세담보 면제 - 세금포인트를 사용하여 최대 9개월간 납세유예 신청 가능 (담보면제금액 10만원 당 1포인트 사용)	① 홈택스 > My홈택스 > 세금포인트 > 세금포인트 혜택 > 납부기한등 연장 신청서식 받기 ② 세금포인트 신청서 및 납부기한 등 연장 신청서 작성 > 관할 세무서 민원실 제출
② 소액체납자 재산 매각유예 (개인·법인 이용)	• 1천만원 이하 소액체납자 재산 매각유예 - 세금포인트를 사용하여 최대 1년간 매각유예 신청 가능(매각유예금액 10만원 당 1포인트 사용)	① 홈택스 > My홈택스 > 세금포인트 > 세금포인트 혜택 > 소액체납자압류매각유예 서식 받기 ② 세금포인트 신청서 및 압류매각유예 신청서 작성 > 관할 세무서 민원실 제출
③ 세금포인트 온라인 할인쇼핑몰 (개인·법인 이용)	• 우수한 중소기업 제품을 5% 할인 구매 - 구매금액 증가에 따라 필요한 세금포인트가 비례하여 증가 | 구매금액 | 10만원 이하 | 10~20만원 | 20~30만원 | 30~40만원 | 40만원 초과 | | 사용포인트 | 1포인트 | 2포인트 | 3포인트 | 4포인트 | 5포인트 | | 할인율 | 5% |	① 홈택스 > My홈택스 > 세금포인트 > 세금포인트 혜택 > 세금포인트 할인쇼핑몰 입장하기 ② 할인쇼핑몰에서 제품 구입 > 결제단계에서 세금포인트 사용하여 할인 받기
④ 인천국제공항 비즈니스센터 (개인 이용)	• 인천국제공항 방문 시 비즈니스센터 이용 - 사무·휴식 공간 및 납세지원 서비스 제공(5포인트 사용)	• 인천국제공항 비즈니스센터 방문 > 현장에서 신청서 작성/제출 > 비즈니스센터 이용
⑤ 국립중앙박물관 관람료 할인 (개인 이용)	• 국립중앙박물관 기획·특별전 관람료 할인 - 세금포인트 할인쿠폰으로 관람료 10% 할인 (1포인트 사용)	① 손택스 > 조회/발급 > 세금포인트 > 모바일 쿠폰 > 할인쿠폰 발행 ② 박물관 관람시 세금포인트 할인쿠폰을 제시하여 관람료 할인 받기
⑥ 국립세종수목원, 국립백두대간 수목원 관람료 할인(개인 이용)	• 국립세종·국립백두대간수목원 관람료 할인 - 세금포인트 할인쿠폰으로 관람료 1천원 할인 (1포인트 사용)	① 손택스 > 조회/발급 > 세금포인트 > 모바일 쿠폰 > 할인쿠폰 발행 ② 수목원 이용시 세금포인트 할인쿠폰을 제시하여 관람료 할인받기
⑦ 납세자세법교실 우선 수강 (개인 이용)	• 국세공무원교육원에서 운영하는 납세자세법교실 우선 수강 - 세법교실 선착순 우선 수강(3포인트 사용)	① 손택스 > 조회/발급 > 세금포인트 혜택 > 납세자세법교실 우선수강권 받기 ② 국세공무원교육원 > 납세자세법교실 > 참가신청 > 세금포인트 사용신청 클릭
⑧ 한국무역보험공사 국외기업 신용조사 서비스(법인 이용)	• 한국무역보험공사 국외기업 신용조사 서비스 이용 - 국외기업 신용조사 서비스 연간 1회 무상 이용 (22~49포인트 사용)	① 홈택스 > My홈택스 > 세금포인트 > 세금포인트 혜택 > 한국무역보험공사 입장하기 ② 한국무역보험공사 사이버영업점에서 국외기업 신용조사 신청하기
⑨ 국립생태원·국립해양생물자원관 관람료 할인 (개인 이용)	• 국립생태원·국립해양생물자원관 관람료 할인 - 세금포인트 할인쿠폰으로 관람료 1천원 할인 (1포인트 사용)	① 손택스 > 조회/발급 > 세금포인트 > 모바일 쿠폰 > 할인쿠폰 발행 ② 생태원·자원관 이용시 세금포인트 할인쿠폰을 제시하여 관람료 할인받기

◉ 세금포인트 조회 및 사용방법 확인

- 국세청 홈택스, 손택스(모바일 앱)에 로그인하여 세금포인트를 조회하거나 사용 방법을 확인하실 수 있습니다.

홈택스 → 「My홈택스」 → 「세금포인트」 → 「세금포인트 혜택」
손택스 → 「조회/발급」 → 「세금포인트」 → 「세금포인트 혜택」

15 / 영세납세자지원단 운영

✓ 영세납세자지원단 제도란?

- 경제적인 사정으로 세무대리인을 선임하지 못하는 영세납세자가 세금에 대한 고민 없이 생업에 전념할 수 있도록 세금 문제 해결을 도와드리는 제도입니다.

지원대상	세무대리인이 선임되어 있지 않은 개인사업자, 영세 중소법인(혁신기업 포함), 사회적 경제기업 및 장애인 사업장 등
지원범위	종합소득세, 부가가치세, 법인세, 원천세와 관련된 세무자문 서비스 * 단, 자산의 이전·보유에 따른 재산제세(양도소득세, 상속·증여세, 종합부동산세) 관련 사항 등은 제외
나눔세무사·회계사	영세납세자 권익 보호를 위해 헌신적으로 봉사할 나눔세무사, 나눔회계사로 구성
신청방법	- 세무서 납세자보호담당관(문의는 국번 없이 ☎ 126 →3번으로) - 홈택스(www.hometax.go.kr) ▶ 상담·불복·고충·제보·기타 ▶ 영세납세자지원단 서비스 신청

사업주기별 맞춤형 서비스 제공

창업단계 — 창업자 멘토링 → 사업 성장단계 — 무료세무자문 서비스, 찾아가는 서비스 → 폐업단계 — 폐업자 멘토링

- **창업자 멘토링**
  신규(예비) 개인창업자 등에게 사업개시일이 속하는 과세(사업)연도의 소득에 대한 종합소득세 확정신고 또는 법인세 정기신고 시까지 1:1 맞춤형 세무자문 서비스를 제공하고 있습니다.

- **무료세무자문 서비스**
  사업진행 단계의 신고안내, 법령자문 등 세금 문제 전반에 대하여 세무자문 서비스를 제공하고 있습니다.

- **찾아가는 서비스**
  전통시장, 다문화센터, 창업보육센터 등 영세납세자의 상담 수요가 밀집한 곳을 방문하여 세무상담 및 신고지원 서비스를 제공하고 있습니다.

- **폐업자 멘토링**
  폐업한 영세 개인사업자 등에게 폐업일이 속하는 과세(사업)연도의 소득에 대한 종합소득세 확정신고 또는 법인세 정기신고 시까지 1:1 맞춤형 세무자문 서비스를 제공하고 있습니다.

16 / 권리보호요청 제도

✓ 권리보호요청 제도란?

- 세무조사 등 국세행정의 집행과정에서 납세자의 권리가 부당하게 침해되고 있거나 침해가 예상되는 경우 납세자보호담당관에게 권리구제를 요청하면 납세자보호위원회 심의 등을 거쳐 신속하게 구제해 주는 제도입니다.

✓ 권리보호요청 방법

- 권리침해 사실을 권리보호(심의) 요청서에 작성하여 관할 세무서 납세자보호담당관 등에게 제출하시면 됩니다.

  ※ 서면 신청 : 국세청 홈페이지(www.nts.go.kr) ▶ 국세정책/제도 ▶ 세무서식에서「권리보호(심의) 요청서」서식 출력 가능
  ※ 인터넷 신청 : 홈택스(www.hometax.go.kr) ▶ 상담·불복·고충·제보·기타 ▶ 고충민원·권리보호 ▶ 권리보호요청

- 권리침해 유형과 조치 사항

	권리침해 유형	권리구제
세무 조사	● 명백한 조세탈루 혐의 없이 이미 조사한 부분(같은 세목 및 과세기간)에 대한 중복조사와 세법령을 위반하여 조사하는 행위 ● 세무조사 기간연장 또는 범위확대에 대한 이의제기 ● 세무조사 중 세무공무원의 위법·부당한 행위	납세자보호 위원회 심의
일반 국세 행정	● 세금의 부과·징수와 관련 없는 자료 또는 소명을 과도하게 요구 ● 해명자료를 제출하였음에도 정당한 사유 없이 처리 지연 ● 독촉 없이 재산을 압류하거나 소명안내 없이 고지처분 ● 신고내용 확인 시 적법 절차 미준수 ● 현장확인 시 출장 목적과 관련 없는 무리한 자료요구 등	
공통	● 금품·향응 및 사적 편의 제공 요구	조사반(담당자) 교체, 징계요구

- 구체적인 권리침해 사례와 구제 내용

▶ 이미 조사가 이루어진 사업연도에 대한 중복 조사
  - 2015년 1기에 대한 부가가치세 세목별 조사를 실시한 이후 2015년 귀속 전체에 대해 통합조사 대상자로 선정하였으므로 2015년 1기 부가가치세 부분은 중복조사에 해당되어 시정 조치

▶ 세무조사 후 세무조사결과 미통지
  - 세무조사 종결 후 20일 이내에 조사결과를 통지하지 않은 사실이 확인되어 즉시 조사결과를 통지하도록 조치

▶ 압류해제 지연처리
  - 체납된 국세를 이미 납부하였음에도 장기간 예금의 압류가 해제되지 않은 사실이 확인되어 즉시 압류를 해제하도록 조치

▶ 과세예고통지를 하지 아니하고 세금 고지
  - 고지세액 1백만원 이상은 반드시 과세예고통지 이후에 세금을 고지하도록 규정되어 있으나, 과세예고통지 없이 고지한 사실이 확인되어 즉시 고지된 세금을 취소하도록 조치

17 / 납세자보호위원회 운영

✓ 납세자보호위원회란?

- 납세자보호위원회는 국세행정 집행 과정에서 납세자 권익보호 사안을 보다 공정하고 투명하게 처리하기 위해 세무서, 지방국세청 및 국세청에 설치되었습니다.

세무서·지방국세청	국세청
❶ 위법·부당한 세무조사 및 세무조사 중 세무공무원의 위법·부당한 행위	재심의 ❶❷❸
❷ 중소규모납세자 이외의 납세자에 대한 세무조사 기간연장 및 범위확대 승인	
❸ 중소규모납세자의 세무조사 기간연장 및 범위확대에 대한 이의제기	
❹ 세무조사 시 장부 등의 일시보관 기간연장	-
❺ 납세자의 권리보호를 위하여 납세자보호담당관이 심의가 필요하다고 인정하는 안건	-

* 중소규모납세자 : 연간 수입금액 또는 양도가액이 가장 큰 과세기간의 연간 수입금액 또는 양도가액이 100억원 미만

✓ 위원회 구성 및 운영

- 납세자보호위원회는 납세자보호(담당)관을 제외한 모든 위원이 세무 분야의 전문적인 학식과 경험이 풍부한 민간위원으로 구성되어 있으며,
- 소속 위원들은 심의과정에서 알게 된 민원인, 조사 대상자 등에 대한 과세정보를 타인에게 제공할 수 없고, 위원회의 회의 내용은 공개되지 않습니다.

✓ 납세자보호위원회 심의 절차

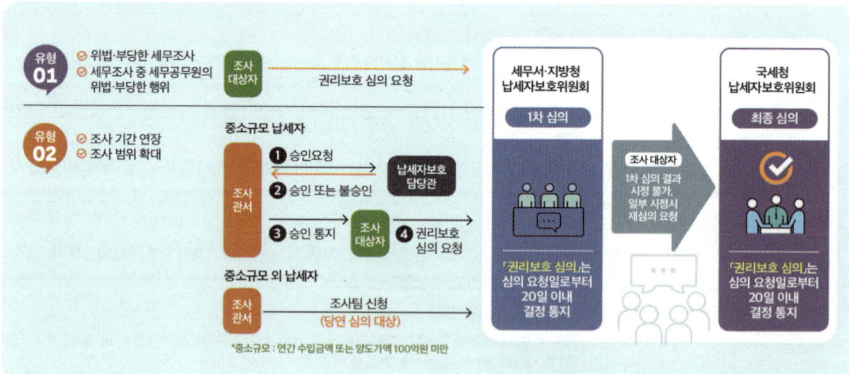

18 / 납세자권익24

www.nts.go.kr

✅ 「납세자권익24」란?

- 납세자가 권익보호 정보를 손쉽게 이용할 수 있도록 국세청에 여러 채널로 분산된 정보를 체계적으로 제공하는 홈페이지입니다.

> 접근경로 : 「납세자권익24」(www.nts.go.kr/taxpayer_advocate/main.do)

✅ 「납세자권익24」 제공 서비스

납세자권익보호 소개	◐ 납세자권리헌장, 국세행정서비스헌장 등 소개 ◐ 납세자권리구제 제도 소개 　-권리보호요청, 고충민원, 불복(과세전적부심사, 이의신청, 심사청구, 국선대리인 제도)
권리구제/불복 신청	◐ 권리보호요청, 고충민원, 불복(과적/이의/심사), 국선대리인 신청
성실납세우대	◐ 세금포인트 · 아름다운납세자 제도 소개 ◐ 모범납세자 추천(신청)
세금지원/상담 신청	◐ 고객의 소리(VOC), 영세납세지원단 서비스 신청, 인터넷 상담 신청, 세법해석 신청, 방문 상담 예약, 공감소통 · 민생지원소통추진단 소개
심의 사례/자료실	◐ 분기별 주요 심의 사례, 심의 사례 검색, 발간 보고서/책자, 세무 서식

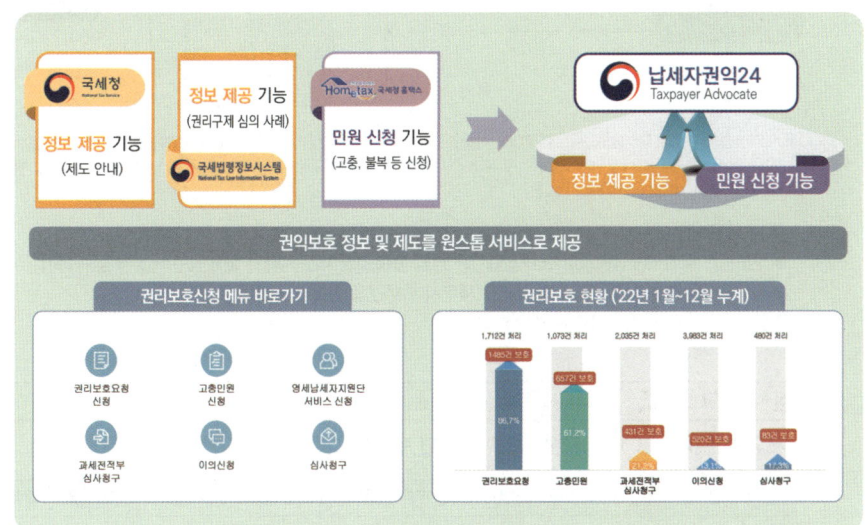

315

19 / 불복청구 절차

✓ 사전 권리구제 제도(과세전적부심사청구)

- 납세고지서를 받기 전에 세무조사결과통지 또는 과세예고통지 등을 받은 경우 그 받은 날부터 30일 이내에 통지관서에 과세전적부심사청구를 할 수 있습니다.

✓ 사후 권리구제 제도

이의신청	납세고지서를 받은 날부터 90일 이내에 처분관서에 신청
심사청구	납세고지서를 받은 날 또는 이의신청의 결정통지를 받은 날부터 90일 이내에 국세청(감사원)에 심사청구를 하거나 조세심판원에 심판청구
심판청구	
행정소송	심사청구·심판청구 결과통지를 받은 날부터 90일 이내에 고지한 세무서장을 상대로 행정법원에 소송을 제기

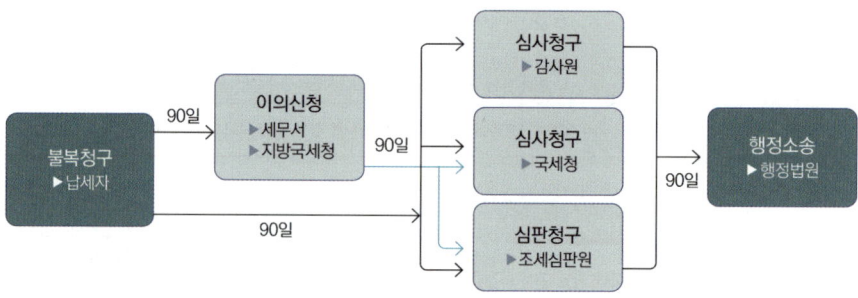

※ 이의신청을 거치지 아니하고 심사청구(또는 감사원 심사청구)나 심판청구를 할 수 있으나, 행정소송은 반드시 심사청구(또는 감사원 심사청구), 심판청구를 거쳐야 합니다. 다만, 감사원 심사청구는 행위가 있음을 안 날부터 90일 이내, 행위가 있은 날부터 180일 이내에 청구해야 합니다.

- 불복청구 방법 :
  ▶ 인터넷 : 홈택스(www.hometax.go.kr) → 상담·불복·고충·제보·기타 → 불복청구 → 불복청구 하기
  ▶ 우편, 방문 접수 : 서류 작성 후 가까운 세무서에 우편 발송 또는 방문 접수

✓ 납세자보호담당관

- 세금에 관한 고충이나 궁금한 사항이 있으면 세무서 납세자보호담당관에 문의하세요.

국번 없이 ☎ 126 → ③번을 누르면 발신 전화 소재 관할 세무서 납세자보호담당관실로 연결됩니다.

20 / 국선대리인 제도 운영

✓ 국선대리인 지원 대상

> 경제적 사정 등으로 세무대리인을 선임하지 못한 영세납세자가 청구세액 5천만원 이하의 과세전적부심사·이의신청·심사청구를 제기하는 경우 세무대리인을 무료로 지원하고 있습니다.

- 세무대리인 선임 없이 청구세액 5천만원 이하의 과세전적부심사, 이의신청, 심사청구를 제기하는 개인으로, 보유재산이 5억원 이하이고 종합소득금액이 5천만원 이하인 납세자는 국선대리인을 지원받을 수 있습니다.

  ※ 법인납세자, 상속세·증여세·종합부동산세는 지원 제외

✓ 국선대리인은 누구?

- 국선대리인은 지식 기부에 참여한 세무사·공인회계사·변호사를 말하며 각급 세무관서별로 위촉합니다.
- 국선대리인은 영세납세자를 위하여 무료로 법령 검토·자문, 증거서류 보완 등 불복청구 대리 업무를 수행합니다.

✓ 국선대리인 지원 절차

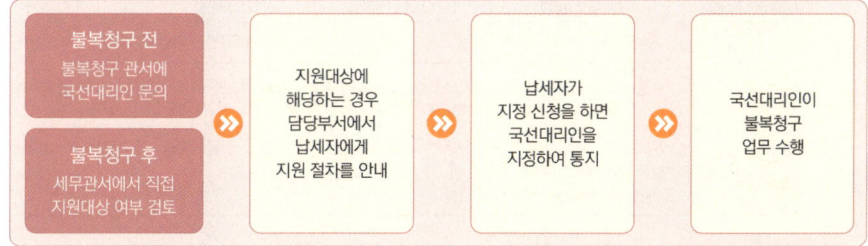

✓ 국선대리인 담당 부서

- 과세전적부심사 : 세무서·지방국세청의 납세자보호담당관실
  ※ 국세청에 청구한 경우 국세청 심사1담당관실
- 이의신청 : 세무서·지방국세청의 납세자보호담당관실
- 심사청구 : 국세청 심사1담당관실
  ※ 도움 요청 : 각 세무서 납세자보호담당관(문의는 국번 없이 ☎126→3번으로)

부록

21 / 근로·자녀장려금 제도
- 2023년 신청 기준 -

✓ 근로·자녀장려금 제도란?

- 일은 하지만 소득이 적어 생활이 어려운 저소득 근로자, 사업자 및 종교인가구에게 장려금을 지급함으로써 저소득자의 근로 또는 사업을 장려하고 자녀양육을 지원하는 제도입니다.

✓ 근로·자녀장려금 신청 자격

- 근로소득, 사업소득 또는 종교인소득이 있는 거주자로서 아래 요건을 모두 갖추어야 합니다.

신청자격	세 부 내 용			
①가구유형	◎ 2022년 12월 31일 기준, 가구 유형, 소득 유무에 따라 분류			
	단독가구	배우자[1]와 부양자녀[2], 70세 이상 직계존속[3]이 모두 없는 가구		
	홑벌이가구	배우자 또는 부양자녀 또는 70세 이상 직계존속이 있는 가구 (배우자가 있는 경우에는 신청인 또는 배우자의 총급여액 등이 3백만원 미만이어야 함)		
	맞벌이가구	신청인과 배우자 각각의 총급여액 등[4]이 3백만원 이상인 가구		
	1) 가족관계부상 배우자(사실혼 제외), 2) 18세 미만으로서 비과세·분리과세 소득을 제외한 연간소득금액이 100만원 이하인 부양자녀 3) 70세 이상으로서 비과세·분리과세 소득을 제외한 연간소득금액이 100만원 이하이며, 주민등록표 상 동거 및 생계를 같이 하는 직계존속 *부양자녀 및 직계존속 중 동일주소 거주(질병 등 일시퇴거 포함) 중증장애인은 연령 제한 없음 4) 근로소득(총급여액), 사업소득(총수입금액×업종별 조정률), 종교인소득(총수입금액)의 합계액			
②소득 요건 (부부합산)	◎ 2022년 부부 합산 연간 총소득이 아래기준금액 미만일 것			
	총소득기준금액	단독 가구	홑벌이 가구	맞벌이 가구
	근로장려금 (최대 지급액)	2,200만원 미만 (165만원)	3,200만원 미만 (285만원)	3,800만원 미만 (330만원)
	자녀장려금 (최대 지급액)		4,000만원 미만 (부양자녀 수×80만원)	
	* 총소득 : 근로소득(총급여액), 사업소득(총수입금액×업종별 조정률), 종교인소득(총수입금액), 기타소득(총수입금액-필요경비), 이자·배당·연금소득(총수입금액)을 합한 금액으로 비과세·퇴직·양도소득은 제외			
③재산 요건 (가구원 합산)	◎ 2022년 6월 1일 현재 가구원 모두가 소유하고 있는 주택·토지·건물·예금·주택전세금·상가보증금 등 재산 합계액이 2.4억원 미만일 것 *재산 평가 시 부채는 차감하지 아니함			

✓ 신청제외

- 위 요건을 모두 충족하는 경우에도 아래 유형에 해당하는 경우 신청할 수 없음
  - 2022년 12월 31일 현재 대한민국 국적을 보유하지 아니한 사람
    (다만, 대한민국 국적을 가진 자와 혼인한 사람, 대한민국 국적의 부양자녀가 있는 사람은 신청할 수 있음)
  - 2022년 중 다른 거주자의 부양자녀인 사람
  - 전문직 사업을 영위하는 거주자(배우자 포함)
  - 2022년 12월 31일 현재 거주자(배우자 포함)가 계속 근무하는 상용근로자(일용근로자 제외)로서 월 평균 근로소득이 500만원 이상인 자(근로장려금만 제외)

www.nts.go.kr

✅ 근로·자녀장려금 산정 방법

● 가구원 구성에 따른 부부합산 "총급여액 등(근로소득+사업소득+종교인소득)"을 기준으로 근로·자녀장려금을 산정합니다. 자세한 사항은 아래경로의 홈택스(www.hometax.go.kr)『모의계산』을 참고하시기 바랍니다.

※ **(경로)** 홈택스(www.hometax.go.kr) > 장려금·연말정산·전자기부금 > 신청확인 및 증빙제출 > 계산해보기

✅ 신청 기간과 방법

구분	정기 신청	기한 후 신청
신청 기간	2023.5.1. ~ 5.31.	2023.6.1. ~ 11.30.
신청 방법	홈택스(PC, 모바일앱), ARS(자동응답)전화 (1544-9944), 장려금 상담 및 신청대리(1566-3636)	

※ 기한 후 신청 시 장려금 산정액의 10% 감액

✅ 장려금 지급

● 장려금 신청자에 대해서는 자격요건 등 심사를 거쳐 9월말*에 지급됩니다.
  * 기한 후 신청의 경우 신청 월의 말일로부터 4개월 이내에 지급됩니다.
● 가구원 재산 합계액이 1억 7천만원 이상 2억 4천만원 미만인 경우 50%만 지급됩니다.

✅ 허위 신청자에 대한 불이익

● 신청요건 등에 관한 사항을 고의 또는 중대한 과실로 사실과 다르게 신청한 경우에는 장려금 환수와 2년 또는 5년간 지급제한 등의 불이익을 받게 됩니다.

✅ 유의할 사항

● 일부 사업자의 경우 국민건강보험료와 국민연금보험료가 증가할 수 있습니다.
  - 장려금 신청 때문에 특별히 보험료가 증가하는 것은 아닙니다.
    ▶ 다만, 직장가입자의 피부양자가 사업자등록을 하고 소득세 신고를 하면 지역가입자로 전환되어 보험료를 따로 내야 하고,
    ▶ 수입금액을 실제보다 적게 신고한 사실이 확인되는 경우에도 국민건강보험료와 국민연금보험료가 증가할 수 있습니다.
● 국세체납액이 있는 경우에는 장려금에서 체납액이 차감됩니다.
  - 장려금의 30% 한도 내에서 체납액에 충당 후 지급됩니다.
● 소득세 신고 시 자녀세액공제를 적용받은 경우에는 자녀장려금 지급액에서 자녀세액공제 해당액을 차감하고 지급됩니다.
● 근로장려금 신청 대상인 거주자가 사망한 때에는 상속인이 피상속인의 주소지 관할 세무서에 근로장려금을 신청할 수 있습니다.
● 폐업으로 현재 사업을 영위하지 않는 경우에도 근로·자녀장려금의 신청 요건은 전년도 기준이므로 신청 요건을 모두 갖추었다면 신청할 수 있습니다.

21 / 근로·자녀장려금 제도
- 2023년 신청 기준 -

✅ 근로장려금 반기지급 제도란?

- 소득 발생시점과 장려금 지급시점 간의 시차를 줄여 조기 소득지원과 근로유인 효과 제고를 위해 근로소득자에 한해 반기별 소득을 기준으로 근로장려금을 반기별로 신청·지급할 수 있는 제도입니다.

✅ 신청자격

- 해당소득세 과세기간에 근로소득만 있는 거주자(배우자 포함)로서, 가구원·소득·재산요건 등의 근로장려금 신청자격이 충족되어야 합니다.

> 다만, 다음의 근로소득만 있는 사람은 신청할 수 없습니다.
> - 본인 및 배우자의 직계존비속(그 배우자 포함)으로부터 받은 근로소득
> - 사업자 외의 자(사업자등록증 또는 고유번호를 부여받지 아니한 자)로부터 받은 근로소득
> - 법인세법에 따라 상여로 처분된 금액(인정상여)
> - 2022년 12월 31일 현재 거주자(배우자 포함)가 계속 근무하는 상용근로자
>   (일용근로자 제외)로서 월 평균 근로소득이 500만원 이상인 자

✅ 근로장려금 반기 지급액 산정방법

- 연간 예상 산정액의 35%를 상반기분으로 지급(12월)하고, 하반기분은 다음해 6월 정산을 통해 추가지급 하거나 향후 장려금에서 차감합니다.
- 상반기신청자는 상반기 총급여를 12개월로 환산하여 근로장려금 지급액을 산정합니다.
  - 상용근로자 중 계속근무자 : 상반기총급여 + (상반기총급여 ÷ 근무월수) × 6
  - 일용근로자, 상용근로자 중 중도퇴직자 : 상반기 총급여 × 2
- 하반기 신청자는 상반기와 하반기의 총급여액 등을 합산하여 근로장려금 지급액을 산정합니다.

✅ 2023년도 근로장려금 반기신청·지급 일정

구분	신청기간	지급시기	지급액
'22년 하반기 소득분	'23.3.1.~3.15.	'23년 6월 중	추가지급 또는 환수*
'23년 상반기 소득분	'23.9.1.~9.15.	'23년 12월 중	연간 예상 산정액의 35%

* 산정한 연간 근로장려금 - 이미 지급한 상반기 근로장려금

Q&A 궁금한 사항

01 장려금을 신청할 수 있는 사업자의 범위는?
➡ 부가가치세 과세사업자·면세사업자 또는 파출부, 간병인, 대리운전원 등 용역제공자로서 사업자등록을 한 경우 해당됩니다. 다만, 변호사, 공인회계사, 세무사, 의사, 약사 등 전문직사업자는 제외됩니다.

02 소득이 없는 경우에도 장려금을 신청할 수 있나요?
➡ 근로·자녀장려금은 열심히 일은 하지만 소득이 적은 가구를 지원하는 제도이므로 소득이 없는 경우에는 해당되지 않습니다.

03 폐업으로 현재는 사업을 영위하지 않는 경우 신청할 수 있나요?
➡ 근로·자녀장려금의 신청 요건은 전년도 기준이므로 신청 요건을 모두 갖추었다면 신청할 수 있습니다.
예) 소매업을 2022.8.31.에 폐업한 경우 소득 등 신청요건 충족 시 2023년에 신청 가능

04 장려금을 허위로 신청하면 어떤 불이익이 있나요?
➡ 신청자가 신청 요건 등에 관한 사항을 고의 또는 중대한 과실로 사실과 다르게 신청한 경우에는 장려금 환수와 2년 또는 5년간 지급 제한 등의 불이익을 받게 됩니다.

05 장려금 신청 요건을 충족하는 거주자가 사망한 경우
➡ 근로장려금 신청 대상인 거주자가 사망한 때에는 상속인이 피상속인의 주소지 관할 세무서에 근로장려금을 신청할 수 있습니다.

국세청 홈페이지 www.nts.go.kr
➡ 국세정책 / 제도 ➡ 통합 자료실 ➡ 국세청 발간책자

22 / 국세납부

✓ 국세납부

- 홈택스나 인터넷지로, 인터넷뱅킹, ARS 등 국세전자납부가 가능하며, 금융기관, 우체국, 세무서에 설치된 무인수납기(카드납부)를 통해 직접 방문납부 가능합니다.

✓ 국세납부 방법

- **홈택스 납부** : 홈택스 접속(www.hometax.go.kr), 공인인증서 로그인 필요

- **모바일 홈택스** : 손택스 앱 설치, 공인인증서 로그인 필요
  - 전자신고 후 전자납부 하는 경우
    ※ '신고/납부'→'국세납부'→'납부할세액 조회납부'선택
  - 서면신고 후 전자납부 하는 경우
    ※ '신고/납부'→'국세납부'→'자진납부'선택

- **금융결제원(인터넷지로, 카드로택스) 납부**
  - 금융결제원 사이트 납부(www.giro.or.kr, www.cardrotax.kr)
  - 납부시간 : 00:30 ~ 23:30(연중 무휴)
  - 계좌이체, 신용카드, 간편결제 납부 가능

- **금융기관 납부**
  - 전자신고 후 출력 또는 직접 작성한 납부서를 가지고 금융기관에 방문·납부
    ※ 전자신고 후 납부서에 표시된 가상계좌 이체 납부도 가능
  - (수납창구) 현금, 계좌이체, 가상(국세)계좌 납부
  - (CD/ATM)* 계좌이체, 신용카드, 가상(국세)계좌 납부
    * 분할납부 불가, 납부시간은 은행 운영에 따라 변동 가능
  - (인터넷뱅킹) 계좌이체, 가상(국세)계좌 납부
  - (ARS) 계좌이체, 가상(국세)계좌 납부
  - (공과금수납기)* 계좌이체 납부
    * 금융기관에서 공과금 납부 전용을 위해 설치된 단말기

- **세무서 납부**
  - (무인카드수납기) 신용카드 납부
    * 신용카드 납부 전용 단말기로 납세자가 직접 이용
  - 납부시간: 09:00 ~ 18:00

※ 카드 납부대행수수료*는 납부자가 부담(신용카드 할부수수료 별도)
  * 납부세액의 신용카드 0.8%(체크카드 0.5%)

23 / 전자고지 신청

◆ 전자고지란?
- 납세자가 홈(손)택스를 통해 언제 어디서나 국세 고지내역을 확인하고 바로 납부까지 할 수 있는 편리한 제도입니다.

◆ 전자고지 신청방법
- **모바일 홈택스(손택스 앱 설치 필요)** : 손택스 접속(인증서·생체인증 필요) → 신청·제출 → 세무서류신청-공통분야 → 전자고지 신청/해지
- **홈택스(www.hometax.go.kr)** : 홈택스 접속(인증서·생체인증 필요) → 납부·고지·환급 → 국세고지 → 전자고지(송달) 신청/해지
- **서 면** : 세무서 민원실에 비치된 '홈택스 이용신청서'를 작성하여 제출

◆ 전자고지 신청시 혜택
- **세액공제** : 전자고지 이용 납세자는 대상세목에 대하여 국세 고지서 1건 당 1,000원의 세액공제 가능
  - (대상세목)부가가치세 예정고지, 종합소득세 중간예납고지, 종합부동산세 및 상속·증여세 고지
  - (공제시기)전자고지를 신청한 달의 다음다음 달 이후 송달하는 분부터 공제

◆ 전자고지 열람방법
- **모바일 홈택스(손택스)** : 조회/발급 → 전자고지 열람/송달장소 안내 → 전자고지열람
- **홈택스(www.hometax.go.kr)** : 납부·고지·환급 → 국세고지 → 전자고지열람
- **네이버·KB스타뱅킹·신한pLay 앱 또는 문자 안내** : 네이버·KB스타뱅킹·신한pLay 앱·문자 수신 → 본인인증 → 전자고지 열람
  ※ 중계사업자(공인전자문서중계자로 지정된 사업자) 변경시 네이버·KB스타뱅킹·신한pLay 앱 이외로 안내수단 변경될수 있음

◆ 전자고지 유의사항
- 전자고지서는 신청한 날의 다음 날부터 발송되며, **별도 종이고지서는 발송되지 않음**
- 전자고지서의 송달효력은 **홈(손)택스에 저장된 때** 발생(열람기준이 아님)
- 전자고지서를 **2회 연속하여 납부기한까지 열람하지 않을 경우** 두 번째 전자고지의 납부기한 다음날에 **자동 해지**
  ※ 해지 후에는 다음날에 발송되는 종이고지서부터 우편으로 고지되며 30일간 다시 신청할수 없음
  - 단, 전자고지서 납부기한까지 해당 국세를 전액 납부하는 경우 열람한 것으로 간주
- 홈택스에서 고지서를 열람할 때는 공인인증서, 금융인증서, 간편인증(하나인증서, 토스, 국민인증서, 통신사 PASS, 신한인증서, 페이코, 삼성패스, NH인증서, 네이버, 뱅크샐러드, 카카오톡), 생채인증이 필요

24 / 그 밖에 사업자가 알아 둘 사항

✅ 폐업하는 경우의 세무 처리

- 사업을 그만두게 되면 지체 없이 폐업신고를 하여야 합니다.
  - 폐업신고서를 작성하여 사업자등록증과 함께 제출하거나 부가가치세 확정 신고서에 폐업 연월일 및 사유를 적고 신고서와 함께 사업자등록증을 제출하면 됩니다.
- 부가가치세, 종합소득세 등을 신고·납부하여야 합니다.
  - 부가가치세 : 폐업일이 속한 달의 말일로부터 25일 이내
  - 종합소득세 : 다음 해 5.1.~5.31.까지
- 폐업한 후 부가가치세 신고 등을 하지 않는 경우에는 관할 세무서장이 납부세액을 결정 고지하므로 가산세를 추가로 부담하게 됩니다.
- 병·의원 및 약국 등 의료기관은 폐업 시「의료비 세액공제 증명자료」를 국세청에 반드시 제출해야 합니다.
- 사업자등록 폐업 시 허가를 받거나 등록 또는 신고를 해야 하는 사업의 경우 해당 기관에 인허가 사업에 대한 폐업신고도 별도로 하여야 합니다.
  - 현재 사업자등록과 인허가 사업에 대한 폐업신고를 시군구청과 세무서 민원실 중 한 곳에서 함께 신고할 수 있는 폐업신고 간소화 제도를 시행 중입니다.

※ 대상 업종 : 음식업, 이·미용업, 숙박업, 담배 판매, 체육시설업, PC방, 약국 등

✅ 4대 사회보험(국민연금·건강보험·고용보험·산재보험) 안내

- 4대 사회보험은 사업장과 가까운 기관 중 한 곳 또는 인터넷(www.4insure.or.kr)으로 신고할 수 있습니다.

구 분	국민건강보험	국민연금	고용보험	산재보험
의무가입	1인 이상의 근로자를 사용하는 사업장 ※ 대표자 1인만 있는 법인 사업장도 가입 대상	당연적용사업장 - 1인이상의 근로자를 사용하는 사업장	근로자를 사용하는 모든 사업 또는 사업장 ※개인이 운영하는 농·임·어업은 5명 이상만 의무가입 대상 (단, 임업 중 벌목업은 종사자 수에 상관없이 산재보험 의무가입 대상)	
부과소득 상한선	110,332,299원 ('23년 보수월액 상한)	590만원(등급 없음) ('23.7.1.~'24.6.30.)	상한선 없음	
보험료 부담	*근로자 : 가입자와 사업주 각각 50%씩 부담 *공무원 : 가입자와 국가 각각 50%씩 부담 *사립학교 교원 : 가입자 50%, 사용자 30%, 국가 20% 부담	사용자와 근로자가 각 1/2씩 부담	*실업급여 : 사업주와 근로자가 각 1/2씩 부담 *고용안정·직업능력개발 : 사업주 전액 부담	사업주 전액부담
납부 방법	월납		월납(건설업 및 벌목업은 연납 또는 분기납)	
담당기관	국민건강보험공단	국민연금공단	근로복지공단	
납부 의무자	사용자	사용자	사업주	
상담 전화	1577-1000	국번 없이 1355(유료)	1588-0075	

▶ **(자영업자 고용보험)** 1인 자영업자 또는 50명 미만의 근로자가 있는 자영업자는 고용보험에 가입(본인 명의 사업자등록증 보유 필수) 가능하며, 가입 기간에 따라 120~210일에 해당하는 실업급여 수급 가능
  ※ 2021.7.1.부터 자영업자 고용보험 가입자가 근로자(일용근로자 포함)·예술인·노무제공자로서의 피보험자격을 동시에 취득 또는 유지하기를 원하는 경우 이중취득 가능

▶ **(중소기업사업주 및 가족종사자 산재보험)**「300명 미만의 근로자를 사용하는 사업주」나「산재보험법에 의한 노무제공자가 아닌 1인 사업주」는 신청을 통해 산재보험에 가입할 수 있으며 업무상 재해에 대해 휴업급여·치료비 등 산재보험급여와 각종 보험 혜택 가능
  ※ 사업주의 배우자(사실상 혼인관계 있는 사람 포함) 또는 4촌 이내의 친족도 가족종사자 산재보험 신청 가능

▶ **(학생연구자 산재보험)**「연구실 안전 환경 조성에 관한 법률」에 따른 연구활동종사자 중 대학·연구기관 등이 수행하는 연구개발과제에 참여하는 학생연구자가 있는 경우 학생연구자에 대하여 산재보험 의무가입

▶ **(현장실습생 산재보험)** 산재보험 적용사업장에서 고교, 대학 등 초·중등교육법 및 고등교육법 상 학교에서 시행하거나 참여하는 모든 국내 현장실습을 이수 중인 사람(현장실습생)이 있는 경우 현장실습생에 대하여 산재보험 의무가입

※ 학원 등 학교 이외 교육·훈련기관에서 시행하는 실습, 단순 견학, 자격취득을 위한 필수요건에 해당하는 현장실습 등은 제외됨

▶ **(두루누리 사회보험료 지원사업)** 근로자 수가 10명 미만인 사업장에 종사하는 월평균보수액 260만원 미만인 근로자·예술인·노무제공자[1])와 그 사업주에게 국민연금(근로자) 및 고용보험료(근로자·예술인·노무제공자)를 국가가 최대 80%까지 지원(근로자의 경우 신규가입자[2])만 해당)

 * 1) 근로자 수가 10명 이상인 경우도 예술인·노무제공자는 지원대상(사업주는 미지원)
 2) 신규가입 근로자 : 지원신청일 직전 6개월간 사업장 가입 이력이 없는 자

 <신청방법>
 • 온라인 ☞ 4대 사회보험 정보연계센터(www.4insure.or.kr)에서 신청사항 입력
 • 서   면 ☞ 제출 서류 작성 후 관할 국민연금공단이나 근로복지공단에 제출

 ※ 두루누리 사회보험 누리집(http://insurancesupport.or.kr)에서 자세한 내용을 확인할 수 있습니다.

✅ 고용창출장려금 (문의 : 고용노동부 고객상담센터 ☞ 국번없이 1350)

• 상세한 고용장려금 지원제도 주요 내용은 고용노동부 홈페이지에서 확인할 수 있습니다.
  (www.moel.go.kr → 공지사항 클릭 → '고용장려금'으로 검색 → '2023년 고용장려금 지원제도' 안내책자 다운로드)

• 사업목적
  취업취약계층 고용, 만 50세 이상의 장년고용, 일자리 함께하기 제도 도입, 국내복귀기업 지원 등을 통해 고용기회를 확대한 사업주의 일자리창출 지원

• 사업내용

지원 유형	지원요건	지원수준
일자리 함께하기 지원	❶ 교대제 도입·확대 ❷ 실근로시간단축제도입으로 월평균 근로자 수 증가 * 제도 도입 다음달부터 3개월마다 제도 도입 직전 3개월의 월평균 근로자수보다 증가하여야 함	[인건비] 증가근로자수 1인당 월 40~80만원 [임금감소액보전] 사업주 보전 임금의 80% 한도로, 1인당 월10만원~월40만원 지원 * 증가근로자수 1인당 10명까지 지원
국내복귀 기업 지원	산업부 장관이 지정한 국내복귀기업으로 지정일 후 5년 이내인 우선지원 대상기업과 중견기업	[인건비] 증가 근로자 1인당, 총 2년지원 구분 | 3개월 단위 | 연간 총액 우선지원 | 180만원 | 720만원 중견기업 | 90만원 | 360만원
신중년 적합직무 고용지원	❶ 만 50세 이상 실업자를 ❷ 신중년 적합직무에 채용하여 ❸ 6개월 이상 고용 유지하고, ❹ 신중년 고용이 증가한 ❺ 우선지원대상 기업 및 중견기업	[인건비] 신규 고용 근로자 1인당 구분 | 6개월 단위 | 연간 지원액 우선지원 | 480만원 | 960만원 중견기업 | 240만원 | 480만원
고용촉진 장려금 지원	■ 고용노동부장관이 지정하는 취업지원프로그램 (국민취업지원제도(Ⅰ유형의 청년특례유형 및 Ⅱ유형의 청년유형 제외) 등)을 이수*하고 직업안정기관 등에 구직등록한 실업자를 근로계약기간의 정함이 없는 근로자로 고용하여 6개월 이상 고용유지 * 취업지원프로그램 이수면제자: 중증장애인, 가족부양의 책임이 있는 여성, 섬 지역거주자 등은 구직등록 후 1개월 이상 실업상태에 있는 경우 지원대상자에 포함 ■ 지원 제외: 근로계약기간의 정함이 있는 자, 사업주가 고용산재보험료징수법 제16조의10에 따라 신고한 보수가 110만원 미만인자, 사업주의 배우자 또는 직계 존비속 등	[인건비] 신규 고용 근로자 1인당 구분 | 6개월 단위 | 연간총액 우선지원 대상 | 360만원 | 720만원 대규모 | 180만원 | 360만원

세무상담 안내

✓ 전화 상담 이용 안내

- 개별납세자의 세무 관련 사항 : 관할세무서 담당자
- 홈택스 이용 및 세법령 관련 사항은 국세상담센터 ☎126 에서 친절하게 도와드립니다.

국세 상담이 필요할 땐 국번 없이 126번									2	3	4
1(홈택스상담)											
1	2	3	4	5	6	7	9				
현금영수증	전자세금계산서	신고·납부	학자금상환	연말정산간소화	사업자등록신청 및 변경	증명발급 및 일반 세무서류	ARS 비밀번호 등록		세법 상담	세무서, 납세자보호담당관실	탈세 등 각종 제보

※ 상담시간 : 월~금 오전 9시~오후 6시 (탈세신고는 365일 24시간 가능)

✓ 인터넷 및 모바일 상담 이용 안내

- '홈택스'에서 국세에 관한 궁금하신 사항을 질의하시면 신속하고 정확하게 답변하여 드립니다.
  ⇨ (컴퓨터)홈택스(www.hometax.go.kr) → 상담/제보 → 인터넷 상담하기
  (모바일) 홈택스(손택스) 앱 접속 → 상담/제보 → 모바일 상담하기
  ※ [국세행정에 대한 불만, 고충, 개선 건의]는 홈페이지(국세청)국민소통)고객의 소리(VOC)에 접수하시거나 국세상담센터
  (국번 없이 ☎126 →2번→9번)로 전화하시면 성심을 다하여 답변 드리겠습니다.

✓ 세무서 납세자보호담당관

- 세금에 관하여 궁금한 사항이 있거나 고지된 세금이 억울하고 부당하다고 생각되는 경우 전국의 모든 세무서에 설치되어 있는 납세자보호담당관을 찾아가 상담하면 됩니다.
- 또한, 국세와 관련된 고충이 있을 경우 국번 없이 ☎126 → 3번 → 2번을 누르면 발신 전화 소재 관할 세무서 납세자보호담당관실로 직접 연결됩니다.

✓ 납세자 세법교실

- 국세공무원교육원은 세금신고 및 납부 등에 어려움을 겪는 영세납세자에게 도움을 드리고자 납세자 세법교실을 운영하고 있습니다.

참가대상	신규사업자 등 세법교실 수강을 희망하는 납세자
참가신청	국세공무원교육원 납세자세법교실(taxstudy.nts.go.kr/taxedu) ▸ 참가신청 ※ 참가신청은 선착순이며, 마감된 과정은 추가 신청이 불가합니다.
교육일정	국세공무원교육원 납세자세법교실(taxstudy.nts.go.kr/taxedu) ▸ 강의일정 ※ 교육일정이 변경될 수 있으니, 별도 공지되는 세부일정 및 수강신청 안내를 꼭 확인하시기 바랍니다.

▶▶ 지방세 (재산세, 자동차세 등)에 관한 사항은 해당 시·군·구청에 문의하시기 바랍니다. ◀◀

납세자를 국세청의 최우선 고객으로 모시겠습니다.

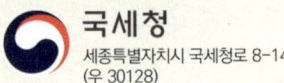

국세청
세종특별자치시 국세청로 8-14
(우 30128)